北京律师发展报告 *No.4*
（2018）

ANNUAL REPORT OF BEIJING LAWYERS No.4
(2018)

主　　编／庞正忠
执行主编／冉井富　陈　宜

社会科学文献出版社
SOCIAL SCIENCES ACADEMIC PRESS（CHINA）

图书在版编目（CIP）数据

北京律师发展报告 . No. 4，2018 / 庞正忠主编 . --
北京：社会科学文献出版社，2019.4
　　（北京律师蓝皮书）
　　ISBN 978 - 7 - 5201 - 4485 - 8

　　Ⅰ. ①北…　Ⅱ. ①庞…　Ⅲ. ①律师业务 - 研究报告 -
北京 - 2018　Ⅳ. ①D927.15

　　中国版本图书馆 CIP 数据核字（2019）第 047409 号

北京律师蓝皮书
北京律师发展报告 No. 4（2018）

主　　编 / 庞正忠
执行主编 / 冉井富　陈　宜

出 版 人 / 谢寿光
责任编辑 / 姚　敏
文稿编辑 / 郭锡超

出　　版 / 社会科学文献出版社　（010）59367161
　　　　　　地址：北京市北三环中路甲 29 号院华龙大厦　邮编：100029
　　　　　　网址：www. ssap. com. cn
发　　行 / 市场营销中心（010）59367081　59367083
印　　装 / 三河市龙林印务有限公司

规　　格 / 开 本：787mm × 1092mm　1/16
　　　　　　印 张：19.75　字 数：296 千字
版　　次 / 2019 年 4 月第 1 版　2019 年 4 月第 1 次印刷
书　　号 / ISBN 978 - 7 - 5201 - 4485 - 8
定　　价 / 98.00 元

皮书序列号 / PSN B - 2011 - 217 - 1/1

北京律师蓝皮书编委会

撰稿人/执笔人简介

冉井富 中国社会科学院法学所副研究员

陈　宜 中国政法大学教授，中国法学会律师法学研究会常务理事、副
　　　　秘书长

王进喜 中国政法大学教授，中国法学会律师法学研究会副会长

周　琰 司法部司法研究所研究员

赵　汀 北京市金杜律师事务所律师

前　言

改革开放以来，我国律师制度日渐完善，律师队伍日渐壮大，律师业务日渐宽广。迄今，一支专业精干的律师队伍已然活跃在社会生活的各个领域，成为推动国家经济社会发展和法治进步的重要力量。然而，对于这样一支队伍，对于这样一个行业，人们还缺乏全面客观的了解。人们心目中的律师形象，人们所想象的律师工作，与律师的实际活动相比，与律师在社会生活中发挥的实际作用相比，还有一定的出入。这种出入，对于不同的人来说，可能是陌生，可能是误会，可能是以偏概全，可能是资讯陈旧，也可能是评价标准不符合法治要义，等等。这种出入，从国家和社会的角度说，不利于培育正确的社会主义法治理念，不利于符合中国国情的律师制度的改革和完善，进而不利于国家法治建设事业的推进，不利于国家政治、经济、文化活动的顺利开展；从社会组织和个人的角度说，不利于积累关于法律服务的知识，不利于恰当地聘用律师维护权利和实现利益，不利于有效地借助法律服务成就各自的事业；从行业的角度说，不利于律师个人形成正确的职业定位，不利于律师机构制定合理的职业发展规划，不利于律师管理部门正确制定和实施有关的制度、政策和措施。有鉴于此，我们决定以行业发展蓝皮书的形式，推出这套系列的、连续出版的《北京律师发展报告》，以期增进社会各界对律师行业发展状况的了解，提高对律师社会功能及职业使命的认知，从而促进先进的法治理念的培育，促进律师法律服务作用的发挥。

《北京律师发展报告》重点介绍北京律师的发展情况，是一部地区性的律师行业发展报告。尽管重点介绍北京律师，但是本书内容有时也涉及全国律师行业的发展状况。这是因为，一方面，我国是单一制国家，基本的律师制度是全国统一的，律师制度建立和改革的进程也是全国一盘棋，在这种情

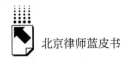

况下，有时需要考察全国的情况，才能更好地说明北京的律师发展状况；另一方面，虽然基本制度是全国统一的，但是北京作为首都，政治、经济、文化的发展，法治理念的进步和市场资讯的聚集，在全国都处于领先地位，这导致北京律师的发展，包括规模方面和业务方面，都处于领先地位，在这种情况下，为了分析和说明北京律师发展的突出成就，需要对比考察全国律师发展的平均水平和其他地区的律师发展水平。此外，为了说明北京律师在某些方面的发展成就或阶段特征，本书还会适当提到或介绍国外律师发展的某些制度设置或指标数据，以资佐证。尽管如此，展示北京律师的发展状况仍是本书的中心任务，介绍和考察其他地区、其他国家的律师状况，目的仍在于更充分有效地说明北京律师发展的水平和特色。

律师行业发展反映在许多方面，经验素材无比丰富，《北京律师发展报告》采取点、线、面相结合的原则确定考察的范围和叙述的特色。具体言之，本书各卷在内容上包括三个部分——总报告、分报告和大事记，三个部分分别代表了北京律师行业发展的面、线、点，分别提供特殊的知识和信息，从多种角度、以多种方式增进人们对北京律师行业发展的了解。

总报告部分旨在全面地、概括地介绍和分析北京律师行业年度发展的基本情况，其特点包括以下五个方面。（1）概观性。本部分所展示的，是北京律师发展整体的、宏观的状况，为了实现这一目标，本部分对大量的经验材料进行整理和浓缩，力图以指标、图表、标志性事例，展示北京律师发展的宏观图景。（2）直观性。本部分尽量利用指标技术和图表技术，将北京律师发展的成就、问题、趋势直观地展示出来，一目了然，方便读者阅读和了解。（3）定量为主，定性为辅。本部分尽可能通过量化的指标数据，展示北京律师的发展状况，与此同时，也有一定比例的制度分析或事件说明。定性分析的必要性在于，有时统计指标的内涵和意义需要借助定性分析揭示，有时考察对象本身更适合定性描述，比如重点事件分析。（4）客观性。本部分立足于经验材料，尽可能客观地展示北京律师的发展状况，尽可能让统计数据、现实事例自己"说话"。当然，客观是相对而言的，指标的设置、结构的安排、事件的取舍等，都在一定程度上体现了我们对律师制度的理解和认识,因而具有一定的理论性和主观性。(5)连续性。除了所涉年份不同外,本书各卷的总报告具有基本相同的结构和内容,保持基本稳定的风格和特色,因此,各卷总报告对北京律师行业发展基本情况的考察前后相续,形成一个系列,连续反映北京律师行业的发展历程。

本书各卷包括分报告4~6篇,具体内容为对北京律师行业发展某个方面的深入研究,以专题分析、深度考察为特色。各卷分报告的题目按照一定的理论框架进行选择,并兼顾现实针对性。在理论框架上,分报告的题目分属律师队伍、律师机构、律师业务、律师收入、律师执业活动、律师公益活动、律师行业管理等七个领域。这七个领域涵盖了律师行业发展的基本内容,各卷分报告的题目在这些领域中确定,并尽可能均衡分布,借以保证本书各卷分报告在体系和结构上的统一性。与此同时,在各个领域中如何确定具体的题目,又考虑了现实针对性,以确保每个题目都是当下北京律师行业发展中的重大问题或焦点问题。比如,在律师行业管理领域,在撰写本书2011年卷时,行政管理和行业自律"两结合"的制度和实践是焦点问题;在当前,律师涉外业务培训、律师行业党建工作等议题是实践工作的重点;而在将来,又会出现其他不同的、重大的制度改革和实践探索。正是根据这两个原则,本书各卷选择确定了既有共同的框架,又体现各个时期行业发展特殊关切的分报告。根据上述原则,结合2016~2017年的北京律师行业发展实际情况,本书2018年卷的分报告确定了四个题目,分别是《北京律师参政议政的调查与分析》《北京律师涉外业务培训的调查与分析》《北京律师行业党建工作的调查与分析》和《关于〈律师法〉"律师工作管理体制"的修改建议》,分别就北京律师人大代表和律师政协委员参政议政情况、北京律师行业涉外业务培训情况、北京律师行业党建工作情况、现行《律师法》"律师工作管理体制"应当如何修改完善等方面,做专题性的深度考察。

大事记是对北京律师行业在一定时期内的重要活动所做的客观而简明的记录,这些记录是北京律师行业发展的若干个"点",这些"点"串起来,以另一种方式体现了北京律师行业发展的特殊历程。本书在第一卷(2011

年卷）中，对大事记的记录不限于年度发生的活动，还包括新中国成立以来至 2009 年发生的重大事件。第二卷（2013 年卷）以后，大事记仅记录年度重要活动。具体就本卷来说，大事记记录了北京律师 2016～2017 年度的所有重要活动。我们按照体现北京律师行业发展的意义的大小筛选各项事件，并尽量保证全面和客观。然而，从结果上看，北京市律师协会的各项自律活动在大事记中占有较大的比重，这是因为，一方面，在"两结合"的管理体制中，北京市律师协会的行业自律工作越来越积极主动，越来越富有成效；另一方面，北京市律师协会各项工作的档案记录十分及时和完整，为大事记的选择和编纂提供了极大的便利。

本书是课题组分工负责、紧密协作的结果。在本书各卷中，课题组成员会有一定的变动。就本卷来说，课题组成员包括庞正忠、刘军、冉井富、杨光、任丽颖、李学辉、焦洁、陈宜、王进喜、周琰、赵汀等人。全书分工撰稿完成后，庞正忠、冉井富、刘军等从不同的角度对全书进行了统稿审订。对于本书的编写，北京市律师协会秘书处承担了大量的组织和保障工作，在会议召开、资料提供、安排调研、联系出版等方面发挥了重要作用。

本书撰稿人中，既有专门从事律师制度研究的理论工作者，也有长期从事律师工作的实务专家，还有处于律师行业自律管理岗位的工作人员。得益于这种人员构成，本书融合了理论研究、执业经验和管理实践三方面的知识和视角。不同的知识和视角相互印证和补充，力求准确反映北京律师发展状况。对于这些反映不同知识和视角的作品，主编作了统稿审订，统一了体例和风格，整合了结构和内容，协调了主要的立场和观点，规范了名词和概念的使用。在一些文章中，存在一些概括或评论，可能不够平和，可能不够成熟，可能不够公允，但是出于对作者观点的尊重，出于对探索性思考的鼓励，我们在统稿时部分予以了保留。然而，这些概括或评论仅供参考，它们不代表律师协会或主编人员的看法。

本书由社会科学文献出版社出版。社会科学文献出版社是中国皮书的发源地和集大成者，本书的出版计划和体例选择，最初受到社会科学文献出版社已出版的系列皮书的启发。在具体编写过程中，社会科学文献出版社谢寿光社长在本书的内容定位、写作方向等方面给予了诸多指导，刘骁军主任对本书的结构安排、写作特色等方面，提出了大量的有益的建议。这些意见和建议对本书的顺利编写，对本书的特色和品质的提升均有重要意义，在此谨致谢忱！

由于水平有限，在资料和数据获取方面存在困难，加上时间仓促，本书的不足乃至错误在所难免，敬请读者批评指正，以促进本书后续版本的改进和提高。

北京市律师协会

目　录

皮书数据库阅读**使用指南**

总 报 告

B.1

北京律师行业发展报告
（2016～2017年）

冉井富*

摘要： 在2016～2017年度，北京律师行业发展呈现如下特点：（1）律师
人数平稳增长；（2）律所规模两极化突出；（3）律师业务收入稳
步增长；（4）主要的三种律师业务的收入均有显著增长；（5）北
京律师积极参与各类公益法律服务活动，并成为协助政府加强善治
的重要力量；（6）北京市律师协会和司法行政机关在党建工作、权益
保障、业务培训、维护行业秩序等方面做了大量富有成效的工作。

关键词： 律师 律师业务 公益法律服务 行业自律 执业环境

---

* 冉井富，中国社会科学院法学研究所副研究员、法学博士。

前　言

在 2016～2017 年度，北京律师行业又有了新的发展，呈现一些新的特点，其中既有取得积极效果的新措施、新思路、新经验，也有需要及时予以关注和思考的变化。对于北京律师两年来的这些发展变化，本文将全面而概要地进行描述和分析。

根据对律师行业发展的指标意义，本文选取律师行业年度发展的六个方面作为考察的范围。对于每个方面的考察，尽可能分别设置一定的指标，作为描述和评价的依据。这六个方面及其指标设置如下。（1）律师队伍。具体从三个角度考察：一是执业律师的数量变化，二是律师的类别构成，三是律师辅助人员的数量变化。（2）律师机构。具体从三个角度进行考察：一是律所的数量变化，二是律所的组织形式，三是律所的规模变化。（3）律师业务收入。具体从四个角度进行考察：一是律师业务收入总额的变化，二是律师人均业务收费的变化，三是律师业务收入占地区生产总值的比例变化，四是人均产值的跨行业对比。（4）律师业务类型。这方面主要考察法律顾问、民事诉讼业务、行政诉讼业务、刑事诉讼业务、非诉讼法律事务等业务类型的数量变化、收入变化和收入所占比例变化等四个方面。（5）律师公益活动。这方面具体考察律师的四类活动，即法律援助、公益法律服务、律师捐款和参政议政。（6）律师行业管理与行业保障。这方面主要考察司法行政机关和律师的自律性组织——律师协会在维护行业秩序、促进行业发展方面所做的工作。

本文对每个方面的考察和描述，尽可能通过量化的指标方法，以求精确和直观，但是也有某些方面的发展可能通过列举特定事件来说明，这是因为这些事件的发生，本身就具有指标意义，它们的发生标志着律师行业在某方面的重大发展，或者某种值得关注的转向。

为了进一步揭示各类指标的意义，本报告将根据情况，进行地区性的对比和历时性的对比。对比是初步的，只能得出一些大致的结论。对这些对比的意义做更精确的理解和把握，都还需要在本报告的基础上，结合更详尽的资料，做更进一步的分析。对于本报告的部分主题，本书将通过分报告另设专题，专文进行更为深入、系统的描述和分析。

本文使用大量的统计资料和案例材料。这些材料部分来源于司法行政机关的统计报表，部分来源于律师协会的档案材料，部分来源于有关部门的"官网"，还有一部分来源于公开的出版物。前两类数据有关部门尚未公开发布，所以，将来正式公布的统计数据可能做一定的调整。我们力求使用最新的统计资料，但是由于统计工作存在一定的周期，在报告撰写截止时，一些很有意义的统计数据仍未获得，于是某些考察未能截至2017年底。这在一定程度上影响了本报告的考察的完整性和时效性。

对于前面所述的六个方面，本文将分为六个专题分别进行考察。在这些考察的基础上，报告第七部分对北京律师年度发展进行总结，对北京律师的发展前景做出展望。对于北京律师的年度发展变化，总结部分提供了更为概要、更为宏观的描述。对律师未来发展的展望具有很大程度的主观性和不确定性，仅供读者参考。

一　律师队伍

（一）律师数量平稳增长

自律师制度恢复与重建以来，北京律师人数变化先后经历了三个阶段，即2009年以前的高增长时期，2011年前后的短暂下降时期，以及2014～2015年的缓慢增长时期。自2016年以来，北京律师数量变化进入了第四个阶段，即平稳增长时期。

在当前阶段，北京律师数量呈现出平稳持续增长的特点。如图1和图2所示，截至2015年底，北京共有执业律师25542人，截至2016年

底增至 26953 人，年增长率为 5.5%；截至 2017 年底增至 29297 人，年增长率为 8.7%。连续两年增幅在 5%～10%，体现了平稳增长的趋势。

北京律师人数之所以从缓慢增长发展为平稳增长，得益于北京有关方面较为妥善地解决了北京律师行业的人才引进问题。北京市律师协会和市双高人才发展中心于 2013 年 2 月签署了战略合作协议，协议为北京律师行业引进外地人才放宽了标准，并在手续办理方面提供便利条件，从而在一定程度上缓解了北京律师行业人才供给不足的问题。协议签订后，北京律师人数在统计上的增长效果在 2014 年后逐步体现出来。2017 年 12 月，北京市司法局发布《北京市律师执业管理办法实施细则》，进一步放宽了外地律师进京执业的存档限制。基于这项政策变化，我们预计，在将来较长时期，持续平稳增长将是北京律师人数规模变化的总体趋势。

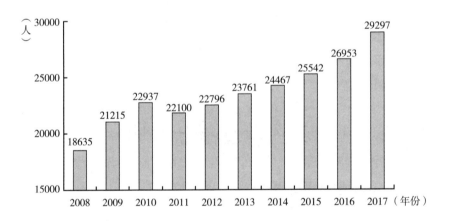

图 1　2008～2017 年北京律师人数变化

资料来源：（1）2003～2010 年的数据来源于《中国律师年鉴》相应年份的版本；（2）2011～2016 年的数据来源于《北京统计年鉴》历年版本，其中 2014 年、2015 年的数据因增加法律援助律师人数而有所调整，2017 年的数据来源于北京市司法局实地调研。

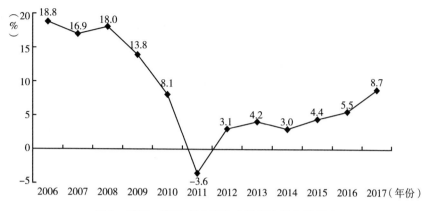

图 2　2006～2017 年北京执业律师人数年增长率

（二）律师种类构成较为稳定

在当前，我国执业律师划分为专职律师、兼职律师、公司律师、公职律师、军队律师和法律援助律师等几种类型，其中专职律师和兼职律师又合称为社会律师。在这些类型中，专职律师占绝大多数，也是律师从事法律服务工作的主要形式；其他类型的律师则是律师队伍的重要补充，他们在特定范围内，或者以特定的形式提供法律服务。

2017 年，北京共有各类律师合计 29297 人，其中专职律师 27068 人，占 94.2%；兼职律师 938 人，占 3.2%；公职律师 303 人，占 1.0%；公司律师 412 人，占 1.4%；法律援助律师 36 人，占 0.1%（见表 1）。不同种类的比例每年都有一定的变动，但是以专职律师为主体的格局基本保持不变。

表 1　2017 年北京律师类别构成

指标	律师人数合计	律师类别				
		专职律师	兼职律师	公职律师	公司律师	法律援助律师
人数（人）	29297	27608	938	303	412	36
比例（%）	100	94.2	3.2	1.0	1.4	0.1

资料来源：北京市司法局实地调研。

（三）北京律师人数增长速度低于全国平均水平

自 2016 年以来，北京律师人数虽然持续平稳增长，但是增长速度仍低于全国平均水平，也低于广东、上海等一些律师大省（市），使得北京律师的人数领先优势持续缩小，由此导致如下三方面的结果。

第一，北京律师数量占全国的比例进一步缩小。如表 2 和图 3 所示，北京律师人数占全国的比例在 2009 年达到最大值，为 12.2%，约八分之一。但是此后北京律师人数的增速一直低于全国平均水平，导致北京律师数量占全国的比例持续下降。2016 年和 2017 年，北京律师人数的年增长率分别是 5.5% 和 8.7%，全国平均水平分别是 9.5% 和 11.5%，北京律师数量增长相对较为缓慢。因为增速差异，截至 2017 年，北京律师数量所占比例降到 8.0%（见图 4）。

第二，北京律师人数仍然排在第二位，但是和排在第一位的广东省差距进一步拉大。在 2015 年全国省级地区律师人数排名中，第一名至第五名分别是广东、北京、浙江、山东和上海。[①] 2016 年，前五名的顺序没有变化，依次是广东 32380 人，北京 26953 人，浙江 22201 人，山东 22043 人，上海 21614 人（见图 5）。

北京虽然仍然排名第二，但是和广东律师人数的差距较 2015 年更大。在 2015 年底，北京律师人数是广东的 86.2%，在 2016 年底变成 83.2%。而截至 2017 年底，北京律师人数增至 29297 人，广东律师人数增至 37478 人，北京律师人数仍然排在第二位，但是只有广东的 78.2%，差距再次拉大。[②]

[①] 参见庞正忠主编《北京律师发展报告 No.3》，社会科学文献出版社，2017，第 6 页。

[②] 2017 年各省的律师人数尚未统一发布，但是本报告收集到了一些相关的信息。司法部官网文章透露："截至 2017 年底，……律师人数超过 1 万人的省有 9 个（河北、辽宁、浙江、福建、河南、湖北、湖南、四川和云南），超过 2 万人的省（市）有 4 个（北京、上海、江苏、山东），超过 3 万人的省有 1 个（广东）。"（《律师、公证、基层法律服务最新数据出炉》，司法部官网：http://www.moj.gov.cn/government_public/content/2018-03/14/1 41_17049.html）另外，北京和广东律师协会理事会的工作报告透露，北京 2017 年底律师人数是 29297 人，广东 2017 年底律师人数是 37478 人。根据这些信息，可以比较北京和广东两个律师大省（市）律师人数最近的差距。

表2　2006～2017年北京律师人数年增长率和全国平均水平的对比

单位：人，%

年份	全国律师		北京律师		
	律师人数	年增长率	律师人数	年增长率	占全国的比例
2006	130869	7.4	13511	18.8	10.3
2007	143967	10.0	15792	16.9	11.0
2008	156710	8.9	18635	18.0	11.9
2009	173327	10.6	21215	13.8	12.2
2010	195170	12.6	22937	8.1	11.8
2011	214968	10.1	22100	-3.6	10.3
2012	232384	8.1	22796	3.1	9.8
2013	248623	7.0	23761	4.2	9.6
2014	271452	9.2	24467	3.0	9.0
2015	297175	9.5	25542	4.4	8.6
2016	325540	9.5	26953	5.5	8.3
2017	365000	11.5	29297	8.7	8.0

资料来源：（1）全国2006～2016年的数据来源于《中国统计年鉴》，北京2006～2016年的数据来源于《北京统计年鉴》，其中北京2014年的律师人数因为增加了法律援助律师人数而有所调整；（2）北京2017年的数据来源于北京市司法局调研；（3）全国2017年的数据来源于司法部网站中《律师、公证、基层法律服务最新数据出炉》一文提供的约数（网址http://www.moj.gov.cn/government_public/content/2018-03/14/141_17049.html），其中11.5%的年增长率为原文提供，非计算得出。

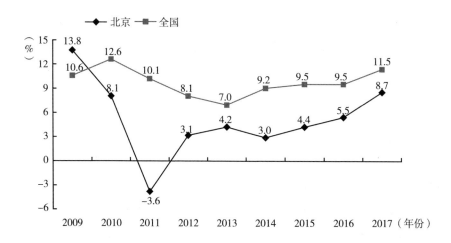

图3　2009～2017年北京律师年增长率和全国平均水平的对比

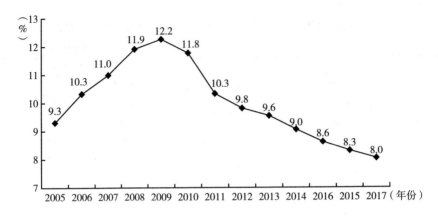

图4　2005～2017年北京律师人数占全国的比例变化

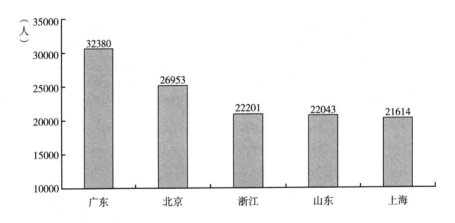

图5　2016年律师人数最多的五个地区

资料来源：司法行政部门实地调研。

（四）公职律师人数快速增长

北京律师构成上的一个重大变化是2017年公职律师人数快速增长。如图6所示，在2016年以前，北京公职律师人数每年都有一定的变化，但是未出现大幅度的变化，然而在2017年，公职律师人数出现大幅增长，从2016年的53人增至2017年的412人，增长了677.4%，所占比例则从0.20%增至1.41%（见图7）。而作为对比，北京律师总人数在2017年只有

8.7%的增幅，而公司律师不仅没有增加，反而有所减少。

北京2017年公职律师数量的大幅增长和近年来国家大力推行政府法律顾问制度和"两公律师"制度有关。2014年10月发布的《中共中央关于全面推进依法治国若干重大问题的决定》提出："积极推行政府法律顾问制度，建立政府法制机构人员为主体、吸收专家和律师参加的法律顾问队伍，保证法律顾问在制定重大行政决策、推进依法行政中发挥积极作用。""构建社会律师、公职律师、公司律师等优势互补、结构合理的律师队伍。""各级党政机关和人民团体普遍设立公职律师，企业可设立公司律师，参与决策论证，提供法律意见，促进依法办事，防范法律风险。明确公职律师、公司律师法律地位及权利义务，理顺公职律师、公司律师管理体制机制。"这些要求从顶层设计的层面确定了公职律师在中国特色社会主义法治体系中的属性、地位和发展方向。2016年6月，中共中央办公厅、国务院办公厅印发了《关于深化律师制度改革的意见》，对于公职律师的发展做出了具体的部署，提出要"积极发展公职律师、公司律师队伍，构建社会律师、公职律师、公司律师等优势互补、结构合理的律师队伍"，"吸纳律师担任各级党政机关、人民团体、企事业单位法律顾问"，"建立健全政府购买法律服务机制，将律师担任党政机关和人民团体法律顾问、参与信访接待和处理、参与调解等事项统筹列入政府购买服务目录"。就在同月，中共中央办公厅、国务院办公厅还印发了《关于推行法律顾问制度和公职律师公司律师制度的意见》，就"两公律师"的发展做出专门规定，并提出目标任务："2017年底前，中央和国家机关各部委，县级以上地方各级党政机关普遍设立法律顾问、公职律师，乡镇党委和政府根据需要设立法律顾问、公职律师，国有企业深入推进法律顾问、公司律师制度，事业单位探索建立法律顾问制度，到2020年全面形成与经济社会发展和法律服务需求相适应的中国特色法律顾问、公职律师、公司律师制度体系。"正是中央和国家层面的这些有关公职律师发展的纲领性要求和具体措施，导致了北京市2017年公职律师人数的大幅增长。而且我们据此可以预测，随着更多党政机关和人民团体聘用法律顾问，公职律师的人数还会继续增加。

图6 2008～2017年北京"两公律师"人数变化

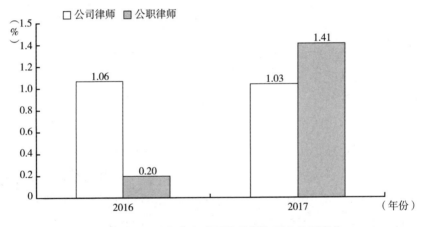

图7 2016～2017年北京"两公律师"所占比例变化

（五）实习律师人数快速增长

在律师工作管理实际中，律师辅助人员被划分为实习律师和其他辅助人员两种类型。在这两种类型中，实习律师具有不同的特点：一是实习律师资格的申请需要特殊的条件和程序；二是实习律师的期限通常为一年；三是实习律师实习结束考核合格的，可以申请转为执业律师。基于这些特点，实习律师人数变化更多地受到政策因素影响。

总体来看，如图 8 和图 9 所示，近两年来律师辅助人员的数量变化具有如下特点。

第一，实习律师人数在 2017 年呈现大幅增长。如图 8 和图 9 所示，实习律师人数在经历了一个较长时期的缓慢增长后，在 2017 年出现了大幅上升，具体从 2016 年的 2950 人增加至 2017 年的 6456 人，增幅达到 118.8%。这种变化很明显是受到了政策调整的影响，即北京市适度放宽了律师行业人才引进的条件。实习律师人数的增长，可以预计会给 2018 年的律师人数带来一个较大的增幅。

第二，其他辅助人员的数量出现小幅下降。如图 8 和图 9 所示，自 2011 年以来，其他辅助人员的数量多次出现大幅增长后平缓增长或小幅下降的变化。部分原因是市场因素的影响，部分则是由于条件限制，一些暂时不能申请实习律师的人员以其他辅助人员的身份在律师事务所工作，但是在条件具备后又转为实习律师。如果以后政策能够相对稳定，这种大幅波动的现象就会减少。

第三，综合起来看，律师辅助人员的数量有显著增长。其他辅助人员的比例相对较大，实习律师的比例较小，两类人员的变化综合之后，律师辅助人员的数量在 2017 年出现了 24.5% 的增幅，达到 15946 人。

图 8　2008～2017 年北京律师辅助人员数量变化

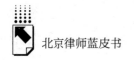

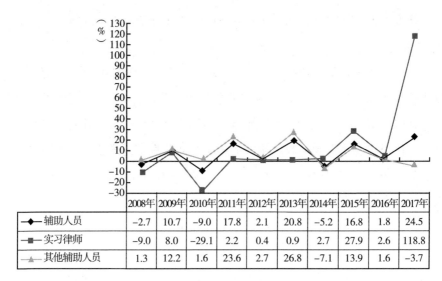

	2008年	2009年	2010年	2011年	2012年	2013年	2014年	2015年	2016年	2017年
辅助人员	-2.7	10.7	-9.0	17.8	2.1	20.8	-5.2	16.8	1.8	24.5
实习律师	-9.0	8.0	-29.1	2.2	0.4	0.9	2.7	27.9	2.6	118.8
其他辅助人员	1.3	12.2	1.6	23.6	2.7	26.8	-7.1	13.9	1.6	-3.7

图9 2008～2017年北京律师辅助人员年增长率变化

（六）北京律师因为表现突出获得荣誉

在2016年度和2017年度，北京律师行业的一些单位和个人因为在某些方面表现突出而获得特殊荣誉，这些荣誉既是对获奖单位和获奖个人先进事迹的肯定，也是北京律师行业的业务水平和道德风范的体现。以时间为序，这些荣誉主要包括以下内容。

第一，2016年2月29日全国妇联纪念"三八"国际劳动妇女节暨全国三八红旗手（集体）表彰大会在人民大会堂召开。北京律师马兰荣获"全国三八红旗手"荣誉称号，表彰她在西部省区法律援助中的杰出表现。

第二，2016年3月16日，北京律师武丽君荣获中国共产党北京市委员会、北京市政府颁发的"首都拥军优属拥政爱民模范个人"荣誉称号，表彰她连续多年无偿为部队官兵普法维权的先进事迹。

第三，2016年4月1日，第九次全国律师代表大会授予全国100家律师事务所"2011～2014年度全国优秀律师事务所"荣誉称号，其中包括兰台律师事务所、天元律师事务所、君合律师事务所、嘉维律师事务所、华伦律师事务所、李顺存律师事务所、天同律师事务所等7家北京律师事务所；授予全国200名律师"2011~2014年度全国优秀律师"荣誉称号，其中包括郝春莉、李法宝、毛亚斌、万欣、温新明、姜山赫、沈腾、孙晓洋、张雪梅、李朔、刘光超、吴晓刚、刘安信、张志伟、张峻铭、阎民等16位北京律师。

第四，在2016年7月15日举行的"1+1"中国法律援助志愿者行动2015年总结暨2016年启动仪式上，北京市司法局律师行业综合指导处、北京市律师协会被授予"'1+1'中国法律援助志愿者行动2015年度先进单位"称号，马兰、孙安、叶红梅、李抒桀、康力泽、迟占亚、薛新强、郑学滨、张祎、黄志雄、谷宝成、王冠华、王静、赵静等14名北京律师荣获"'1+1'中国法律援助志愿者行动2015年度优秀法律援助律师"称号。

第五，在2016年9月18日在辽宁丹东召开的首届"北方律师发展"论坛上，北京律师为论坛提交论文28篇，其中，赵曾海、杨矿生获一等奖，任建芝、闫凤翯、赵辉、郭聪获二等奖，朴金花、王传巍、王文杰、陈苏、杨景欣、姚克枫、孟祥辉获三等奖。

第六，2016年9月24日北京市委政法委、北京市人力社保局、北京市法学会召开第二届"首都十大杰出青年法学家"及提名奖获得者表彰大会，北京市律师协会合同法专业委员会主任、法学博士后李学辉律师荣获"第二届首都十大杰出青年法学家提名奖"。

第七，2016年10月，在司法部召开的"完善法律援助制度推进会"上，全国共有400个单位荣获"全国法律援助工作先进集体"荣誉称号，北京市国联律师事务所等3家北京律师事务所在列；全国共有599名律师获"全国法律援助工作先进个人"荣誉称号，顾永忠等6名北京律师在列。

第八，2017年1月，北京市社会建设工作领导小组办公室发布第三届北京市社会组织公益服务品牌评选结果，北京律师行业开展的"法律服务村居行"活动获得银奖。

第九，2017年1月16日，团中央办公厅、团中央网络影视中心联合主办的团中央"青年之声"服务体系举行2016年度总结表彰会暨2017年度工

作动员大会，在会上，北京市律师协会作为"青年之声"维权服务联盟发起人之一荣获 2016 年度优秀组织奖，余昌明、郝春莉、安翔、韩映辉等 4 名北京律师荣获 2016 年度优秀个人奖。

第十，2017 年 4 月 27 日，在全国司法行政系统先进集体、先进工作者和劳动模范表彰电视电话会议上，北京市君合律师事务所白涛律师荣获全国司法行政系统劳动模范称号。

第十一，2017 年 5 月，中华全国律师协会印发《关于对 2015 年度服务青海西藏无律师县工作中做出突出贡献的单位和个人予以嘉奖的决定》，昌玺律师事务所、一法律师事务所、京师律师事务所、亚东律师事务所、东卫律师事务所、中伦律师事务所、合川律师事务所、长安律师事务所、博圣律师事务所、万博律师事务所、蓝鹏律师事务所等 11 家北京律师事务所获得嘉奖；苏兮、石悦鸿、文蔚冰、郭宏、赵玉峰、郑亚东、梁艳艳、李静、王晓彤、施峰、肖琦、张璋、李雪峰、吕珂、王森武等 15 名北京律师获得嘉奖。

第十二，2017 年 7 月 13 日，北京市司法局联合 13 家"疏解整治促提升"专项行动牵头部门召开北京市司法行政系统服务保障"疏解整治促提升"专项行动推进会，在会上北京市律师协会荣获北京市司法局服务保障"疏解整治促提升"专项行动精品项目奖。

第十三，2017 年 9 月 29 日，在北京市司法局召开的全市司法行政系统表彰暨十九大安保决胜阶段誓师大会上，北京市君合律师事务所等 26 家单位被评为"北京市司法行政系统先进集体"，北京观韬中茂律师事务所合伙人吕立秋等 15 名律师被评为"北京市司法行政系统先进个人"。

二　律师机构

（一）律所数量继续增长

截至 2017 年，北京共有 2513 家律师事务所，其中包括 2411 家本地律师事务所，102 家外地律师事务所的分所，不含境外律师事务所的办事处。

历史上看，自 2010 年以来，北京律所数量呈持续增长的趋势，而在 2017 年更是出现了近年来的最大增幅。如表 3 和图 10 所示，截至 2015 年底，北京有律所 2100 家，2016 年增至 2252 家，增长 7.2%；2017 年增至 2513 家，增长 11.6%。

表3 2009～2017 年北京律师事务所的数量与构成

单位：家，%

年份	律所总数	基本构成		本地所组织形式构成				
		本地所	外地所分所	国资所	合伙所		个人所	
					数量	占比	数量	占比
2009	1355	1290	65	1	1159	89.8	130	10.1
2010	1486	1409	77	1	1228	87.2	180	12.8
2011	1609	1526	83	1	1285	84.2	240	15.7
2012	1672	1586	86	1	1303	82.2	282	17.8
2013	1782	1693	89	1	1344	79.4	348	20.6
2014	1926	1837	89	1	1404	76.4	432	23.5
2015	2100	2009	91	0	1474	73.4	535	26.6
2016	2252	2157	95	0	1513	70.1	644	29.9
2017	2513	2411	102	0	1665	69.1	746	30.9

资料来源：（1）2006～2016 年的数据来源于《北京统计年鉴》相应年度的版本；（2）2017 年的数据来源于北京市司法局调研。

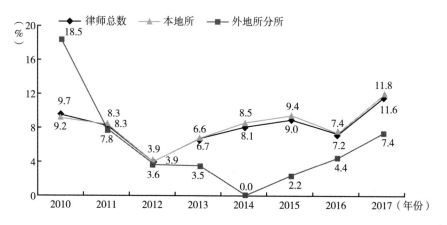

图10 2010～2017 年北京各类律师机构数量年增长率对比

（二）个人所增长较快

根据现行《律师法》的规定，从组织形式上看，律所可以划分为合伙律师事务所（简称"合伙所"）、个人律师事务所（简称"个人所"）和国家出资设立的律师事务所（简称"国资所"）。其中，合伙所又可以分为普通合伙所和特殊的普通合伙所。

从实际构成来看，如表3所示，在北京，国资所自2015年以来在统计中就不再显示，余下的只有合伙所和个人所两种类型。在这两种类型中，合伙所的数量一直占多数，具体在2017年占69.1%，是主要的律所类型；个人所虽然是少数，但是近年来增长较快，截至2017年底，比例上升到30.9%。

从2009年以来的统计数据看，个人所的增长速度明显快于合伙所（见图11）。如图12所示，在2010~2017年，个人所的年增长率一直在15%以上，而合伙所的年增长率则基本维持在个位数。由于增速不同，个人所的比例由2009年的10.1%快速增长到2017年的30.9%。

个人所数量的快速增加，表明这种组织形式受到越来越多律师的青睐。但是，截至当前，合伙所仍然是北京律所主要的组织形式，超过90%的律师在合伙所执业，在个人所执业的律师不到10%。

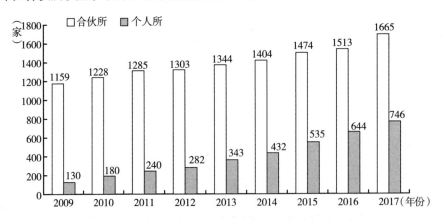

图11 2009~2017年北京个人所和合伙所数量变化对比

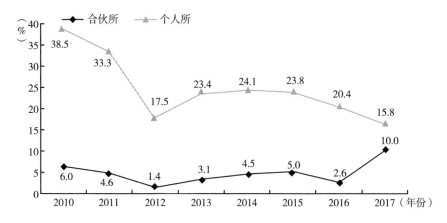

图12　2010～2017年北京个人所和合伙所数量年增长率对比

（三）特殊的普通合伙律所数量逐年增加

合伙所分为普通合伙所和特殊的普通合伙所两种类型。二者的区别主要在于两个方面：一是设立的条件不同，特殊的普通合伙所更严格；二是合伙人律师对律所的债务承担责任的范围不同。对于两类律所的设立条件和民事责任承担方式，司法部《律师事务所管理办法》（2016年9月修订）做了明确的规定。在此基础上，《北京市律师事务所管理办法实施细则》（京司发〔2017〕82号）就律所的设立条件提出了更严格的条件。整理两个文件的有关规定，在北京地区，两类律所的区别如表4所示。

表4　北京普通合伙所和特殊的普通合伙所差异对比

差异	普通合伙所	特殊的普通合伙所
设立条件差异	（一）有三名以上合伙人作为设立人 （二）有人民币一百万元以上的资产	（一）有二十名以上合伙人作为设立人 （二）有人民币二千万元以上的资产
民事责任差异	全体合伙人对律师事务所的债务承担无限连带责任	一个合伙人或者数个合伙人在执业活动中因故意或者重大过失造成律师事务所债务的，应当承担无限责任或者无限连带责任，其他合伙人以其在律师事务所中的财产份额为限承担责任；合伙人在执业活动中非因故意或者重大过失造成的律师事务所债务，由全体合伙人承担无限连带责任

对于合伙律师来说，特殊的普通合伙既有优点，也有不足。不足之处是律所具有较高的设立条件，"有二十名以上合伙人作为设立人""人民币二千万元以上的资产"这些资质，一般中等规模的律所都难以具备。而优点也是很明显的，就是可以降低合伙人的执业风险。一般来说，律所规模越大，因为其他合伙人的故意或过失带来的风险也越大，而特殊的普通合伙这种组织形式则可以降低这种风险。

从实际情况来看，如图13所示，随着特大型律所数量的增加，特殊的普通合伙所数量也呈逐年增加之势。截至2017年，北京市共有21家特殊的普通合伙所。而作为对比，2016年是19家，2015年是15家。虽然当前只有21家特殊的普通合伙所，但是因为这类律所规模都比较大，甚至可以说，北京规模最大的20家律所，绝大多数都选择了这种形式，所以在特殊的普通合伙所中执业的律师人数粗略估计有30%。可以预计，将来还会有更多的律所选择这种组织形式。但是，由于设立资质的限制，这种律所的数量增长也不会太快。

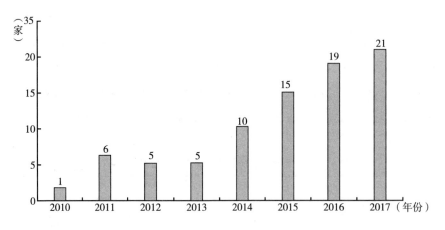

图13　2010～2017年北京特殊的普通合伙律所数量变化

（四）中型所的比例继续下降

为了便于描述律所的规模分布，这里按照司法行政部门每年在统计报表中的分类，根据执业律师的人数，将 30 人以下的律所称为小型所，将 31 ~ 100 人的律所称为中型所，将 101 人以上的律所称为大型所。按照这种类型的划分，近年来北京律所的规模变化具有如下特点。

第一，中型所的比例数量持续下降。如表 5 和图 14、图 15 所示，在 2013 年，北京的中型所在绝对数量和相对比例上都达到最高值，分别是 197 家和 11.1%，但是 2014 年以后直到 2016 年，绝对数量和所占比例都持续下降。在 2017 年度中型所的数量有小幅回升，达到 110 家，但是所占比例仍然有所下滑，达到历史最低值的 4.4%。

第二，小型所的数量和比例持续增长。如表 5 和图 14、图 15 所示，小型所的数量持续增长，在 2017 年达到历史最大值 2366 家，但是所占比例则是在 2013 年时降到最小值 87.1%，然后从 2014 年开始持续增长，到 2016 年达到最大值 94.2%，2017 年继续保持这一水平。总体上看，小型所所占比例的变化和中型所刚好相反。

第三，大型所在 2017 年有显著增加。大型所的数量和比例在 2013 ~ 2016 年的变化和中型所基本一致，都是在 2013 年绝对数量和相对比例达到较高值，然后绝对数量和相对比例同时下降，一直降到 2016 年。二者的区别是，在 2017 年大型所有一个更大的增幅，从 2016 年的 28 家增加到 2017 年的 37 家，增幅达到 32.1%。而中型所在这一年只是绝对数量略有增长，相对比例仍在继续下降。

总体上看，近年来北京不同规模律所构成的变化大致分为两个阶段。第一阶段是 2014 ~ 2016 年，由于受到"营改增"等税制改革的影响，一些中型所甚至大型所为了应对这种改革，缩小了律所规模。[①] 第二阶段是在 2017 年，特点是一方面是基于当前税制的特点，中等规模的律所仍然不太流行；另一方面是作为对比，小型所和大型所的数量均有较大幅度的增长。这种变化表明，当前时期，律师行业在选择律所规模时，一个

---

① 关于这方面变化的深入分析，参见《北京律师行业税制改革实施情况》，庞正忠主编《北京律师发展报告 No. 3》，社会科学文献出版社，2017，第 214 ~ 249 页。

重要的考虑因素是：要么选择小型所，既有税率上的优惠，又有组织上宽松灵活的优点；要么选择大型所，享受大型所的品牌优势和团队合作优势。

表5　2009～2017年北京不同规模律所构成变化

单位：家，%

年份	律所总数	小型所			中型所			大型所		
		数量	增长率	比例	数量	增长率	比例	数量	增长率	比例
2009	1355	1231		90.8	105		7.7	19		1.4
2010	1486	1358	10.3	91.4	103	-1.9	6.9	25	31.6	1.7
2011	1609	1476	8.7	91.7	109	5.8	6.8	24	-4.0	1.5
2012	1672	1538	4.2	92.0	103	-5.5	6.2	31	29.2	1.9
2013	1782	1553	1.0	87.1	197	91.3	11.1	32	3.2	1.8
2014	1926	1789	15.2	92.9	108	-45.2	5.6	29	-9.4	1.5
2015	2100	1968	10.0	93.7	104	-3.7	5.0	28	-3.4	1.3
2016	2252	2122	7.8	94.2	102	-1.9	4.5	28	0.0	1.2
2017	2513	2366	11.5	94.2	110	7.8	4.4	37	32.1	1.5

资料来源：北京市司法局实地调研。

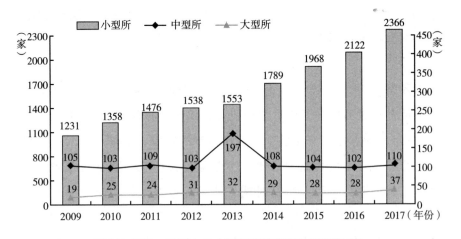

图14　2009～2017年北京不同规模律所数量变化对比

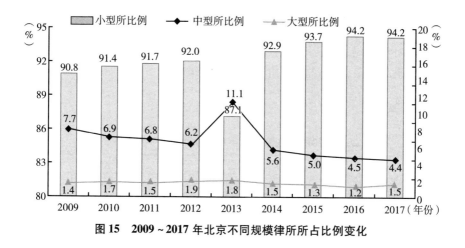

图15　2009～2017年北京不同规模律所所占比例变化

（五）平均规模持续缩小

律所的平均规模是指整个律师行业中，平均每个律所的执业律师人数，具体由当年的律师总数除以律所总数计算得出。总体来看，近年来北京律所平均规模的变化具有如下特点。

第一，北京律所平均规模持续缩小。如表6和图16所示，一方面，北京律师平均规模逐年下降，从2009年的15.7人/家，降至2017年的11.7人/家；另一方面，在同一时期，全国律所的平均规模则是逐年扩大，从2009年的10.9人/家，增至2017年的13.0人/家。由于北京和全国的律所平均规模变化方向相反，导致在2009～2017年，北京律所的平均规模相对于全国平均水平表现为三个阶段：一是在2009～2014年，北京律所平均规模大于全国平均水平；二是在2015年度，北京和全国持平；三是在2016～2017年，北京小于全国平均水平。

第二，在2016年度全国律师人数最多的五个省级地区中，北京律所的平均规模排在第四位。和2015年度相比，虽然五个地区的律所平均规模都有变化，但是排名保持不变。如图17所示，在律师人数最多的五个省级地区中，律所平均规模最大的是浙江，该指标达到16.5人/家，余下依次是上海（15.9人/家）、山东（12.3人/家）、北京（12.0人/家）和广东（11.7

人/家）。北京的平均规模仅仅高于广东。

北京律所的平均规模之所以出现这种变化，和上文描述的不同规模律所构成的变化有关，概言之就是由于小型所持续增长，中型所持续减少，导致北京律所平均规模逐年缩小。

表6 2009～2017年北京律所平均规模和全国平均水平的对比

年份	北京			全国		
	律所（家）	律师（人）	平均规模（人/家）	律所（家）	律师（人）	平均规模（人/家）
2009	1355	21215	15.7	15888	173327	10.9
2010	1486	22937	15.4	17230	195170	11.3
2011	1609	22100	13.7	18235	214968	11.8
2012	1672	22796	13.6	19361	230105	11.9
2013	1782	23761	13.3	20609	248623	12.1
2014	1926	24535	12.7	22166	271452	12.2
2015	2100	25610	12.2	24425	297175	12.2
2016	2252	26953	12.0	26150	325540	12.4
2017	2513	29297	11.7	28000	365000	13.0

资料来源：（1）全国2006～2016年的数据来源于《中国统计年鉴》，北京2006～2016年的数据来源于《北京统计年鉴》，其中北京2014年的律师人数因为增加了法律援助律师人数而有所调整；（2）北京2017年的数据来源于北京市司法局调研；（3）全国2017年的数据来源于司法部网站中《律师、公证、基层法律服务最新数据出炉》一文提供的约数（网址 http://www.moj.gov.cn/government_ public/content/2018－03/14/141_ 17049. html）；（4）平均规模系计算得出。

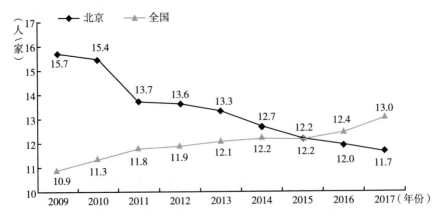

图16 2009～2017年北京律所平均规模和全国平均水平的对比

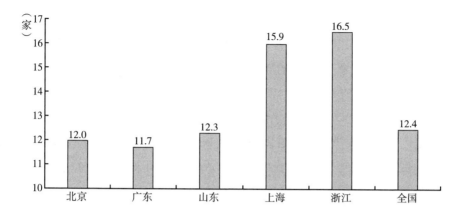

图17 2016年律师人数最多的五个地区及全国律所平均规模对比

资料来源：（1）北京的数据来源于《北京统计年鉴》；（2）全国的数据，广东、上海、山东等地的数据来源于司法部实地调研；（3）浙江的数据数来源于《浙江统计年鉴2017》。

（六）超大型律所的数量和规模在全国仍保持领先优势

虽然自2016年以来，北京的律所平均规模持续缩小并低于全国平均水平，但是北京的超大型律所的数量和规模在全国乃至亚洲地区仍一直保持着显著的领先优势。这种优势可以通过中国律所规模排名和亚洲律所规模排名予以说明。

表7、表8和表9分别是2015年、2016年和2017年中国律所规模30强排名情况，包括30强律所的地区分布情况和30强律所在亚洲律所规模50强中的排名情况。排名依据是律所的总部和分支机构的总执业人数。考察表7、表8和表9，超大型律所的地区分布情况有如下特点。

第一，从中国10强排名分布看，北京超大型律所的数量和排名具有显著优势。在2015年的规模10强中，北京占据8家，除了第五名上海锦天城所、第九名广东广和所外，其余8个名次分别为8家北京律所占据，北京优势十分显著；在2016年的规模10强中，北京律所数量增至9家，其他省区市只有上海的锦天城律所一家进入前十，排名第四位；而2017年的情形和2016年基本相同，在规模10强中，北京律所还是9家，唯一一家非北京律

所还是排名第四的上海锦天城所。

第二，从中国律所规模排名 20 强的地区分布来看，北京超大型律所的数量和排名优势明显。在 2015 年的规模 20 强中，有 14 家律所的总部在北京，占 70%，超过了其他所有地区的律所数量的总和。在 2016 年和 2017 年，虽然部分律所排名有升有降，但是总部设在北京的律所依然是 14 家，和 2015 年持平。

第三，从中国律所规模排名 30 强的地区分布上看，北京超大型律所的数量和排名依然优势明显。具体在 2015 年的规模 30 强中，总部设在北京的律所有 21 家，占 70%。而在 2016 年的 30 强中，总部设在北京的律所数量增至 22 家，占 73.3%。在 2017 年的 30 强中，北京律所的数量略有下降，恢复至 2015 年的水平，即有 21 家律所上榜，占比 70%。

第四，从亚洲 50 强排名来看，北京律所的规模优势也十分突出。如表 7、表 8 和表 9 所示，在 2015 年亚洲律所规模 50 强排名中，中国律所占 26 家，其中北京律所 20 家，而且北京律所占据着第一、第二、第三、第五、第七、第八、第九等处于前列的位次；在 2016 年的 50 强排名中，中国律所数量增加至 29 家，其中北京律所数量增至 21 家，并且占据着第一、第二、第三、第五、第六、第七、第八、第九、第十等处于前列的位次；在 2017 年的规模 50 强排名中，中国律所数量增加至 30 家，其中北京律所数量仍然是 21 家，在亚洲前十强中占据的位次和 2016 年相同。

表 7　2015 年中国律所规模排名 30 强及其在当年亚洲 50 强中的位次

单位：人

中国 30 强	亚洲 50 强位次	律所名称	总部所在地	合伙人	执业律师	律师总数
1	1	大成所	北京	1197	1015	4311
2	2	盈科所	北京	1056	2164	3220
3	3	中银子所	北京	222	999	1221
4	5	德恒所	北京	373	485	1182
5	6	锦天城所	上海	307	777	1084
6	7	国浩所	北京	280	720	1000
7	8	中伦所	北京	220	780	1000

续表

中国30强	亚洲50强位次	律所名称	总部所在地	合伙人	执业律师	律师总数
8	9	金杜所	北京	274	213	696
9	10	广和所	广东	141	256	645
10	11	隆安所	北京	202	413	615
11	13	天元所	北京	78	>500	>578
12	16	德和衡所	北京	70	64	471
13	17	泰和泰所	四川	81	387	468
14	18	众成清泰所	山东	121	79	466
15	22	明炬所	四川	52	369	421
16	24	观韬所	北京	92	315	414
17	25	中伦文德所	北京	207	196	403
18	32	方达所	上海	63	294	357
19	33	君合所	北京	186	150	353
20	36	金诚同达所	北京	126	213	339
21	41	京都所	北京	97	58	300
22	42	竞天公诚所	北京	83	208	291
23	43	浩天信和所	北京	70	200	280
24	44	环球所	北京	60	220	280
25	48	高朋所	北京	65	155	220
26	50	中咨所	北京	41	167	208
27		天衡联合所	福建	65	47	178
28		邦信阳中建中汇所	上海	66	104	170
29		汉坤所	北京	34	116	162
30		华诚所	上海	33	108	159

注："律师总数"为相关律所所有计时收费人员的总和，包括合伙人、律师、法律顾问、咨询顾问和外籍法律顾问，不包括律师助理、实习律师和见习律师。

资料来源：各律所人数及其排名，来自"ALB Asia TOP 50 Largest Law Firms"，ASIAN LEGAL BUSINESS - NOVEMBER 2015。

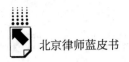

表 8 2016 年中国律所规模排名 30 强及其在当年亚洲 50 强中的位次

单位：人

中国 30 强	亚洲 50 强 位次	律所名称	总部所在地	合伙人	执业律师	律师总数
1	1	盈科所	北京	1581	2966	4547
2	2	大成所	北京	1417	2712	4129
3	3	德恒所	北京	381	1278	1659
4	4	锦天城所	上海	410	1048	1465
5	5	中伦所	北京	328	1038	1376
6	6	中银所	北京	237	1103	1350
7	7	国浩所	北京	340	953	1320
8	8	金杜所	北京	297	745	1087
9	9	隆安所	北京	203	805	1020
10	10	中伦文德所	北京	372	601	993
11	12	广和所	广东	147	563	710
12	13	德和衡所	北京	91	599	690
13	14	君合所	北京	171	453	652
14	15	天驰君泰所	北京	217	357	642
15	18	泰和泰所	四川	122	432	554
16	21	明炬所	四川	72	436	508
17	24	海华永泰所	上海	86	353	457
18	25	金诚同达所	北京	195	250	453
19	27	众成清泰所	山东	128	295	439
20	29	观韬中茂所	北京	110	312	424
21	30	方达所	上海	79	323	402
22	33	君泽君所	北京	68	315	383
23	36	广信君达所	广东	101	272	373
24	42	京都所	北京	109	207	326
25	43	浩天信和所	北京	97	174	310
26	44	环球所	北京	73	237	310
27	45	天元所	北京	104	201	305
28	47	天达共和所	北京	83	217	300
29	50	兰台所	北京	37	195	240
30		国枫所	北京	40	148	212

注："律师总人数"为相关律所所有计时收费人员的总和，包括合伙人、律师、法律顾问、咨询顾问和外籍法律顾问，不包括律师助理、实习律师和见习律师。

资料来源：各律所人数及其排名，来自"ALB Asia TOP 50 Largest Law Firms"，ASIAN LEGAL BUSINESS – NOVEMBER 2016。

表9　2017年中国律所规模排名30强及其在当年亚洲50强中的位次

单位：人

中国30强	亚洲50强位次	律所名称	总部所在地	合伙人	执业律师	律师总数
1	1	盈科所	北京	1860	3602	5462
2	2	大成所	北京	1547	3360	4966
3	3	德恒所	北京	482	1812	2446
4	4	锦天城所	上海	508	1480	1988
5	5	中伦所	北京	372	1276	1658
6	6	金杜所	北京	326	1275	1645
7	7	国浩所	北京	400	1200	1600
8	8	中银所	北京	303	1109	1412
9	9	德和衡所	北京	102	1059	1161
10	10	中伦文德所	北京	402	712	1147
11	11	隆安所	北京	150	850	1100
12	13	君合所	北京	182	446	686
13	14	金诚同达所	北京	202	482	684
14	15	泰和泰所	四川	150	510	660
15	16	海华永泰所	上海	102	460	647
16	20	广和所	广东	201	391	592
17	22	观韬中茂所	北京	153	406	567
18	24	天驰君泰所	北京	210	338	562
19	25	方达所	上海	92	460	552
20	27	明炬所	四川	75	452	527
21	30	广信君达所	广东	124	324	448
22	32	众成清泰所	山东	131	303	446
23	34	段和段所	上海	143	267	410

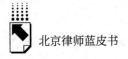
中国 30强	亚洲50强 位次	律所名称	总部所 在地	合伙人	执业律师	律师总数
24	40	环球所	北京	84	285	369
25	43	京都所	北京	113	229	347
26	44	君泽君所	北京	103	243	346
27	45	中闻所	北京	154	173	327
28	46	天达共和所	北京	96	226	322
29	47	天元所	北京	106	212	318
30	50	浩天信和所	北京	80	164	294

注："律师总数"为相关律所所有计时收费人员的总和，包括合伙人、律师、法律顾问、咨询顾问和外籍法律顾问，不包括律师助理、实习律师和见习律师。

资料来源：各律所人数及其排名，来自"2016 CHINA 30 LARGEST LAW FIRMS"，ASIAN LEGAL BUSINESS – NOVEMBER 2017。

三　律师业务收入

（一）北京律师业务收入总额快速增长

北京律师业务收费总额在2013年经历了较大幅度的下降，① 自2014年以来，北京律师业务收入总额呈现快速增长的趋势，一直持续到2017年最新的统计结果。如图18和图19所示，2014年北京律师业务收费总额111.06亿元，年增长率13.8%；2015年收费总额138.10亿元，年增长率24.3%；2016年收费总额170.82亿元，年增长率23.7%；2017年收费总额199.29亿元，年增长率16.7%。收费总额持续增长的趋势表明，近年来北京律师行业发展势头良好。

---

① 大幅下降的原因，参见《北京发展报告NO.3》的具体分析。

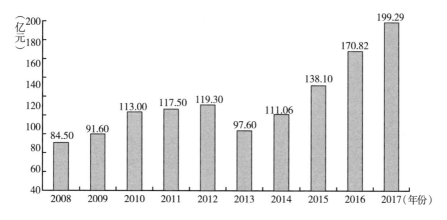

图18　2008～2017年北京律师行业业务收入总额变化

资料来源：数据来源于北京市司法局实地调研，北京律师行业总收入是根据年终统计时各律师报送的数据汇总而成。

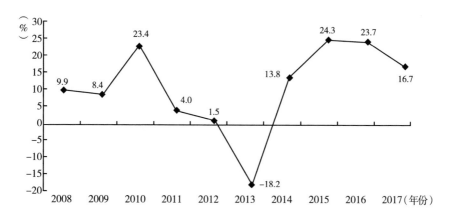

图19　2008～2017年北京律师行业业务收入总额年增长率

（二）北京律师人均业务收费显著增长

近年来北京律师业务收费总额的快速增长，带来律师人均业务收费的逐年增加。如图20和图21所示，扣除执业律师人数变动的影响后，北京律师人均业务收费在经历两年的连续下降之后，于2014年恢复增长，并持续增长至2017年。具体言之，2014年，北京律师人均业务收费53.00万元，年

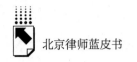

增长率26.2%；2015年，北京律师人均业务收费58.78万元，年增长率10.9%；2016年，北京律师人均业务收费73.05万元，年增长率24.3%；2017年，北京律师人均业务收费74.86万元，年增长率2.5%。

律师人均业务收费的增加会促进律师个人收入的增加，但是二者并不简单等同。因为一方面，业务收费只是律师行业的税前营业收入，减去税收和各种运营成本之后才是利润；另一方面，这只是平均收费，律师行业的收入分层现象突出，资深大律师的收入和一般律师的收入存在较大差距。

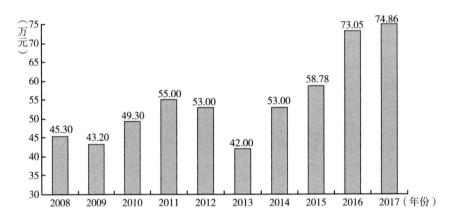

图20　2008～2017年北京律师人均收费变化

资料来源：数据来源于北京市司法局实地调研，由主管部门提供，非计算得出。

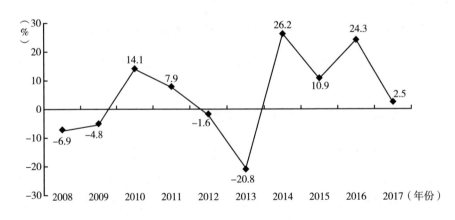

图21　2008～2017年北京律师人均收费年增长率

（三）亿元所的数量和收费总额持续增长

在本报告中，"亿元所"是指年度业务收费亿元以上的律所。近年来，随着北京律师行业的稳步发展，亿元所的数量和收费总额也在持续增加。分析表10中的统计数据，2014年以来北京亿元所的变化有如下三个特点。

第一，亿元所的数量持续增加。如表10所示，2013年北京有亿元所18家，2014年22家，2015年26家，2016年34家，2017年41家。因为2013年经历了大幅度的下跌，所以虽然亿元所数量于2014年开始增长，但是直到2015年才恢复到下跌前的水平。而增长较快的，是2016年和2017年这两年。

第二，亿元所收费总额持续增加。2013年北京所有亿元所的收费总额是42.97亿元，是近十年来的最低值。2014年亿元所收费总额开始增长，达到52.68亿元，增幅22.6%；2015年增至73.68亿元，增幅39.9%；2016年增至95.88亿元，增幅30.1%；2017年增至113.93亿元，增幅18.8%。

第三，虽然亿元所的数量相对较少，但是亿元所的收费总额在北京律师业务收费总额中占有较大比例，并持续增加。如表10所示，在2014年以前，亿元所收费总额在北京律师业务收费总额中所占比例已经不小，但是只在40%~50%范围内波动。2015年占比首次突破50%，达到53.4%；2016年继续增长，达到56.1%；2017年继续增至57.2%，为历年来最高值。最新的接近60%的收费比例意味着北京的大型律所虽然相对数量较少，最多时也不及2%，但是对于行业发展意义重大，是律师行业收入的主要来源。

表10　2010~2017年北京亿元所的数量与收入总额

年份	律所数（家）	占参报律所比例（%）	总收入（亿元）	占北京律师业务收费总额比例（%）
2010	24	2	51.6353	45.7
2011	24	1.6	50.8	43.2
2012	24	1.6	53.8	45.1
2013	18	1.2	42.97	44.0

续表

年份	律所数(家)	占参报律所比例(%)	总收入(亿元)	占北京律师业务收费总额比例(%)
2014	22	1.3	52.68	47.4
2015	26	1.45	73.68	53.4
2016	34	1.7	95.88	56.1
2017	41	1.87	113.93	57.2

（四）律师业务收入占地区生产总值的比例先降后升

律师行业属于第三产业，律师业务收费是地区生产总值的组成部分，律师业务收费占地区产值的比例，以及不同行业人均产值的对比，是反映律师行业发展状况的重要指标。综合分析相关指标，北京律师行业发展状况具有如下特点。

第一，近年来北京律师业务收费总额增长速度快于地区生产总值和第三产业产值。如表11和图22所示，在2014年度，北京律师业务收费总额年增长率为13.8%，快于地区生产总值的7.7%和第三产业产值的8.3%；在2015年度，北京律师业务收费总额年增长率为24.3%，快于地区生产总值的7.9%和第三产业产值的10.3%；在2016年度，北京律师业务收费总额年增长率为23.7%，快于地区生产总值的11.5%和第三产业产值的12.3%；在2017年度，北京律师业务收费总额年增长率为16.7%，快于地区生产总值的9.1%和第三产业产值的9.6%。律师业务收费总额增长更快表明律师行业的运行情况好过经济形势的总体水平。

第二，北京律师业务收费总额占地区生产总值的比例先降后升。由于近年来增长速度更快，北京律师业务收费总额在地区经济总量中所占的比例也逐年增加。如表11和图23所示，自2014年来，北京律师业务收费总额占北京地区生产总值的比例逐年增长，从2013年的0.49%增至2017年的0.71%；占北京地区第三产业产值的比例从2013年的0.64%逐年增至2017年的0.88%。但是，即使持续四年增长，截至2017年仍然未恢复到历史最高水平。从2010年以来的统计数据看，北京律师业务收费总额占北京地区生产总值比例的历史最高值是2010年的0.80%，占北京地区第三产业产值比例的历史最高值是2010年的1.06%。

北京律师业务收费占地区经济总量的比例虽然没有恢复到历史最高水平，但是和全国平均水平相比，仍然比较高。如表12所示，在2017年度，就全国范围来说，律师服务收费总额只占国内生产总值的0.09%，只占全国第三产业产值的0.18%，显著低于北京的水平。

第三，律师行业人均产值显著高于第三产业平均水平。律师业务收费总额除以律师行业从业人员总数，包括执业律师和律师辅助人员，得到律师行业的人均产值。同理可以算出第三产业人均产值和其他行业的人均产值。表13和图24对比展示了北京律师行业、第三产业和金融行业的人均产值。从指标对比来看，北京律师行业人均产值是43.0万元，显著高于第三产业的平均水平21.1万元，但是也显著低于金融行业的79.4万元。

表11 2010~2017年北京律师业务收入总额占地区生产总值和
第三产业产值比例的变化

单位：亿元，%

年份	地区生产总值	年增长率	第三产业产值	年增长率	北京律师业务收入总额	年增长率	占地区生产总值比例	占第三产业产值比例
2010	14113.6	16.1	10665.2	15.5	113.0	23.4	0.80	1.06
2011	16251.9	15.2	12439.5	16.6	117.5	4.0	0.72	0.94
2012	17879.4	10.0	13768.7	10.7	119.3	1.5	0.67	0.87
2013	19800.8	10.7	15348.6	11.5	97.6	-18.2	0.49	0.64

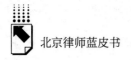
续表

年份	地区生产总值	年增长率	第三产业产值	年增长率	北京律师业务收入总额	年增长率	占地区生产总值比例	占第三产业产值比例
2014	21330.8	7.7	16627.0	8.3	111.1	13.8	0.52	0.67
2015	23014.6	7.9	18331.7	10.3	138.1	24.3	0.60	0.75
2016	25669.1	11.5	20594.9	12.3	170.82	23.7	0.67	0.83
2017	28000.4	9.1	22569.3	9.6	199.29	16.7	0.71	0.88

表12　2017年律师业务收费总额占第三产业产值和GDP比例对比

单位：亿元，%

	GDP	第三产业产值	律师服务收费总额	占第三产业产值比例	占GDP比例
全国	827121.7	427031.5	774.6554	0.18	0.09
北京	28000.4	22569.3	199.29	0.88	0.71

表13　2016年北京地区不同行业人均产值对比

行业	产值(亿元)	从业人员(万人)	从业人员人均产值(万元)
第三产业	20594.9	977.5	21.1
律师行业	170.82	3.9756	43.0
金融行业	4270.8	53.8	79.4

注：2016年律师行业从业人员包括执业律师26953人，辅助人员12803人，合计39756人。

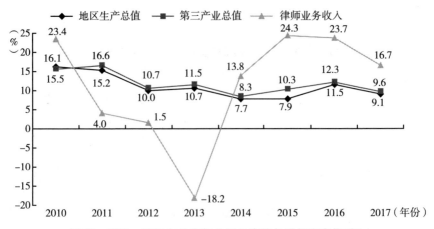

图22　2010~2017年北京相关行业产值年增长率变化对比

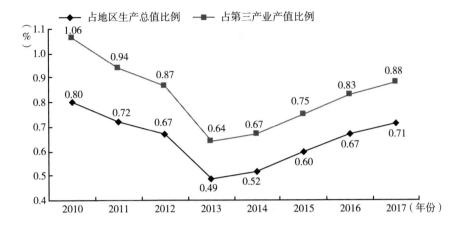

图23　2010～2017年北京律师业务收入总额占地区生产总值和第三产业产值比例的变化

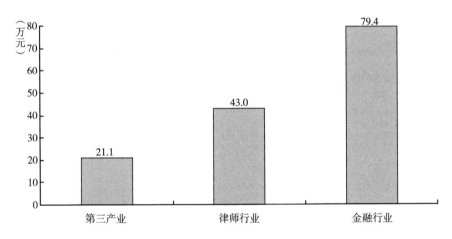

图24　2016年北京从业人员人均产值对比

（五）纳税额持续增长

北京市律师行业在2012年前后实施"营改增"以及合伙人个人所得税查账征收的改革。改革之后，律师行业的税收情况为社会各界所关注。整理北京律师行业近年来纳税情况的统计数据，得出图25、图26和图27。分析图中指标，北京律师行业近年来的纳税情况主要有如下特点。

第一，律师行业纳税总额持续增长。随着 2014 年以来北京律师业务收费总额的持续增长，北京律师行业纳税总额也逐年增加。如图 25 所示，2014 年北京律师行业纳税总额是 15.63 亿元，2015 年增至 19.52 亿元，2016 年再增至 22.69 亿元，2017 年达到历史最高值 28.26 亿元。

第二，从构成看，合伙人个人所得税和增值税是律师行业纳税的主要税种。以 2017 年为例，北京律师行业共纳税 28.26 亿元，其中合伙人个人所得税 14.58 亿元，占 51.6%，超过一半；增值税 9.14 亿元，占 32.3%，排在第二位；代扣代缴个人所得税 3.42 亿元，占 12.1%；城市维护建设税、教育费附加、房产税等其他税共计 1.11 亿元，占 3.9%（见图 26）。律师行业从核定征收到查账征收的改革所针对的是合伙人个人所得税，因为该税种所占比例最大，所以律师行业对这项改革十分关注。

第三，律师行业税负相对稳定。税负是指行业纳税总额占业务收费总额的比例。如图 27 所示，北京律师行业在完成税制改革之后的 2013 年税负达到 16.94%，相对较高，但是随后的四年中，税负略有下降，并基本维持在 14.1% 左右。14.1% 左右的税负和税制改革之前相比，大致相当或者略低一些。然而，这是平均数。因为小规模纳税人和普通纳税人的增值税税率不一样，所以实际中大型律所的税负会略高一些。

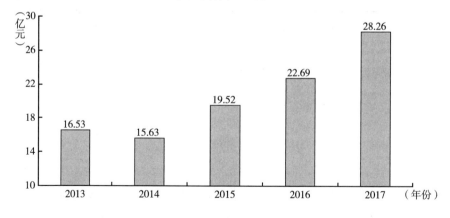

图 25　2013～2017 年北京律师行业纳税总额变化

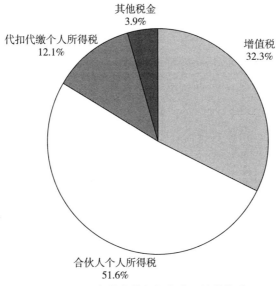

图 26　2017 年北京律师行业实际纳税构成

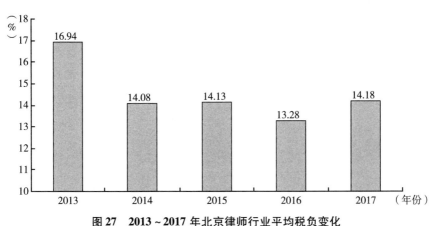

图 27　2013～2017 年北京律师行业平均税负变化

四　律师业务类型

（一）2017年度各类业务的数量均有显著增长

根据《律师法》的规定，律师可以提供的法律服务类型包括：（1）接受自然人、法人或者其他组织的委托,担任法律顾问;(2)接受民事案件、行政案件当事人的委托,担任代理人,参加诉讼;(3)接受刑事案件犯罪嫌疑人的委托,为其提供法律咨询,代理申诉、控告,为被逮捕的犯罪嫌疑人申请取保候审,接受犯罪嫌疑人、被告人的委托或者人民法院的指定,担任辩护人,接受自诉案件自诉人、公诉案件被害人或者其近亲属的委托,担任代理人,参加诉讼;(4)接受委托,代理各类诉讼案件的申诉;(5)接受委托,参加调解、仲裁活动;(6)接受委托,提供非诉讼法律服务;(7)解答有关法律的询问、代写诉讼文书和有关法律事务的其他文书。在这些业务中,无论从业务数量看,还是从业务收入角度看,(1)(2)(3)(7)都是主要的业务类型,这里就这四种业务类型,考察其数量和收入。

考察表14、表15和表16,对于北京律师历年完成的业务数量的变化,可以总结出如下两个特点。

第一,各类业务的数量在2017年均有显著的增长。如表14和表16所示,在2016年以前,各类业务的数量或增或降,变化并不同步。然而在2017年,各类业务均有显著的增长。其中"担任法律顾问"的件数增加了15.3%,"民事诉讼代理"件数增加了13.2%,"刑事诉讼辩护及代理"件数增加了11.2%,"行政诉讼代理"件数增加了74.8%,"非诉讼法律事务"件数增加了30.6%。

第二,从占全国的比例的角度看,北京律师办理的非诉讼法律事务最多,民事诉讼代理最少。表15所整理的,是合计2013~2017年的业务数量后,北京律师办理的各类业务的数量占全国的比例。从计算的结果看,北京律师办理的非诉讼法律事务最大,达到11.4%,超过北京律师人数占全国的比例;北京律师办理的民事诉讼代理业务所占比例最低,只有3.7%,显著低于北京律师人数所占的比例。这个对比结果表明,相比较而言,北京律师在非诉讼法律事务办理方面优势更加突出。

表 14　2012～2017 年北京和全国律师业务办理数量对比

单位：件

	业务类型	2012 年	2013 年	2014 年	2015 年	2016 年	2017 年
北京	担任法律顾问	21907	21713	22872	25366	30358	35015
	民事诉讼代理	66341	98630	90115	94480	93990	106391
	刑事诉讼辩护及代理	18174	28062	25144	26976	26162	29089
	行政诉讼代理	4031	4815	4384	6614	6852	11977
	非诉讼法律事务	73352	72530	86884	89638	90046	117637
全国	担任法律顾问	447993	456847	507289	548260	579360	617000
	民事诉讼代理	1779118	1887156	2100102	2476112	2744896	3818000
	刑事诉讼辩护及代理	576050	592486	667391	717283	704447	684000
	行政诉讼代理	43312	57659	64545	86455	98989	153000
	非诉讼法律事务	585358	817703	673080	784264	844414	894000

资料来源：北京的数据来源于《北京统计年鉴》，全国的数据来源于《中国统计年鉴》。

表 15　2013～2017 年北京律师业务数量合计及其占全国的比例

单位：件，%

业务类型	担任法律顾问	民事诉讼代理	刑事诉讼辩护及代理	行政诉讼代理	非诉讼法律事务
全国	2708756	13026266	3365607	460648	4013461
北京	135324	483606	135433	34642	456735
占全国比例	5.0	3.7	4.0	7.5	11.4

表 16　2012～2017 年北京律师各类业务数量的年增长率

单位：%

业务类型	2012 年	2013 年	2014 年	2015 年	2016 年	2017 年
担任法律顾问	－1.2	－0.9	5.3	10.9	19.7	15.3
民事诉讼代理	－16.2	48.7	－8.6	4.8	－0.5	13.2
刑事诉讼辩护及代理	16.3	54.4	－10.4	7.3	－3.0	11.2
行政诉讼代理	17.7	19.4	－9.0	50.9	3.6	74.8
非诉讼法律事务	6.7	－1.1	19.8	3.2	0.5	30.6

（二）多数业务收入显著增长

对于北京律师各类业务的收入情况，整理得出表17、表18和表19。分析表中的指标，北京律师各类业务收入的构成及其变化具有如下三个特点。

第一，从收入的角度看，非诉讼法律事务、法律顾问和民事诉讼代理是北京律师的三大主要业务。在任何一个年度，三项业务收入之和都占80%以上的比例。自2013年以来，这三项业务中又数非诉讼法律事务的比例最大。在2015年最高时，非诉讼法律事务收入占全部收入的40.8%。

第二，非诉讼法律事务、法律顾问、民事诉讼代理三项业务收入往往同步变化，并决定律师业务收费总额的变化方向及幅度。三类业务之所以总是同步变化，是因为它们都和经济形势的关系十分密切：当经济形势向好时，三项业务的收入都会增长；当经济形势不好时，三项业务的收入都会下降。

第三，业务数量和业务收入的变化往往不同步。这种不同步多数情况下表现为：头一年业务数量的增长在收入上的反映要到第二年的统计中才能显示出来。例如，2013年刑事诉讼业务数量大幅增长，但是当年的收入却是下降的，收入的增长到2014年才体现出来。之所以出现这种情况，很大程度上因为接受委托和费用结算之间存在时间跨度。

表17　2011～2017年北京律师各类业务收入变化

单位：亿元

年份	非诉讼法律事务	担任法律顾问	民事诉讼代理	刑事诉讼辩护及代理	行政诉讼代理	其他	总收入
2011	40.3	29	40.2	2.2	1.3	4.5	117.5
2012	37.3	29.2	40	2.8	2.4	7.6	119.3
2013	30.56	23.86	28.64	2.41	1.31	10.83	97.61
2014	39.57	27.47	29.52	2.85	3.44	8.21	111.06
2015	56.31	32.65	32.41	3.26	4.06	9.41	138.1
2016	65.16	35.73	46.9	4.69	5.72	12.62	170.82
2017	72.00	40.39	61.96	6.97	5.34	12.63	199.29

表18　2011~2017年北京律师各类业务收入所占比例变化

单位：%

年份	非诉讼法律事务	担任法律顾问	民事诉讼代理	刑事诉讼辩护及代理	行政诉讼代理	其他	总收入
2011	34.3	24.7	34.2	1.9	1.1	3.8	100.0
2012	31.3	24.5	33.5	2.3	2.0	6.4	100.0
2013	31.3	24.4	29.3	2.5	1.3	11.1	100.0
2014	35.6	24.7	26.6	2.6	3.1	7.4	100.0
2015	40.8	23.6	23.5	2.4	2.9	6.8	100.0
2016	38.1	20.9	27.5	2.7	3.3	7.4	100.0
2017	36.1	20.3	31.1	3.5	2.7	6.3	100.0

表19　2011~2017年北京律师各类业务收入的年增长率

单位：%

年份	非诉讼法律事务	担任法律顾问	民事诉讼代理	刑事诉讼辩护及代理	行政诉讼代理	其他	总收入
2011	17.4	-0.1	-4.6	-1.3	10.0	9.5	4.0
2012	-7.4	0.7	-0.5	27.3	84.6	68.9	1.5
2013	-18.1	-18.3	-28.4	-13.9	-45.4	42.5	-18.2
2014	29.5	15.1	3.1	18.3	162.6	-24.2	13.8
2015	42.3	18.9	9.8	14.4	18.0	14.6	24.3
2016	15.7	9.4	44.7	43.9	40.9	34.1	23.7
2017	10.5	13.0	32.1	48.6	-6.6	0.1	16.7

（三）非诉讼法律事务的数量和收入持续增长

考察图28、图29和图30，非诉讼法律事务的数量和收入变化具有如下特点。

第一，自2014年以来，非诉讼法律事务的数量和收入均持续增长。截至2017年，非诉讼法律事务的数量达到历史最大值117637件，收入也达到最大值72.00亿元。

第二，非诉讼法律事务收入所占比例有所下降。在非诉讼法律事务收入增加的同时，律师业务收费总额也在增长，而且在最近两年中增长更快，导致前者所占比例有所下降。如表18所示，非诉讼法律事务收入所占比例在2015年达到最大值40.8%，此后连续两年下降，至2017年降至36.1%。尽管比例有所下降，但非诉讼法律事务仍是当前收入比例最高的业务类型。

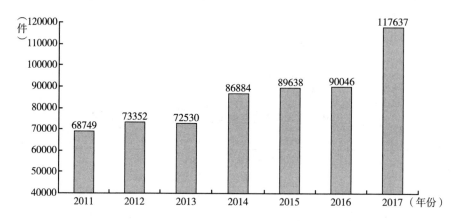

图28 2011～2017年北京律师非诉讼法律事务业务数量变化

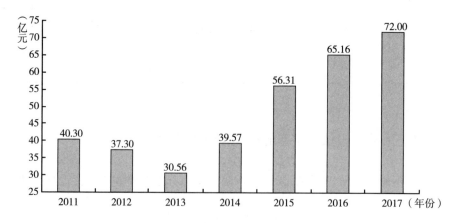

图29 2011～2017年北京律师非诉讼法律事务业务收入变化

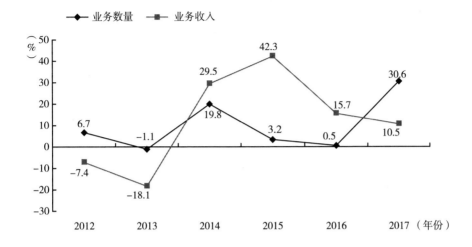

图30 2012～2017年北京律师非诉讼法律事务业务年增长率

（四）法律顾问的数量和收入持续增长

考察图31、图32和图33，法律顾问业务的数量和收入变化具有如下特点。

第一，自2014年以来，法律顾问的数量和收入均稳步增长。从数量上看，法律顾问业务从2013年的21713件，逐年增加至2017年的35015件；从收入看，法律顾问业务从2013年的23.86亿元逐年增至2017年的40.39亿元。

第二，近两年来，法律顾问业务收入占比略有下降。虽然法律顾问业务收入持续增长，但是其他业务收入增长更快，导致法律顾问业务收入占北京律师业务收费总额的比例有所降低。如表18所示，法律顾问业务收入所占比例在2014年恢复到2011年的水平，占24.7%，但是此后逐年下降，截至2017年降至20.3%。虽然有升有降，但是法律顾问业务收入所占比例绝大多数时间都排在第三位，仅低于非诉讼法律事务和民事诉讼代理。

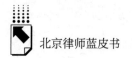
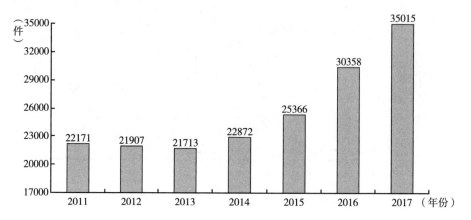

图31　2011～2017年北京律师法律顾问业务数量变化

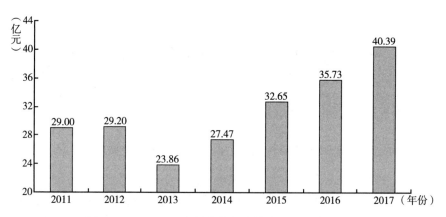

图32　2011～2017年北京律师法律顾问业务收入变化

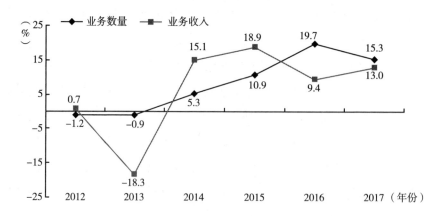

图33　2012～2017年北京律师法律顾问业务年增长率

（五）民事诉讼代理业务的收入持续增长

考察图34、图35和图36，民事诉讼代理业务的数量和收入的变化具有如下三个特点。

第一，民事诉讼代理的数量波动较大。如图36所示，2014年以来的四年中，民事诉讼代理业务的数量在2014年和2016年呈现负增长，而在2015年和2017年有一定的增幅，其中2017年的增幅较大。

第二，最近两年民事诉讼代理业务收入大幅增长。如图35和图36所示，2016年民事诉讼代理业务收入年增长率达到44.7%，增至46.90亿元；2017年再增加32.1%，达到历史最大值61.96亿元。

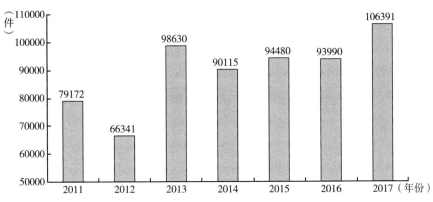

图34　2011~2017年北京律师民事诉讼代理业务数量变化

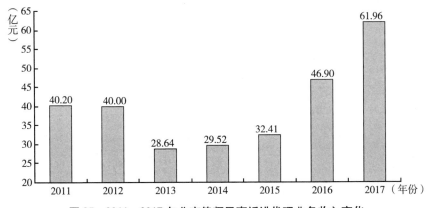

图35　2011~2017年北京律师民事诉讼代理业务收入变化

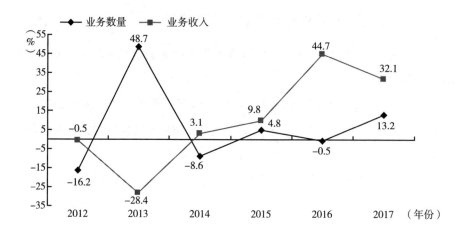

图36　2012～2017年北京律师民事诉讼代理业务年增长率

第三，由于收入快速增加，民事诉讼代理收入占比最近两年快速增加。如表18所示，2015年民事诉讼代理业务收入占当年北京律师业务收费总额的23.5%，此后快速上升，2016年达到27.5%，2017年达到31.1%，稳定在第二位。

（六）刑事诉讼代理业务的收入持续增长

考察图37、图38和图39，刑事诉讼代理业务的数量和收入的变化主要有如下特点。

第一，自2013年以来，刑事诉讼代理业务数量有一定的波动，但是并没有明显的趋势。如图37和图39所示，自2013年刑事诉讼代理业务数量有一个较大幅度的增加之后，分别在2014年和2016年有所下降，而2015年和2017年则有所增加。

第二，自2014年以来，刑事诉讼代理业务收入持续大幅增长。如图38和图39所示，刑事诉讼代理业务在2013年收入2.41亿元，2014年增至2.85亿元，年增长率为18.3%；2015年增至3.26亿元，年增长率为14.4%；2016年增至4.69亿元，年增长率为43.9%；2017年增至 6.97 亿元，年增长率为 48.6%。在数量没有大幅增长甚至有所下降的情况下收入却大幅增加，说明北京律师近两年来办理了更多的大案要案。

第三，刑事诉讼代理业务收入占比持续增长。如表 18 所示，在 2011 年时刑事诉讼代理业务收入占北京律师服务收费总额 1.9%，此后占比持续增长，截至 2017 年达到 3.5%。

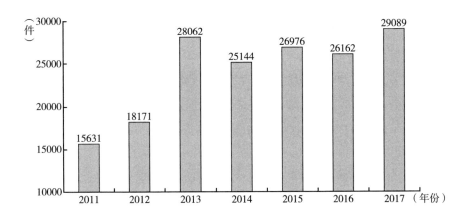

图 37　2011～2017 年北京律师刑事诉讼代理业务数量变化

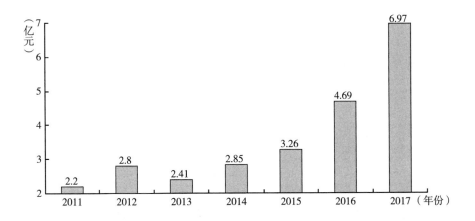

图 38　2011～2017 年北京律师刑事诉讼代理业务收入变化

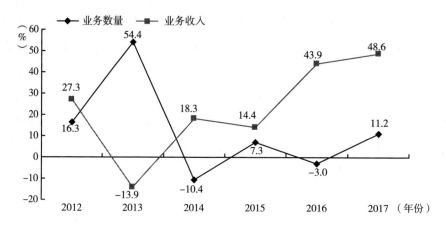

图39 2012～2017年北京律师刑事诉讼代理业务年增长率

（七）行政诉讼代理的数量大幅增长

考察图40、图41和图42，行政诉讼代理业务的数量和收入的变化具有如下特点。

第一，2015年以来行政诉讼代理业务的数量大幅增加。如图40和图42所示，行政诉讼代理业务在2014年只有4384件，2015年增至6614件，增幅50.9%；2016年小幅增长，2017年增长74.8%，达到11977件。行政诉讼代理业务近年来大幅增长，很大程度上是2014年11月国家修订《行政诉讼法》放宽了行政诉讼案件立案标准所致。

第二，自2014年以来行政诉讼代理业务收入亦有较大幅度的增长。如图41和图42所示，行政诉讼在2013年收入1.31亿元，2014年增至3.44亿元，增幅达到162.6%；2015年增至4.06亿元，增幅达18.0%；2016年增至5.72亿元，增幅达40.9%；2017年小幅回落降至5.34亿元。

第三，行政诉讼代理业务收入占比波动较大。如表18所示，在2011年度，行政诉讼代理业务收入占北京律师业务收费总额1.1%，为近七年来历史最低值；2016年增至3.3%，为历史最高值；2017年又降至2.7%。

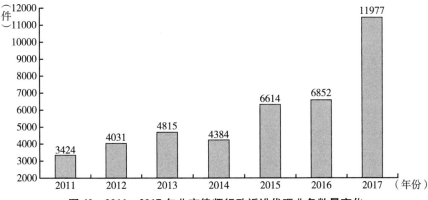

图40　2011~2017年北京律师行政诉讼代理业务数量变化

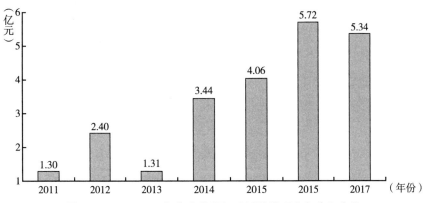

图41　2011~2017年北京律师行政诉讼代理业务收入变化

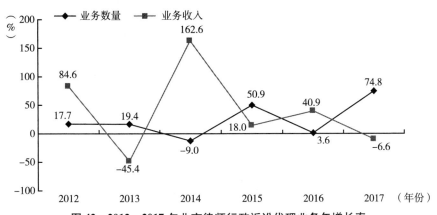

图42　2012~2017年北京律师行政诉讼代理业务年增长率

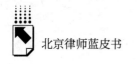

五　律师公益活动

（一）积极参加公益法律服务活动

在 2016 年度和 2017 年度，北京律师关爱社会、热心公益，以多种形式参与公益法律服务活动。具体来看，在这两年中北京律师有组织的公益法律服务活动主要包括以下方面。

第一，积极开展"1＋1"中国法律援助志愿者行动。自 2012 年"1＋1"中国法律援助志愿者行动启动以来，北京律师行业始终积极响应，精心组织，圆满完成了各个年度的任务和目标。在 2016 年度，在"1＋1"中国法律援助志愿者行动与青藏两省（区）志愿律师服务招募工作中，北京市律师协会共组织 26 名北京志愿律师分赴西藏、新疆、青海、甘肃、贵州等地提供法律援助。在 2017 年度的行动中，北京市律师协会共招募 20 名北京志愿律师分赴西藏、新疆、青海、甘肃、贵州等地提供法律援助，为维护当地困难群众合法权益与社会和谐稳定发挥了积极作用。同时还选派骨干律师赴新疆、西藏为当地律师开展法律培训。由于北京律师行业在该项活动中的突出表现，北京市律师协会连续多年被评为"1＋1"中国法律援助志愿者行动先进单位，马兰等数十名北京律师先后获得表彰和嘉奖。

第二，进一步做好公益法律服务中心工作。北京市律师协会公益法律服务中心自 2013 年 10 月 30 日成立以来，在便利律师从事公益活动、便利群众咨询法律问题、促进律师了解社会的法律需要方面发挥了重要作用。在 2016 年度和 2017 年度，北京市律师协会进一步开展有关动员、招募和培训工作，支持和引导北京律师从事公益法律服务。2016 年度，北京市律师协会共组织 500 余名律师全天候参与公益法律服务中心的法律咨询工作，并对 160 余名志愿律师进行了接访规则、接待技巧、特殊事件处置、网络咨询工作内容及方式等方面的培训，以提升公益法律服务工作的规范化水平。在该年度，志愿律师共接听热线电话 3452 个，接待现场咨询 2263 人次。2017

年度，协会组织了第九批公益法律服务中心志愿律师招募工作，并对 120 余名志愿律师进行了培训。协会全年共组织近 800 名律师全天候参与协会公益法律服务中心的法律咨询工作，志愿律师共接听热线电话 2269 个，接待现场咨询 1834 人次。公益法律服务中心的这些工作为促进社会和谐稳定做出了积极贡献。

第三，建立和值守公益服务站。在 2016 年 8 月，北京市律师协会与市三中院共同建立公益法律服务站，由协会组织相关专业委员会负责人定期到三中院值班，开展公益法律咨询、诉讼指导、判后释法等公益法律服务，发挥律师在矛盾化解中的重要作用。在 2017 年度，为进一步做好公益服务站的工作，北京市律师协会建立值班律师选任、退出和评价工作机制，出台工作指引并对外公布，明确值班律师的工作职责和工作要求，前后共组织 30 余名不同领域的专业律师接待咨询群众 130 余人次，主要问题涉及婚姻家庭、诉讼程序、侵权纠纷、劳动争议、房屋土地等方面，充分发挥律师在维护公民合法权益、捍卫社会公平正义、推进民主法治建设等方面的作用。

第四，其他法律咨询和宣传活动。除了上文提到的三项工作外，在 2017 年度市律协还组织了如下法律咨询和宣传活动：（1）以"宪法的历程"等主题，组织开展法治宣传和宪法宣讲活动；（2）深入街道办事处、社区、残联等进行食品安全法义务普法宣讲；（3）联合教委举办"教育类法律法规普法活动""校园安全专题法律讲座"；（4）开展"首都律师法律拥军公益行"庆"八一"活动，为官兵进行"军人常用法律知识"培训授课并解答部队官兵困惑的法律问题；（5）参与中央人民广播电台中国乡村之声《举案说法》栏目，定期为《举案说法》节目现场直播的案例和咨询进行法律分析和答疑解惑，起到了"以生活解读法律、以法律引导生活、助农维权、为农解忧"的普法作用；（6）应北京市保护知识产权举报投诉服务中心 12330 要求，选派专业律师以"融资中的知识产权问题""企业内部管理中的知识产权保护"等主题进行授课，并配合北京 12330 创新创业阶梯培训课程要求，组织律师编写了 6 个"双创阶梯培训课程"模块，涵盖企业知识产权纠纷应对、专利挖掘与布局、专利侵权纠纷应对、企业知识产权管理等各个层

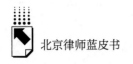

面，有力支持了 12330 面向北京各类企业的创新培训课程需求。

总体上看，得益于协会的精心组织，得益于广大律师的热情参与，北京律师实际完成了大量的公益法律服务，体现了北京律师的责任与担当。在 2016 年度，北京参加义务法律咨询的律师共计 19850 人，义务法律咨询服务共计 182706 次，参加公益法律服务共计 12749 次，为社会提供法律业务培训共计 4350 次。在 2017 年度，北京律师公益法律服务合计 42706 件，其中调解案件 3483 件，为老年人免费提供法律服务 29868 件；为妇女免费提供法律服务 22688 件；为未成年人免费提供法律服务 2541 件；为农民工免费提供法律服务 21276 件；为残疾人免费提供法律服务 5091 件；为其他弱势群体免费提供法律服务 9453 件。

（二）积极参政议政

利用法律专家的身份和特长积极地、广泛地参政议政，是北京律师长期坚持的一个重要特色。在 2016 年度和 2017 年度，北京律师的参政议政活动主要体现在三个方面。

第一，北京律师任职人大代表和政协委员的数量有所增长。根据我国有关的制度，律师任职人大代表、政协委员的数量在同一届任期内相对稳定，但换届之后一般会略有变动。

从表 20 看，北京律师任职人大代表和任职政协委员的人数在 2013 ~ 2016 年没有变化。任职人数具体是：全国人大代表 3 人、全国政协委员 3 人（常委 1 人）；市人大代表 8 人（常委 1 人）、市政协委员 9 人；区县人大代表 16 人（常委 3 人）、区政协委员 54 人（常委 6 人），合计 93 人次。①

在 2016 ~ 2018 年，正逢各级人大和政协换届，所以北京律师任职人大代表和政协委员的人数也有了一定的变化。各级人大和政协完成换届工作的时间是新一届人大和政协一次会议的召开。其中，北京市各区新一届人大和政协一次会议在 2016 年 12 月中下旬召开，新一届北京市人大和北京市政协

---

① 因为有的律师同时担任多项职务，所以合计计量单位为"人次"，下同。

一次会议在 2018 年 1 月中下旬召开，新一届全国人大和全国政协一次会议在 2018 年 3 月召开。而律师在新一届人大和政协中任职的人数统计会略早或略晚于换届会议的召开时间。

换届之后，如表 20 所示，北京律师任职人大代表和政协委员的总人数从 2016 年的 93 人增加到 128 人，增加了 37.6%，增幅显著。具体从任职分布上看，在区一级，有 30 名北京律师担任新一届区人大代表，上一届是 16 人，增长了 87.5%；有 61 名北京律师担任新一届区政协委员，上一届是 54 人，增长了 13.0%。在市一级，有 14 名北京律师担任新一届市人大代表，上一届是 8 人，增长了 75.0%；有 16 名北京律师担任新一届市政协委员，上一届是 9 人，增长了 77.8%。在国家一级，有 4 名北京律师担任新一届全国人大代表，上一届是 3 人，增长了 33.3%；有 3 名北京律师担任新一届全国政协委员，人数和上一届持平。

第二，任职人大代表和政协委员的北京律师十分重视和珍惜自己的职务和使命，积极从事参政议政活动。从统计结果看，在 2017 年度，担任人大代表的北京律师共计提出建议 116 件，参与立法、修法 40 件，参与执法检查 49 次，参与调研 114 次，其他参政议政 56 件；担任政协委员的北京律师共计提出提案 194 件，参与立法、修法 58 件，参与协商座谈 271 次，参与调研 186 次，其他参政议政活动 123 件。

第三，北京市律师协会大力支持、协助律师代表、律师委员参政议政。为支持和促进北京律师代表和律师委员的参政议政工作，北京市律师协会于 2009 年成立了人大代表与政协委员联络委员会。联络委员会自成立以来，在建立沟通联络机制、开展调研活动、组织专题研讨会、征集议案和提案、总结和交流经验、展示和宣传律师参政议政风采等方面开展了大量的工作，取得了突出的成绩。由于联络委员会的工作范围逐步拓展，协会在 2017 年将其名称从"北京市律师协会人大代表与政协委员联络委员会"更改为"北京市律师协会参政议政促进工作委员会"，并规定由协会党委办公室领导、协调配合其工作。

在 2016 年度和 2017 年度，委员会在促进律师代表和律师委员参政议政方面继续发挥重要作用。委员会的主要工作包括：（1）在 2016 年开展了以"挖掘社会组织法律服务功能，助力法治中国建设"为主题的调研工作，在 2017 年开展了以"律师协会参与立法助力法治新北京建设"为主题的调研工作，分别形成调研报告，为相应的提案议案的形成提供了可靠的支撑；（2）2017 年 8 月邀请北京市人大常委会委员、北京市人大法制工作委员会主任李小娟对律师人大代表、政协委员会进行培训，借以提升律师代表和律师委员的参政议政能力；（3）2017 年 7 月组织召开了《看守所法（征求意见稿）》专题研讨会，提升了议案的科学性与可行性；（4）2016 年赴上海、浙江等地就"上海、浙江两地律师参政议政状况、特别是本届人大代表、政协委员中律师的人数增长情况"进行了调研，并就不同省市律协之间律师参政议政的经验进行了交流和探讨；（5）2017 年 12 月和法治北京促进研究会共同召开了"征集 2018 年北京市两会建议案、提案"座谈会，为提案议案的设计和制作收集素材；（6）继续编辑出版《律师话政》，全面展示律师参政议政风采。

表 20　2008~2018 年北京律师任职人大代表和政协委员情况

单位：人

年份	人大代表				政协委员				合计
	全国人大代表	市人大代表	县区人大代表	小计	全国政协委员	市政协委员	县区政协委员	小计	
2008	2	7	11	20	3	8	41	52	72
2009	2	7	12	21	3	8	43	54	75
2010	2	8	12	22	3	8	44	55	77
2011	2	8	16	26	3	8	56	67	93
2012	2	8	10	20	3	8	44	55	75
2013	3	8	16	27	3	9	54	66	93
2014	3	8	16	27	3	9	54	66	93
2015	3	8	16	27	3	9	54	66	93
2016	3	8	16	27	3	9	54	66	93
2017	3	14	30	47	3	8	60	71	118
2018	4	14	30	48	3	16	61	80	128

注：2008~2017 年的人数为年底数，2018 年的人数为当年 1 月的统计结果。

资料来源：2008~2013 年的数据来源于《中国司法年鉴》相应年度版本，2014~2018 年的数据来源于北京市律师协会实地调研。

（三）利用专业优势推进科学立法

北京律师充分利用专业优势，积极推进国家和北京市科学立法，促进中国特色法律体系和北京法规制度体系完善。

在2016年度，北京市律师协会相关专业委员会组织律师发挥专业优势，主动参与法律法规的起草、修改、论证、咨询、征求意见等工作，先后就《中华人民共和国民法典各分编（草案征求意见稿）》《专利法修订征求意见稿》《国防交通法（草案建议稿）》《反不正当竞争法（征求意见稿）》《建设项目环境影响评价公众参与办法（征求意见稿）》《私募投资基金募集行为管理办法（试行）》《私募投资基金合同指引》《私募投资基金信息披露管理办法》《私募投资基金管理人内部控制指引》《上市公司重大资产重组管理办法》《北京市文化创意条例（草案）》等提交修改意见和建议，参与《交通运输条例》《北京市停车管理条例》《北京市房屋租赁管理条例》《农产品质量安全法》《产品质量法》《标准化法》《食品安全追溯标准》《数据信息保密协议（示范文本）》等制定修订工作；参与了全国人大组织的《道路交通安全法》实施情况检查工作；举办了"民法总则中未成年人监护制度立法完善"研讨会；就市政府法律顾问的现状、存在问题召开座谈会，起草完成《北京市政府法律顾问调研报告》；接受市卫计委委托开展《关于在医疗卫生行业建立常年法律顾问制度》课题调研，并起草完成《北京市卫生计生行业法律顾问管理规定》，发挥了律师在科学立法、建设法治政府中的独特优势和作用。

在2017年，协会相关专业委员会利用各自的专业优势，先后组织律师就《民法物权篇（草案）》《保护留守儿童条例》《中小投资者保护条例》《看守所条例》《中华人民共和国反不正当竞争法（修订草案）》《北京市烟花爆竹安全管理规定修正案（草案送审稿）》《北京市外聘政府法律顾问工作管理规定（征求意见稿）》等法律法规提交立法修法建议和意见，完成了北京市卫计委委托的"北京市卫生计生行业法律顾问制度研究"课题项目，最终形成4万余字的《关于建立健全北京市卫生计生行业法律顾问制度的研究》主报告以及10余万字的《推行政府法律顾问制度相关法律法规汇

编》等附件，其中附件《北京市卫生计生行业法律顾问管理规定》作为规范性文件发布。

（四）发挥专业优势参与社会治理

律师作为法律专家，在调解纠纷、接待涉法信访、促进政府依法行政方面具有特长和优势。北京律师充分发挥这种优势，以法律专家的身份广泛地支持和参与政府的依法治理。

在2016年度，北京市律师协会组织引导律师积极参与纠纷调解工作，积极参与涉法涉诉信访案件化解评议工作。总体上看，北京律师全年调解案件5931件，其中非诉讼调解2150件，庭前调解1867件，庭中调解1914件。此外，全年参加涉法信访接待2817次。

北京律师2016年紧紧依托公益法律服务与研究中心这一平台，组织500余名资深律师积极参与涉法涉诉信访案件的接待、化解和评议工作，年内共化解法院和公安部门23件重大疑难案件，并对44件拟终结案件进行了评议，充分发挥了律师在息诉止访、化解矛盾、维护稳定方面的职能作用。

在2017年度，北京合计共有1040名律师参与信访接待和处理，参与信访接待和处理案件数合计10586件；北京律师合计调解纠纷3483件，其中在人民法院律师调解工作室调解案件3306件，在律师协会律师调解中心调解案件177件。

此外，协会还积极发挥北京律师在推进法治政府建设中的独特优势和作用。在2016年度，协会组建成立以会长为团长的涉法涉诉法律服务团，为重大疑难涉法涉诉信访案件提供专家论证；组建成立突发事件应急和重大复杂案件课题组，加强协会对突发事件应急和重大复杂案件办理工作的指导，努力为政府依法决策提供参考。与市公安局公安交通管理局签订合作协议，建立双方定期协商机制，并从各专业领域遴选153名优秀律师组建市公安交通管理局法律服务团，广泛开展政策法律决策咨询、法律法规知识培训及执法规范性文件的研究论证等形式的交流合作，为推进法治公安、法治交管建设提供法律支持。充分发挥维护民警执法权益律师顾问团作用，2016年度协助市公安局督察总队参与维护民警执法权益案件6起，在依法维护民警合法权益方面发挥了积极的作用。

六　行业管理与行业保障

（一）保障律师权益

北京市律师协会高度重视律师权益保障工作。在2016年度和2017年度，协会除了协调办理律师维权具体案件外，还大力加强律师权益保障的体制机制建设。

为了加强律师权益保障，北京市律师协会搭建与有关部门全方位、立体化沟通协调机制。一是深化与法院、检察院的沟通协调机制，积极推进决议事项的督办落实。与市高院协商确定，在全市各级法院均建立律师工作室，在基层法院开展律师出庭统一着装试点工作、逐步推进调查令制度实施；与市第三中级人民法院积极推进立案登记、律师法官互评等工作。与市检察院建立沟通协调工作小组，推进《北京市关于依法保障律师执业权利实施细则》贯彻实施。与市四中院、市四分检、海关缉私局、市公安局公共交通安全保卫分局等7家单位围绕建立"侦控辩审"协调联动机制，推进以庭审为中心的刑事诉讼机制建设展开深入研究与探讨。与市工商局档案中心就便捷律师使用CA数字证书进行工商查档等事宜达成一致意见，进一步增强了律师查询工商档案的便捷性。

二是推动与公安机关的沟通交流，搭建警律良性互动平台。协会与市公安局召开了联席会议，形成了关于建立双方沟通联络机制的会议纪要，并议定探索建立律师数据共享机制、预约平台等工作机制，为律师与警察两个职业群体加强沟通、增进理解搭建了制度化的平台；市公安局发布新规，在全国首启律师有权查询人口信息的规定，为律师行使法律赋予的权利开辟了新途径；与市公安局监管总队、预审总队进行座谈，就推动协调解决律师会见、侦查阶段律师意见的听取及整顿规范看守所附近秩序等相关问题进行了

深入的沟通。

三是推动构建律师和司法人员的新型关系。与市法官协会召开座谈会，就推进落实法官与律师双向互评工作、促进法官与律师之间形成彼此尊重、相互监督的良性关系进行了深入交流；围绕落实《关于进一步加强新形势下检律关系建设的工作意见》，与市检察院探索构建新型检律关系、搭建检律沟通合作平台；组织女律师联谊会与女警察协会就搭建女律师和女警察沟通交流平台，不定期举办沙龙、培训和法律讲堂等事项签订《共建协议》，广泛开展多层次、多领域的合作，共同推进法律职业共同体建设。

2017 年 3 月，北京市律师协会揭牌成立"维护律师执业权利中心"，并实现市区维权中心建设的全覆盖。积极落实司法部和全国律协"完善律师执业保障机制、加强规范律师执业行为"的要求，进一步完善律师执业保障机制，做到维权申请第一时间受理、第一时间调查、第一时间处理、第一时间反馈；同时，指导 12 个区律协完成维权中心组建工作，在全国率先实现市区两级协会中心建设的全覆盖。自成立之日至当年 12 月 31 日，北京律协维权中心共接到律师申请维权电话 38 个，接待来访人员 19 人次，收到维权电子邮件 36 封。

北京市律师协会积极构建维护律师执业合法权益网络体系。截至 2016年，北京与河北、山东、福建、湖南、安徽、重庆等 20 家省级律师协会签订了《跨省（市、区）维护律师执业合法权益互助合作协议》。在 2017 年又与云南、贵州两家省级律师协会签订了《跨省（市、区）维护律师执业合法权益互助合作协议》。通过协议的签订，积极构建跨区域维护律师执业合法权益网络。

在具体案件办理方面，在 2016 年度，协会共受理个案维权申请 9 件，协调解决了北京律师在外地被非法扣押等多起个案维权，依法保障律师合法执业权利；在 2017 年度，协会直接受理和协调解决了北京律师在湖北办案被围殴、在扬州被殴打事件等 21 起个案维权事项，努力做到多方联动、有效衔接、持续跟踪、举措有力，得到律师群体及社会各界的肯定。

（二）改善律师执业环境

在 2016 年度和 2017 年度，北京市律师协会积极和有关部门沟通协调，调整有关制度和政策，改善和优化律师执业环境。主要措施和成就包括以下方面。

第一，律师事务所纳入办理《北京市工作居住证》适用范围。协会积极响应行业呼声，在市司法局的大力支持下，通过与市人大、市政府、市法制办、市人力社保局等多方协调，从 2017 年 11 月起，律师事务所可以为其聘用的优秀律师申请办理《北京市工作居住证》，在不转户籍的前提下持证享受子女教育、购买商品房和小客车指标摇号等多项市民待遇。

第二，面向全国放开人才引进渠道。在市人大、市委政法委、市司法局多方协调下，结合市司法局颁布实施的《北京市律师执业管理办法实施细则》《北京市律师事务所管理办法实施细则》，协会对《申请律师执业人员实习管理办法》《申请律师执业人员实习考核规程实施细则》《重新申请律师执业人员和异地变更执业机构人员审查考核办法（试行）》进行修订，扩大人事档案存档服务机构的范围，发布政策解读，就规则修订背景、申请实习条件、提交材料等进行细致说明，为律师事务所人才引进创造便利条件。

第三，优秀律师纳入北京人才引进范围。组织律师人大代表提出《关于将北京律师业高精尖人才纳入优先办理户籍范围的建议》，在市人大、市政府、市法制办、市人力社保局与市司法局等部门的大力支持下，经多方协调，最终使优秀律师人才被纳入北京市人才引进范围，可根据《北京市引进人才管理办法（试行）》的相关规定，享受多项人才待遇，开启优秀律师人才申请办理人才引进落户的新进程。

第四，律师法律服务收费全面放开。在市司法局的大力推动下，在市人大、市政府、市发改委的大力支持下，经多方协调，自 2018 年 4 月 1 日起，取消律师诉讼代理服务收费政府指导价，实行市场调节，律师法律服务收费全面放开，充分发挥市场在资源配置中的决定性作用。

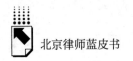

（三）加强对律师的业务培训

在 2016 年度和 2017 年度，北京市律师协会开展了大量的律师培训工作。根据协会统计，在 2016 年度，协会举办律师大培训 33 次，听课律师 11450 人次；组织专业研讨交流及小型培训活动 155 次，参加律师 13881 人次；在 2017 年度，协会组织专业研讨交流活动 69 次，参加律师 4260 余人次，组织业务培训 69 次，参加律师近 13000 人次，组织短期培训班 39 期，参加律师 5770 余人次。

在这两年中，协会为着力加强涉外法律服务人才梯队建设，开展了北京律师涉外法律业务培训"扬帆计划"。在 2016 年度，共有 300 多名律师参加了系统培训，课程设置了中外知识产权谈判、境外上市与律师角色、国际经贸争端解决等课程，邀请了在国际法律业务相关领域方面的著名专家、学者和国际律师事务所的合伙人律师担任授课老师。举办了国际商事仲裁及中国企业走出去法律风险防控专题培训班和"中国律师走出去"系列培训活动；针对北京律师行业涉外法律服务人才储备不足的现状，组织 28 名律师参加美国芝加哥肯特法学院等机构针对中国律师开展的 LLM 法学硕士及短期培训项目，推荐 25 名北京律师参加全国律协举办的涉外律师领军人才培养项目，进一步提升了北京律师的国际竞争力。

在 2017 年度的"扬帆计划"中，共有 190 名律师参加了系统培训，课程设置了国际投资与并购、最新海关贸易保护与知识产权实践、欧盟法律体系现状介绍、涉外法律文书撰写及案例分析等课程，组织 29 名律师参加美国芝加哥肯特法学院等机构针对中国律师开展的 LLM 法学硕士及短期培训项目；先后组织 120 余名从事涉外业务的律师参加"涉外法律服务拓展研讨会""国际投资经贸法律风险及对策研讨会"。

在这两年中，协会就培训视频化、便捷化方面进行了改革。在 2016 年度，协会与相关专业机构经协商，已达成签约意向，对授课教师同意公开的培训予以视频化，使广大会员可以随时随地参与视频培训。在 2017 年度，律师培训实现视频网络化。根据广大会员的建议，在协会 2017 年预算中列支专项经费，用于培训视频网络化建设，年内完成网络视频培训平台在线试运行，以更好地满足会员业务培训电子化的需求，便利会员自主安排时间进行在线学习，开启会员业务培训新模式。

（四）加强对律师的执业指导

在 2016 年度，为加强对律师的业务指导力度，协会组织专业委员会编写了《交通运输案例评析汇编》《"一带一路"实践风险与应对·法律篇》《食品安全法教程》《农产品质量安全法教程》《政府法律顾问业务操作指引》，启动《职务犯罪预防与辩护实务指南》《职务犯罪预防与辩护业务指引》《律师办理物业管理法律业务操作指引》编制工作，对《律师办理产品质量责任纠纷法律业务操作指引》进行了修改完善，编辑完成 4 期《竞争与反垄断观察》，让更多律师分享了专业委员会的工作成果。

在 2017 年度，协会相关专业委员会组织起草了《律师办理物业管理法律业务操作指引》（业主篇），修改完善了《律师办理产品质量责任纠纷法律业务操作指引》，启动了公益法律服务指引、律师承办高新技术企业认定涉税法律服务工作指引等编写工作，针对刑民交叉领域的热点、难点案件，归纳整理了刑民交叉类热点、难点案件业务指引（目录），启动了食品安全案例、交通运输案例评析汇编、涉外国际投资与贸易典型案例、知识产权侵权案例汇编、职务犯罪案例汇编、物权法案例精选与分析点评的编写工作，编写出版《医事非诉法律实务》，首次将非诉业务中的医药法律实务提炼出来结集成册，填补医事法空白。

（五）规范行业秩序，维护行业形象

在 2016 年度和 2017 年度，北京市律师协会积极采取措施规范行业秩序，维护行业形象，促进行业健康稳步发展。这方面的工作主要包括以下内容。

第一，稳步推进投诉受理机制建设。2017 年 3 月，北京市律师协会成

立"投诉受理查处中心"。中心运行的目标是做到投诉查处有诉必接、有接必查、有查必果、有违必究,提高纪律惩戒工作的及时性与有效性。与此同时,市律协还指导12个区律协建立投诉中心,在全国率先实现市区两级协会投诉中心建设全覆盖。

第二,推动形成依法诚信执业良好氛围。在2016年度,北京市律师协会根据全国律协《律师执业行为规范》与《北京市律师协会章程》的规定,修订发布《北京市律师执业规范(试行)》,教育引导律师规范执业。为了加强对北京律师依法执业、规范执业、诚信执业行为的引导,协会修订颁布了《北京律师诚信执业公约》,制定了《北京市律师和律师事务所执业诚信信息管理办法(试行)》。根据上述规定,协会建设完成律师诚信信息管理系统,以诚信信息和大数据分析为基础,提供对律所律师诚信信息的查询和对比功能,同时结合律所律师过往办案信息和真实案例等大数据,对律所律师的业务特长进行分析和展示,方便社会公众快速查找到所需律所律师。同时,该系统还支持扫描二维码方式快速查询律师信息或辨别律师身份,并设计了失信预警、律师电子执业证、律所电子地图、生成统计报告等实用功能,为规范律师和律师事务所诚信信息管理,提升律师行业诚信水平和社会公信力提供了基础保障。

第三,严格查处会员违法违规执业行为。在2016年度,协会共接到当事人投诉98件,接到各区律协报送的建议给予行业纪律处分案件59件,立案68件,审结71件;召开听证会18次,分别对15家律师事务所和32名律师做出了不同程度的行业纪律处分,并按照协会有关规定,在首都律师网站对受到公开谴责(含)以上行业纪律处分的11名律师和5家律师事务所予以公开通报。

在2017年度,协会共接到当事人投诉559件(次),接到各区律协报送的建议给予行业纪律处分案件62件,立案78件,审结78件(含上年度立案未审结案件),召开听证会49次,分别对33名律师和21家律师事务所做出了纪律处分。受理会员纪律处分复查申请13件,审结18件(含上年度申请复查案件)。

（六）加强协会自身建设，提高自律管理能力

在2016年度和2017年度，北京市律师协会着力采取措施加强协会自身的建设，借以提高协会的自律管理能力。相关措施主要包括以下方面。

第一，大力加强专业委员会内部建设。为加强对专业委员会的规范和引导，协会在2016年度建立专业委员会主任联席会制度，先后召开三次主任联席会，从内部机制建设情况、各类活动开展情况、服务中心工作情况以及如何加强和改进工作等方面进行了交流和探讨，为规范专业委员会工作流程、严肃工作纪律、明确职责定位等发挥了积极作用。各专业委员会致力于加强内部建设，婚姻与家庭法律专业委员会建立了"自动请辞制度"和"集体弹劾制度"，对违反工作制度的委员及班子成员进行约束和规范。为提高委员专业素养，专利法律专业委员会制定了《专利委员会业务研究办法》，并在全体委员自愿报名的基础上，建立了"专利无效与行政诉讼研究室""专利侵权诉讼研究室"等四个研究室，通过热点案例点评、审判规则归纳性研究、立法建议等形式，形成学术论文、著述、案例集等书面研究成果。物权法专业委员会将全部委员分为热点理论研究室、混合经济研究室等5个研究室，并拟定了年度研究课题。刑法专业委员会遴选28名资深委员组建"疑难案件辩护指导组"，起草《疑难案件指导组议事规则》，从申请、受理、论证程序及保密义务等环节对指导工作的具体开展进行了规范，加强对疑难案件的指导论证。

第二，加强对区律师协会和律师工作联席会工作的指导与监督。在2016年度，市律协聘请专业审计机构对区律协及律师工作联席会2014~2015年度使用市律协拨付经费的情况进行专项审计，以加强对各区律协及律师工作联席会财务工作的指导和监督。为加强市区两级律协沟通交流，先后走访了朝阳、海淀、西城、顺义、丰台等区律协，广泛听取区律协对市律协工作的意见和建议。针对近年来纪律处分工作部分职能移交区律协后的运行情况及产生的新问题，协会开展了专项调研，通过走访、座谈、发放调查问卷、实地调研等方式，就市区律协立案范围、明确投诉案件审查时限、规

范投诉案件查处工作流程等事项提出了具体的工作建议。先后就律师权益保障工作、行业宣传及财务工作等组织召开了市区两级律协联席会，加强对区律协和律师工作联席会工作的指导力度。

第三，不断深化市区两级律师行业组织的沟通联络。在2017年度，市律协召开市区两级律协会长联席会，就年度重点工作进行了交流沟通；走访了东城律协及区内律师事务所，并根据2年多来对各区律协和律师工作联席会及20余家律师事务所的深入走访和交流情况，起草完成《畅通市区两级沟通渠道 促进北京律师行业发展》调研报告，对各区律师协会、律师工作联席会基本概况以及由于区域发展不同体现的差异性等情况进行了归纳整理，对不同律师群体对律师协会建设及律师业务发展的意见和建议进行了梳理总结，为不断完善市区两级律协工作机制提供了参考依据。

第四，进一步加强协会会费管理工作。为进一步规范会费收取、使用与管理，协会在2017年度制定了《北京市律师协会会费支出管理办法》，并对《北京市律师协会会费管理办法》进行了修订。会费支出管理办法对会费支出范围、会费支出管理原则、会费支出审批流程、现金和支票管理等作出了具体规定，按照采购金额分别界定了竞争性谈判方式和招投标采购工作流程，特别是增加了监事会监督环节；清晰划定了会长、主管副会长、监事长、秘书长各自的审批权限。此外，还启动了协会财务管理办法修订工作，就协会对外公益捐赠办法、各区律师协会财务工作开展专题调研，进一步提高行业协会财务管理工作的科学化、规范化、制度化水平。

（七）增进会员福利

在2016年度和2017年度，北京市律师协会及时回应广大会员的关切，改善和提升会员的福利水平。相关措施主要包括以下方面。

第一，关注会员健康，深化同业互助。针对部分会员反映的增加体检项目，对患病律师加大补助力度的建议，协会在2016年对《北京市律师协会会员重大疾病互助金管理办法》进行了修订，将互助金标准由5000～50000元提高到4万元和6万元两档，和以往相比有了较大幅度的提高，对会员的保障更加有力。

《互助金管理办法》修订后，互助金标准大幅度提高，申请程序更加便捷，行业互助工作明显加强。该制度为31名因重病、伤残等原因而身陷困境的会员及其家属发放互助金共计128万元，创历史新高，为他们送去了行业的温暖和关怀。关注会员健康，协会启动了会员《健康驿站》项目与健康驿站大讲堂，新增2家三甲医院体检机构为会员服务，改进了律师体检工作。

第二，关注会员身心健康，组织开展丰富多彩的律师文化体育活动。在2016年度，协会举办了"春韵律声——2016年北京律师文艺汇演""第三届北京律师乒乓球赛""老律师健康徒步走""律媛说"女律师演讲比赛"书香涵涌 润泽心灵——青年律师读书会"、律政佳人单身联谊、五四青年节庆祝活动等系列文体活动，为执业30年的老律师颁发了纪念牌，采编《口述历史——回眸北京律师业发展历程》（第一辑），组建了老律师书画、摄影、乒乓球、戏曲等兴趣小组，开展了律师事务所优秀所刊、优秀微信号评选、《北京律师》文化之旅活动，进一步活跃了行业文化生活。年内为23645名律师发送了生日祝福短信，并为会员提供了4G集团套餐和集团彩铃虚拟网团购、服装团购服务，受到了会员的广泛好评。为顺应移动互联网时代律师行业发展的需要，开发了面向广大会员和社会公众提供行业资讯和会员服务的移动互联网应用项目"首都律师"App并上线运行，截至2016年12月31日，共有17627人下载使用，为会员随时获取协会最新动态信息与享受协会提供的相应服务提供了便利条件。为确保协会网站及信息系统安全可靠地运行，协会委托专业网络安全公司进行全面安全建设及运维工作，并起草了《北京市律师协会信息安全管理体系文件》，制定了网站及信息系统安全监控和紧急安全事件应对措施，全面提升了协会信息安全工作水平。

在2017年度，协会成立了北京律师合唱团，举办"中国梦·律师情——2017北京律师歌咏比赛""第二届北京律师篮球赛""第二届京津冀律师羽毛球联谊赛""京津冀律师篮球友谊赛""传承、创新与融

合——青年律师发展座谈会暨五四青年节活动""弘传统文化、扬法治精神——2017年青年律师读书会"及北京女律师庆"三八"等系列文体活动，组团参加了第九届六省市律师羽毛球赛。先后举办4期健康大讲堂，邀请国内知名专家普及健康知识、传播健康理念，提升广大会员的健康意识。

七 总结和展望

（一）北京律师2016～2017年度发展总结

综合上文六个方面的考察，并结合本书各分报告的专题分析，可以总结出北京律师行业2016～2017年度发展的八个显著特点。

1. 律师人数平稳增长

自2016年以来，北京律师人数进入平稳增长阶段。在2016年度和2017年度，年增长率分别是5.5%和8.7%。纵向对比看，该速度高于北京律师人数2011～2015年的下降和低增长时代，但是也低于2009年以前的高增长时代，属于中速平稳增长阶段。从横向对比看，北京律师人数的增长速度低于全国11.5%的平均水平，也低于广东、上海等律师大省（市）。总体来看，北京律师人数当前的增长速度是法律服务市场因素和律师人才引进政策调整共同作用的结果。从律师行业反馈回来的信息看，目前的增长速度基本缓解了过去几年中律师人才紧缺的问题。

2. 公职律师人数大幅增长

2017年度，北京公职律师人数大幅增长，具体从2016年的53人增至2017年的412人；公职律师占律师总人数的比例也从2016年的0.20%增至2017年的1.41%，增幅较大。这种变化的发生，是《中共中央关于全面推进依法治国若干重大问题的决定》，中共中央办公厅、国务院办公厅《关于深化律师制度改革的意见》，中共中央办公厅、国务院办公厅《关于推行法律顾问制度和公职律师公司律师制度的意见》等文件关于推行中国特色法律顾问制度和"两公"律师制度的要求。

3. 律所规模两极化突出

自 2013 年以来，北京律所存在小型化的趋势，然而，在 2017 年度北京大型律所的数量也有显著增加。根据《亚洲法律杂志》关于中国律师规模 30 强、亚洲律师规模 50 强等的排名，北京超大型律师在中国乃至亚洲都有显著的优势。而相对来说，中型所的数量较少，而且中型所的比例已经持续下降多年。因此综合来看，北京律所存在规模两极化现象，即超大型律所的数量独步国内及亚洲，小型律所也十分流行，中等规模的律所数量较少。这种情况表明，北京律师行业在选择律所规模时，一个重要的考虑因素是：要么选择小型所，既有税率上的优惠，又有组织上宽松灵活的优点；要么选择大型律所，享受大型律所的品牌优势和团队合作优势。

4. 律师业务收入稳步增长

在 2016 年度和 2017 年度，北京律师业务收入总额变化的特点，一是持续增长，从 2015 年的 138.1 亿元增至 2016 年的 170.82 亿元，再增至 2017 年的 199.29 亿元；二是增幅较大，2016 年增长了 23.7%，2017 年增长了 16.7%。律师业务收入是反映律师行业发展状况的重要指标，持续显著增长的趋势表明，一方面，北京律师拥有较高水平的服务能力，在法律服务市场的竞争中具有显著的优势；另一方面，当前国内外的经济形势也在总体上有利于律师行业的健康发展。

5. 三种主要律师业务收入均有显著增长

从收入的角度看，非诉讼法律事务、法律顾问和民事诉讼代理是北京律师的三大主要业务。在过去任何一个年度，三项业务收入之和都占 80% 以上的比例。在 2016 年度和 2017 年度，北京律师行业中这三项业务的收入分别获得了持续显著的增长。其中，非诉讼法律事务业务收入从 2015 年的 56.31 亿元，增至 2016 年的 65.16 亿元，再增至 2017 年的 72 亿元，前后分别增长了 15.7% 和 10.5%；法律顾问业务收入从 2015 年的 32.65 亿元，增至 2016 年的 35.73 亿元，再增至 2017 年的 40.39 亿元，前后分别增长了 9.4% 和 13.0%；民事诉讼代理业务收入从 2015 年的 32.14 亿元，增至

2016 年的 46.9 亿元，再增至 2017 年的 61.96 亿元，前后分别增长了 44.7% 和 32.1%。三种主要业务收入的持续显著增长从另一个方面说明了北京律师行业在 2016 年度和 2017 年度的发展状况。

6. 北京律师成为协助政府加强善治的重要力量

北京律师作为法律专家，在律师协会的组织和引领下，逐步成为协助政府加强善治的重要力量。律师的这种作用在多个方面体现出来：一是北京律师行业以担任人大代表、政协委员的律师为桥梁，精心设计贴近民生、符合社会发展需要的提案，推进有关制度和政策的改革完善；二是北京律师积极为国家和北京的立法工作建言献策；三是北京律师积极参加涉法信访接待、纠纷调解等工作；四是对于国家和北京市的中心工作，例如国家的"一带一路"倡议、京津冀协同发展、北京的疏解与整治工程等，提供专门法律服务。

7. 党建工作引领行业管理

在 2016 年度和 2017 年度，北京律师行业管理的一个重要特征，就是将党建置于最重要的位置，以党建工作引领行业管理。这种引领作用具体体现在三个方面。一是北京理顺律师行业党建工作的领导与主管部门，从组织建设、党员发展、党建活动开展、文化建设等方面全面加强行业党建工作。二是党建工作取得重大成效，具体体现在实现了党组织全覆盖、党组织制度建设全面进步、党组织作用凸显、党组织阵地建设得到进一步加强、律师党员比例显著增长等方面。三是党建活动和律师事业各个方面紧密结合，通过党建活动推进律师行业的发展。在实际中，这种结合主要包括党建与律师职业道德建设相结合、党建与教育培训相结合、党建与品牌打造相结合、党建与律师业务相结合、党建与社会公益活动相结合、党建与群团统战工作相结合、党建与文化建设及宣传表彰相结合、党建与对律师的关爱相结合等形式。正是通过上述三个方面，北京实现了党建工作对律师行业的政治引领作用。

8. 律师业务培训更显实效

在 2016 年度和 2017 年度，北京市律师协会组织开展了大量的业务培训。为了更贴近律师工作实际、更受广大律师欢迎，协会对律师业务培训的内容和培训方式做出尝试和探索。例如，为提高教育培训工作的针对性，协会开展了业务培训意向调查，并参考会员投票结果和报名意向进行培训课程安排。又如，根据广大会员的建议，协会在 2017 年预算中列支专项经费，实现培训视频网络化，以更好地满足会员业务培训电子化的需求，便利会员自主安排时间进行在线学习，开启会员业务培训新模式。从结果看，这些努力和尝试取得了较好的效果。

（二）北京律师发展前景展望

根据上文分析，在过去的 2016 年度和 2017 年度，北京律师行业在各方面的发展都取得了一定的成就，这些成就为行业的进一步发展提供了坚实的基础和有力的保障。综合考虑今后国家经济、政治、文化和法治环境的变化以及律师行业管理政策措施的调整，北京律师行业未来几年的发展存在如下趋势。

1. 律师人数将继续平稳增长

在过去几年中，北京有关部门经过沟通和协调，调整了律师人才引进的政策，使得北京律师人数逐步回归平稳增长的轨道。从律师行业实际来看，当前律师人数的增长速度较好地满足了北京律师行业发展的需要，所以可以预计，当前的政策在较长时期内会保持相对稳定。与此相对应，北京律师人数也会实现较长时期的平稳增长。

2. 律所规模两极化态势或许出现变化

北京律所规模出现两极化的原因，很大程度上在于当前的税收制度，这种制度在一定程度上制约了中等规模律所的发展。目前律师协会正在和有关部门沟通调整适用于律师行业的税收政策，并已经取得一些初步的成效。如果有关部门将来能够出台特别针对律师行业特点的税收政策，北京律所规模两极化的现象就会减轻甚至消失。

3. 政府采购法律服务将成为新的业务拓展重点

中共中央办公厅、国务院办公厅 2016 年 6 月发布的《关于深化律师制

度改革的意见》提出，要"积极发展公职律师、公司律师队伍，构建社会律师、公职律师、公司律师等优势互补、结构合理的律师队伍"，"吸纳律师担任各级党政机关、人民团体、企事业单位法律顾问"，"建立健全政府购买法律服务机制，将律师担任党政机关和人民团体法律顾问、参与信访接待和处理、参与调解等事项统筹列入政府购买服务目录"。从目前的统计数据看，2017年公职律师人数的大幅增长就体现了这方面改革的阶段性成果。可以预计，未来随着依法治国、法治政府的全面推进，公职律师的需求、政府采购法律服务的事项等将会逐步扩大，为政府提供法律服务将成为律师拓展业务的一个重要方向。

4. 改善律师执业环境需要持续努力

维护律师权益、改善执业环境是北京市律师协会多年来持续不懈的努力方向。在2016年度和2017年度，在国家加强律师权益保障的大环境下，北京市律师协会的努力在多方面取得了突破。例如，搭建与有关部门全方位、立体化沟通协调机制，签订《跨省（市、区）维护律师执业合法权益互助合作协议》，取消律师诉讼代理服务收费政府指导价等。然而，当前的律师执业环境仍然存在不少制约律师行业发展的因素，侵害律师权益的事件仍然时有发生，所以，可以预见，保障律师权益、改善执业环境将是律师协会长期而艰巨的任务。

5. 律师行业自律性管理权限将有所增加

目前《律师法》修改已经列入立法规划，修改完善当前律师管理工作"两结合"体制是此次修法的一项重要内容。从律师行业管理实际来看，在"两结合"体制下，适当扩展律师协会的自律性管理权限已经是较大范围内的共识。所以，随着《律师法》的修订，预计律师行业自律性管理的权限将有所放宽。而在《律师法》完成修改之前，有条件的地区可以先行先试，通过行政机关的委托实际扩大律师协会的管理事项。

分 报 告

B.2
北京律师参政议政的调查与分析[*]

陈 宜[**]

摘要： 北京律师作为中国律师队伍的组成部分，在参政议政方面具有广泛的影响，对公共政策制定和实施发挥着积极的作用。截至2018年1月，北京律师担任全国、市、区三级人大代表、政协委员128人次，共108人。北京律师代表、委员利用自身的专业优势，提出大量的提案、议案，充分展现了北京律师的专业水准和精神境界。而在帮助北京律师人大代表与政协委员了解民生状况、收集行业发展信息、撰写和修改提案和议案方面，北京律协下设的参政议政促进工作委员会发挥了积极的作用。

---

[*] 本报告所依据的材料，除注明出处外，还有北京市律师协会理事会2016年和2017年工作报告、北京市律师协会2016~2017年大事记、提高人大政协律师比例调研报告、北京律师参政议政之路、《律师话政》（2009~2017卷）、北京市律师协会参政议政促进工作委员会2009~2017年总结、北京市律师协会理事会纪要等，以及北京市律师协会网站资讯。

[**] 陈宜，中国政法大学教授，中国法学会律师法学研究会常务理事、副秘书长。

北京律师除通过担任人大代表、政协委员参政议政外，还以参加立法修法活动，提供立法建议和其他咨询，担任专家咨询顾问，担任政府法律顾问、参加信访接待，担任政府部门、司法机关监督员等方式参政议政。总体来看，北京律师的参政议政体现了一定的优势，具体体现为高度的社会责任心和行业责任心、特殊的专业知识、较强的社会话语权、司法行政机关和律师协会的积极支持和推动等方面。

关键词： 北京律师　参政议政　人大代表　政协委员

中国人民政治协商会议章程①明确"参政议政是对政治、经济、文化、社会生活和生态环境等方面的重要问题以及人民群众普遍关心的问题，开展调查研究，反映社情民意，进行协商讨论。通过调研报告、提案、建议案或其他形式，向中国共产党和国家机关提出意见和建议"。以此概念为基础，本文所指的律师参政议政，主要是指执业律师以人大代表、政协委员、法律专家、政府法律顾问、民意代表等身份，利用自己法律专业知识方面的优势，发起、组织或参与公共政策的调查、讨论、协商、表决、沟通，或支持、参与、承担公共法律事务。近年来，北京律师作为中国律师队伍的组成部分，在参政议政方面具有广泛的影响，对公共政策制定和实施发挥着积极的作用。

周纳新，新中国律师制度恢复重建时期北京地区第一个回归律师队伍的人，1979 年至 1986 年，在北京从事律师工作，1986 年调任北京市司法局副局长，分管律师工作。1983 年当选第六届北京市政协委员，第七、八届连任政协委员，开启了北京律师参政议政的历史。2003 年，在北京市第十二届人民代表大会和北京市第十届政治协商会议上，刘红宇律师（女）和刘子华律师分别成为从北

---

① 2018 年 3 月 15 日政协第十三届全国委员会第一次会议通过。

京律师界走出来的人大代表和政协委员。同年，王耀庭、琚存旭、鲁哈达律师当选北京市第十届政协委员，许智慧律师当选第十届全国人大代表。自此，北京律师参政议政的人数逐届增加。至 2018 年，北京律师走上各级人大、政协参政议政舞台的人数增长了数十倍。2008 年，第七届北京律协会长李大进当选北京市第十三届人大常委会委员、内务司法委员会委员，副会长巩沙当选政协第十一届北京市委员会常委、社会和法制委员会副主任。2013 年，李大进、阎建国、杨梧 3 位律师当选第十二届全国人民代表大会代表，彭雪峰律师当选为政协第十二届全国委员会常务委员。2018 年，李大进、刘红宇律师当选政协第十三届全国委员会委员、社会和法制委员会委员。

北京的律师代表委员们充分利用自己精通法律、洞悉社会的职业优势，倾心竭力，认真履行参政议政的神圣使命，促进国家法治建设，推动社会进步。北京律师的议案和提案与法治息息相关，与民生紧紧相连，紧贴国家大局，成为参政议政舞台上的"明星"。

北京市司法局、北京市律师协会（以下简称北京律协）大力支持、鼓励和推荐优秀律师参与人大和政协工作，为他们服务社会与民生、为政府献计献策提供保障。北京律协把为律师中的人大代表和政协委员服务作为工作的重中之重，为北京律师中的人大代表和政协委员搭建了信息平台，随时向他们通报行业中发生的大事，并听取他们的意见和建议；协会在成立代表、委员联络委员会的基础上，建立北京律师中人大代表与政协委员议案、提案库，采集北京律师对行业发展及社情民意的意见和建议，为代表和委员征集议案、提案线索。

为了展现北京律师积极参政议政的风采，总结律师参政议政的特点和规律，推动和改进律师参政议政活动，本报告将系统地考察和介绍北京律师参政议政的具体情况。考察和介绍的范围包括五个方面：（1）北京律师两会任职情况；（2）北京律协律师参政议政促进工作委员会的运作情况；（3）北京律师在两会中的优秀提案和议案；（4）北京律师其他方式的参政议政情况；（5）总结北京律师参政议政的特点和优势，对北京律师改进参政议政活动提出具体建议。

一 北京律师两会任职情况

（一）北京律师人大代表、政协委员任职概况

截至 2018 年 1 月，北京律师担任全国、市、区三级人大代表、政协委员 128 人次，共 108 人。[①]

目前，北京市有 4 名律师担任第十三届全国人大代表，3 名律师担任第十三届全国政协委员；14 名律师当选第十五届北京市人大代表，16 名律师当选第十三届北京市政协委员；30 名律师担任区人大代表，61 名律师担任区政协委员。另外，3 名律师当选北京市第十二届党代表，8 名律师当选区级党代表。[②]

2018 年，在市司法局党委的正确领导和积极推动下，第十届北京律协主动与市委组织部、市委政法委、市委统战部等部门沟通协调，发挥北京律协参政议政促进委员会平台作用，积极推动律师在全面依法治国进程中发挥专业优势参政议政，做了大量工作。同时，也充分反映出北京律师多年来在围绕中心服务大局、主动参与社会矛盾化解、有效维护社会和谐稳定、积极投身公益法律服务等方面取得的成绩得到了社会广泛认可。

（二）本届代表、委员当选名单

北京市律师当选第十三届全国人大代表名单如下（排名不分先后）：

高子程，北京律协会长，北京中创律师事务所合伙人。担任北京市第十五届人民代表大会内务司法委员会委员。

阎建国，北京律协监事，北京市信利律师事务所合伙人。

马一德，北京致诺律师事务所律师。

---

① 因为有的律师同时担任多项职务，所以合计计量单位区分"人数"和"人次"。
② 以上数据由北京市律师协会提供。

王俊峰，全国律师行业党委副书记、中华全国律师协会会长，北京市金杜律师事务所管委会主席，第十三届全国人大宪法和法律委员会委员。

北京市律师当选第十三届全国政协委员名单如下（排名不分先后）：

刘红宇，北京金诚同达律师事务所合伙人，政协第十三届全国委员会社会和法制委员会委员。

李大进，北京天达共和律师事务所主任，政协第十三届全国委员会社会和法制委员会委员。

皮剑龙，北京市金台律师事务所主任，北京律协理事，政协第十三届全国委员会社会和法制委员会委员。

北京市律师当选北京市第十三届政协委员名单如下（排名不分先后）：高警兵（天驰君泰）、刘凝（易行所）、许涛（国联所）、金莲淑（金平所）、刘劲容（环球所）、马慧娟（嘉诚泰和所）、白涛（君合所）、尤杨（金杜所）、王涛（雍泽所）、欧阳继华（中同所）、马元颖（名谦所）、刘燕（大成所）、赵一凡（方桥所）、张伟（雷杰展达所）、马一德（致诺所）、冯莉琼（京东方科技集团股份有限公司公司律师）。

北京市律师当选北京市第十五届人大代表名单如下（排名不分先后）：高子程（中创所）、刘红宇（金诚同达所）、卫爱民（护宪所）、朱建岳（观韬中茂所）、刘子华（华伦所）、王冬梅（威欧盛所）、张丽霞（华贸硅谷所）、肖微（君合所）、毕文胜（嘉观所）、张雪梅（致诚所）、梁秀稳（稳正所）、郝永芳（亚太所）、李大中（隆安所）、陈旭明（大成所）。

北京市律师当选北京市第十二届党代表名单如下（排名不分先后）：王丽（德恒所）、吴晓刚（诚实所）、孟丽娜（康达所）。

北京市律师当选各区党代表名单如下（排名不分先后）：蒋勇（东城区，天同所），曲惠清（东城区，君合所），李晓光（西城区，李晓光所），孟丽娜（朝阳区，康达所），张小炜（海淀区，炜衡所），李海珠

（丰台区，慧海天合所），吴晓刚（昌平区，诚实所），赵长凤（顺义区，顺新所）。①

（三）历届律师当选代表、委员数据

从 2003 年至 2018 年，北京律师担任各级人大代表、政协委员的人数有大幅度的增长。

表1　北京律师当选人大代表、政协委员、党代表人数

年份	人大代表			政协委员			党代表			备注
2003 年	1	全国	0	4	全国	0		全国		市人大代表1名、市政协委员1名为律师协会推荐，3名市政协委员为其他界别推荐。区级人大代表、政协委员人数不详
		市级	1		市级	4		市级		
		区级			区级			区级		
2008 年	26	全国	2	68	全国	3		全国		市人大常委1人市政协常委1人区级人大常委3人区级政协常委6人
		市级	8		市级	9		市级		
		区级	16		区级	56		区级		
2013 年	40	全国	3	71	全国	3	1	全国	1	全国政协常委1人区级人大常委5人区级政协常委9人
		市级	8		市级	8		市级		
		区级	29		区级	60		区级		
2018 年	48	全国	4	80	全国	3	11	全国	0	区级人大常委6人区级政协常委8人
		市级	14		市级	16		市级	3	
		区级	30		区级	61		区级	8	

资料来源：本表数据由北京市律师协会提供。

二　参政议政促进工作委员会的设置与运作情况

参政议政促进工作委员会（原人大代表与政协委员联络委员会）是北京律协的专门委员会之一。负责统筹北京律师人大代表和政协委员的联络工

---

① 北京市律师协会：《北京律师参政议政工作取得新突破》，参见网址 https：//beijinglawyers. org. cn/cac/1516584277618. htm，访问日期：2018 年 5 月 8 日。

作，协调协会相关部门为律师人大代表、政协委员参政议政提供帮助和支持；对律师参政议政工作进行调研，并为协会决策机构提供律师参政议政方面的咨询意见和建议。

（一）参政议政促进工作委员会的设置

1. 参政议政促进工作委员会职责

2009 年，北京律师人大代表、政协委员人数已经形成一定规模，为充分发挥律师人大代表与政协委员在参政议政领域弘扬律师形象、反映行业诉求的作用，第八届北京律协成立了人大代表与政协委员联络委员会，目的在于搭建平台，使律师代表委员了解更多、更准确的行业信息，通过人大、政协的平台反映律师行业的整体诉求。联络委员会成立后建立了常态的沟通联络机制，将律师人大代表、政协委员网聚在一起，畅通协会与他们的沟通渠道，对提高律师的参政议政能力发挥了积极作用。在 2010 年 1 月联络委召开的律师行业人大代表、政协委员座谈会上，市司法局局长吴玉华希望律师行业人大代表、政协委员，一方面，要认真研究律师行业发展规划；另一方面，要在参政议政领域树立北京律师的良好形象，为律师行业发展、行业建设多做贡献。

2015 年，委员会增加了非人大代表和政协委员的律师担任委员会副主任、秘书长，以及《律师话政》编委会成员，使律师参政议政的范围更为广泛。

2017 年，人大代表与政协委员联络委员会更名为"北京律协参政议政促进工作委员会"（简称"参政议政促进工作委员会"），由北京律协党委办公室领导、协调配合工作。

2. 第八届（首届）委员会名单

第八届北京律协人大代表与政协委员联络委员会（41 人）[①]

---

① 第八届北京律协专门委员会设置及组成人员，参见律师刘辉新浪博客 http: // blog. sina. com. cn/s/blog_ 4a95f77f0100d4e2. html，访问日期：2018 年 5 月 20 日。

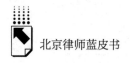
主任：刘子华（华伦所）

副主任：刘凝（易行所）、苗谦（东方恒信所）、黄鹰（嘉润道和所）

秘书长：吕立秋（观韬所）

委员：金莲淑（金平所）、琚存旭（乾坤所）、佟丽华（致诚所）、刘红宇（金诚同达所）、朱建岳（金台所）、卫爱民（当代所）、李军（纵横所）、毛铮铮（恒德所）、杨华民（檀州所）、鲁哈达（大成所）、周明刚（元正所）、徐波（徐波所）、陈旭（隆安所）、陆德山（德山所）、许宝欣（华联所）、冯玉香（中关所）、蔡春雷（达奥所）、王涛（雍泽所）、田文氢（中广承平所）、李庆保（大成所）、李克昌（逢时所）、滕琨（滕之信所）、邓泽敏（英岛所）、吕新伟（融商所）、苗杰（慧丰所）、马江涛（大成所）、张希雨（京工所）、任晓阳（滕之信所）、郭建梅（隆安所）、秦拾玲（曙光所）、胡正云（民博所）、李印杰（国宁所）、张松（德通所）、郭铁强（双强所）、刘艳敏（诚实所）、梁凤莲（延庆法援中心）

（二）参政议政促进工作委员会的运作情况

参政议政促进工作委员会成立之初没有任何先例可以借鉴，在探索中开展各项工作，不断地总结各项工作经验，探索创新工作方式，充分发挥委员会在推动和促进律师人大代表与政协委员积极参政议政、反映行业诉求方面的作用，并面向全行业广泛征集提案和建议，为行业呼吁、推动优化执业环境，取得不错的成绩。近年来，委员会有效促进了行业关注的重大问题的解决，为行业健康发展发挥了积极的作用。

北京市司法局、北京市律协领导对参政议政促进工作委员会的工作给予了充分肯定。

1. 建立沟通联络长效机制

（1）与行业主管部门及相关专委会建立顺畅的沟通机制

司法局领导和律师协会领导对于律师中的人大代表和政协委员极其重视，每年安排专门会议与人大代表和政协委员见面座谈。

通过召开与北京律协会长、副会长及各专门工作委员会之间的座谈会，加强沟通与交流行业诉求，整合行业资源，形成合力，共同探讨解决北京律师行业面临的权益保障等问题，与各专门工作委员会交流合作，在工作中积极配合。

（2）建立与人大代表、政协委员常规化的沟通联系机制

开通短信平台，建立委员微信群和主任微信群，通过在微信群里发布、讨论工作内容，建立了常态的沟通联络机制，加强了律师人大代表、政协委员之间的沟通交流。及时汇总各律师人大代表、政协委员的参政议政情况，使工作更高效、更便捷。

参政议政促进工作委员会每两个月向律师代表、委员寄送一次《北京市律师协会工作通报》《北京市律师协会简报》，以便各律师人大代表、政协委员及时全面地掌握协会工作动态，更好地履行参政议政职责。

（3）建立与基层律师的沟通联系机制

组织召开了基层律师座谈会，邀请不在协会任职的北京律师开展座谈，倾听律师的声音，使协会真正为律师提供切实的服务，反映行业诉求。

（4）建立与公检法等部门的常态化联络工作机制

律师的执业权利，尤其是办理诉讼案件的执业权利与司法机关的支持密切相关。为保障律师执业权利，结合刑诉法修正案的颁布实施，协会先后与公、检、法等相关部门进行多次座谈，建立起常态化联系工作机制。

2012 年，与东城法院共同签署了《关于保障律师合法权益规范法律服务市场秩序的协议》。

2013 年，与北京市人民检察院办公室召开座谈会就双方建立常态化的联络工作机制签署意见，内容包括：①市检察院每年将召开或应邀参加北京市律师行业人大代表与政协委员座谈会；②市检察院每年将邀请律师行业人大代表与政协委员参加市检察机关有关活动；③每年北京市两会召开前，市检察院将邀请律师行业人大代表与政协委员就检察工作报告提出修改意见；④市律协可向市检察院推荐有关律师行业人大代表与政协委员作为市检察机关特约监督员监督检察工作；⑤市检察院办公室作为日常联络机构，将与市律协保持密切的联系和沟通；⑥市检察院按照有关规定认真办理律师行业人

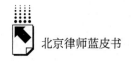

大代表与政协委员的意见建议，及时向建议人反馈办理情况；⑦市律协积极关注并向市检察院办公室反映律师行业代表委员对办理工作和检察工作的意见，为检察工作科学发展建言献策。

2013年，委员会充分调动人大代表、政协委员的工作积极性及自身优势，积极推进与北京市高级人民法院建立常态化联络机制相关工作。2014年，将建立便捷律师参与诉讼机制、建立法官与律师双向互评机制、推动律师着律师袍出庭参加诉讼、建立律师参与涉诉涉访案件化解机制等16个事项确定为双方沟通联络机制2014年的重点工作，由双方通过工作项目的方式逐步予以推进。

2. 开展调研活动，扎实参政议政基础

参政议政促进工作委员会注重专题调研工作的开展，旨在充分调研的基础上，提出高质量的提案议案，或向有关部门提出建议。

2012年，组织"律师立案情况"调研工作，在区县律师中举办四次座谈会，完成调研报告（征求意见稿），并广泛征求意见。

2013年，开展"推动政府购买律师法律服务"调研工作，通过向北京市各区县律协发送收集调研问卷，举办行业内座谈会以及与市财政局各处室进行座谈，形成调研报告。

2016年是北京市区、乡镇人大换届选举的一年。2015年，针对北京律师中人大代表和政协委员，特别是人大常委会的成员相对较少的情况进行专项调研，完成调研报告。报告建议让更有实践性的律师参与到人大常委会，建议增加北京律师中担任人大代表和政协委员，特别是人大常委会委员的名额。《关于"提高人大和政协中律师的比例，特别是增加律师进常委"的建议》的提案得到了北京市政协的高度重视，市政协将此提案转市委后，得到了两位市委领导的批示。

2016年，开展"挖掘社会组织法律服务功能，助力法治中国建设"的调研工作，形成调研报告。根据座谈会中律师们的诉求以及调研报告中的内容，刘子华律师撰写了提案《关于"推动政府购买北京市律师协会法律服务"的建议》，并在2017年1月北京市政协十二届五次会议上提交。

2017 年，开展了"律师协会参与立法助力法治新北京建设"的调研工作，调研报告论证了专业律师及时、全面参与立法及研究指导工作是新形势的必然选择，对推动建设完备的法治中国法律服务体系，提升政府行政工作能力和水平，提高国家和社会治理各个领域各个环节的法治化水平，更好满足广大人民群众日益增长的法律服务需求具有十分重要的意义。

3. 举办培训，提升代表委员的参政议政能力

参政议政促进工作委员会一直致力于为律师人大代表与政协委员参政议政提供交流与学习的平台，积极发挥和推动律师在参政议政工作中的作用，为提升代表委员参政议政能力，2017 年 8 月，市律协参政议政促进工作委员会邀请北京市人大常委会委员、北京市人大法制工作委员会主任李小娟为律师人大代表、政协委员会进行培训。李小娟主任结合多年的北京市人大工作经验，就北京市人大关于立法工作、律师参政议政等内容展开培训，同时指出了立法工作中需解决的问题。

4. 组织、参加专题研讨会，高质量参政议政

2010 年 9 月，协调组织部分律师参与了北京市高级人民法院审判管理工作情况通报会，就法院审判工作提出意见和建议。

2017 年 7 月，组织召开了《看守所法（征求意见稿）》专题研讨会，特邀中国政法大学教授樊崇义作主题发言。参政议政促进工作委员会、刑法专业委员会等专业委员会及权益保障委员会的主要负责人参加了会议。与会人员就如何根据新刑事诉讼法精神，科学规范看守所刑事羁押机关的职能作用进行了充分的讨论，并在全面依法治国和司法体制改革框架下就立法思想、诉讼保障、人权保障、律师权益保障、执法管理、执法监督等方面提出了诸多意见建议。在增强立法的科学性、进一步完善刑事诉讼法律体系方面，充分发挥了律师参政议政的作用。

5. 加强与外省市律师参政议政工作情况的交流

（1）应邀进行专题培训

2013 年刘子华律师代表北京律协人大代表与政协委员联络委员会应邀为陕西省司法厅举办的"律师担任政协委员法律顾问"培训班作专题讲座。

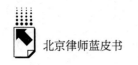

刘子华律师结合近年来北京律师参政议政情况及其本人多年的执业经验，分别就政协职能、律师如何为政协委员提供法律服务以及北京律协积极推动律师参政议政工作的做法等进行了详细讲解。当地600余位律师参加了培训，获得了陕西省司法厅、律师协会及当地律师的一致好评。

（2）设立京粤苏浙律师四地参政议政论坛

2014年，北京律协人大代表政协委员联络委员会提议召开北京、广东、江苏三地律师参政议政论坛，第一届在北京举行，第二届在广东举行，第三届在江苏举行。2017年，江苏律协向北京、广东、浙江三地律协发出邀请，举行"广东、北京、浙江、江苏四地律师参政议政经验交流研讨会"，会上设立"京粤苏浙律师参政议政论坛"，论坛总部设在北京。通过四地律师参政议政研讨会，观点与才智激情碰撞，实现四地律师交流合作常态化，推动四地律师协同发展，进一步促进律师发挥在参政议政中的作用。

（3）对上海、浙江两地律师参政议政状况的调研

2016年，为总结各方经验、促进交流，共同推动和完善律师参政议政的各项工作，人大代表和政协委员联络委员会对"上海、浙江两地律师参政议政状况特别是本届人大代表、政协委员中律师的人数增长情况"进行了调研。参观走访了浙江和杭州的律师事务所，并就不同省市律协之间律师参政议政的经验做法、创新举措以及瓶颈、问题等进行了交流和探讨，进一步加强交流与合作，共同推进律师参政议政工作再上新台阶。通过与外省市律师参政议政工作进行交流，为协会决策机构提供律师参政议政方面的咨询意见和建议，实现北京律师与外省律师的交流合作和协同发展。

6. 组织征集两会建议案、提案

参政议政促进工作委员会采取多种举措，组织征集两会议案、提案。

建立律师人大代表与政协委员的议案、提案信息库，依托首都律师网站设立人大代表与政协委员的"参政议政之窗"，面向全行业广泛征集提案和建议。

2016年1月，在区县换届年之时，人大代表与政协委员联络委员会和法治北京促进研究会以及丰台区人大代表、政协委员、民主党派人士召开经验交流

座谈会，推动和促进律师人大代表与政协委员积极参政议政、反映行业诉求。

2017 年 12 月，市律协参政议政促进工作委员会和法治北京促进研究会共同召开"征集 2018 年北京市两会建议案、提案"座谈会，广泛征集北京律师行业诉求，为律师事业长远发展献计献策，更好地发挥律师参政议政的作用。与会人员就律师参与涉访涉诉、疏解整治促提升、刑事诉讼辩护全覆盖、政府购买法律服务等工作以及在适用立案登记制度过程中遇到的问题进行了交流讨论，并提出了几十项意见建议。参政议政促进工作委员会收集整理提出的有关律师行业诉求的意见建议，以 2018 年北京市两会建议案、提案或者以其他形式向北京市两会及有关部门反映北京市律师行业的诉求。①

7. 编辑出版《律师话政》，全面展示律师参政议政风采

参政议政促进工作委员会自 2009 年起编辑出版《律师话政》，截至 2017 年，已出版九辑。第一至九辑共收录了北京律师人大代表与政协委员的近 400 篇建议、议案和调研报告，内容涉及区域经济发展、民生服务保障、司法制度改革、民商事交易安全、法制宣传、依法行政等诸多领域，向社会展现了北京律师关注民生、热心公益、积极履行社会责任的专业风采，充分反映了北京律师参政议政的热情和水平，彰显律师行业强烈的社会责任感，在树立北京律师良好社会形象方面发挥了积极有益的作用。

《律师话政》一书作为北京律师履职参政议政的实录，记载了北京律师行业人大代表、政协委员参政议政的足迹、成果和感悟，汇集了来自律师行业的优秀提案和建议案，展示了律师人大代表、政协委员参政议政的水准、层次和境界，也体现了北京律师这个群体关注社会、关注民生的深度和广度，以及热心公益、积极履行社会责任的专业风采。自首刊以来，进行了多次改版，定位于：关注法治，推动民主法治进步；关注民生，完善民生权益保障；关注热点，增进经济社会发展；关注行业，促进律师行业发展。

《律师话政》的出版，在市司法局、市委统战部、市律协以及各律师事

---

① 北京市律师协会：《参政议政促进工作委召开"征集 2018 年北京市两会建议案提案"座谈会》，https://www.beijinglawyers.org.cn/cac/1513065056070.htm，访问日期：2018 年 5 月 9 日。

务所得到了非常积极的反响和回应，深受好评。

每年 5 月至 11 月，参政议政促进工作委员会通过协会网站、电子邮件、短信群发、电话等方式发出通知收集材料，于 12 月底刊印出版。2015 年专门组建了记者组，扩大了编委会人数。

《律师话政》在 2017 年 11 月举办的四地律师参政议政论坛上引起同行关注，其他省市协会及律师同行纷纷向北京律协来电请求邮寄。

8. 与相关部门共同探讨律师参政议政事宜

2014 年 4 月，北京律协人大代表与政协委员联络委员会和市委、市政府信访办公室就律师参与涉法涉诉信访工作召开座谈会。双方就律师如何更好地参与市信访接待工作，律师介入信访案件复查复核程序，以及如何在全市信访部门推广购买律师服务等问题进行沟通与交流。

2015 年，北京市委统战部到市律协调研，人大代表与政协联络委员会部分委员参加座谈，围绕司法行政部门贯彻落实 81 号文件的具体情况、律师行业组织开展统战工作的具体情况、加强和改进律师行业统战工作等问题进行了深入的讨论交流。

2015 年，北京知联会无党派专家一行就如何立足于北京市建设法治中国首善之区的切实需要，建立和完善政府法律顾问制度问题到市律协座谈。就政府法律顾问制度的现状、实践经验与存在的问题，以及如何推进政府法律顾问制度改革和充分发挥律师在依法行政中的作用进行了深入交流与探讨，提出了诸多有建设性的意见和建议。

2015 年，市人大内司委、北京市高院、北京市检察院相关领导，与律师行业人大代表、政协委员进行座谈交流。就司法体制改革、法律职业共同体的建设以及律师执业权益的保护等问题进行了深入的沟通交流。各方都表示希望建立相互信任、相互尊重、相互平等和相互支持的良性的关系，共同推进法治建设。

三 北京律师在两会中的优秀提案

自 2003 年以来，北京律师人大代表、政协委员以自身精通法律法规、洞悉社会百态的职业优势，秉承法律人的严谨与坚持，履行着参政议政的神圣使命。

十几年来，北京律师人大代表、政协委员在两会中提出大量的提案、议案，关注国家大政方针，对国家大事建言献策；关心社会民生，把百姓的声音带到会上；围绕行业发展，反映行业诉求；为经济建设保驾护航、推动我国法治建设。这些议案和提案充分展示了北京律师的专业水准和精神境界。

内容涉及交通、教育、安全、就业、民生、金融危机、社会保障、社会管理、职业教育、妇女权益保障、司法公正、司法体制改革、环境保护、农业生态旅游、劳动法实施、完善互联网金融领域立法、青少年犯罪、维护受害人权益、贯彻落实律师法、改善执业环境，提高法律援助补贴经费，改革律师业税费政策、扶持律师业发展，取消律师查询企业工商信息登记限制，完善律师调查令制度保障律师执业权利、律师行业党建、政府法律顾问制度的建立和落实、公益法律服务体系等方面。律师人大代表和政协委员在参政议政方面不仅具有参与范围上的广度，而且具有社会治理上的深度。

律师代表委员们利用专业优势，进行深入调研，收集翔实数据，积极建言献策。每一份提案、议案，不仅仅凝结了律师代表委员的心血和社会责任，还有司法行政机关、律师协会以及所在律师事务所的支持。不少律师代表、委员所在的律师事务所积极支持代表委员参政议政活动，组织专门的团队配合工作。

（一）关于儿童免费乘车高度标准调整的议案

2003 年底，刘红宇作为北京律师界走出来的第一个人大代表，听见一位母亲反映，一些孩子因为长得高一点，去电影院、坐公交车，都不能享受免票待遇。于是，刘红宇律师去北京景山学校和陶然亭幼儿园进行调研，结果发现，三分之一以上的孩子 6 岁左右就长到了 1.2 米，有的 1.4 米，甚至有的孩子 3 岁就长到 1.1 米。而儿童身高 1.1 米免票线制度是新中国成立初

制定的，经过 50 多年，还适用该标准，对一些孩子就不公平了。

2004 年两会上，刘红宇律师提出了儿童免费乘车高度标准调整的议案，并督促议案的落实。2006 年 6 月 1 日，北京市所有公交车开始采用新的儿童免费乘车线高度标准，实行了多年的 1.1 米线调整为 1.2 米。市民们对"儿童免费乘车线高度标准长高 0.1 米"的举措表示欢迎。①

2008 年铁道部下发《关于调整儿童票身高的通知》，对符合购买半价票条件的儿童身高做出调整，由 1.4 米提高到了 1.5 米。2009 年，交通运输部、国家发展和改革委员会制定了《汽车运价规则》和《道路运输价格管理规定》，规定身高 1.2 米以下、不单独占用座位的儿童乘车免票，身高 1.2～1.5 米的儿童乘车购买儿童票。

（二）关于加大对商品住宅专项维修资金监管力度的提案

2005 年 1 月，北京市政协十届三次会议上，刘子华律师提交了《关于加大对商品住宅专项维修资金监管力度的提案》，建议政府有关部门加强对该项基金的监管力度，设立专项账户，指定专门机构定期或不定期对款项使用情况进行核查，提案吸引了 50 多位委员附议。市政协将这件提案作为当年主席、副主席、秘书长督办的重点提案，引起市委、市政府的高度重视。市领导做出重要批示，责成有关部门认真办理好这件提案。

2005 年，承办部门发布了《关于进一步加强北京市住宅专项维修资金归集管理工作公告》，招标确定了归集银行，开发了住宅专项维修资金网络管理系统。当年 8 月底，北京市住宅专项维修资金归集总额由 40 多亿元增加到 69.5 亿元，将原先分散搁置的 20 多亿元统一进行了归集管理。自此，业主在缴纳了维修资金后，可持发票建立查询卡上网查询自己的维修资金使用情况。这件提案对住宅专项维修资金的归集和管理工作发挥了重要的民主

---

① 李柯勇、程义峰、杨维汉、刘红宇：《问题不解决就一直监督下去》，参见 http://news.163.com/07/0301/13/38GIIL23000127AG.html，访问日期：2018 年 8 月 21 日。

监督作用，促进了维修资金监管制度的建设，维护了购房者的合法权益。首都多家新闻媒体进行了跟踪报道，北京电视台《今日话题》栏目的专题报道荣获"中国新闻奖"一等奖。

2010 年，在北京市政协工作会议上，刘子华律师《关于加大对商品住宅专项维修资金监管力度的提案》被评为北京市政协十大"最具影响力"提案。

（三）调整北京市法律援助补贴标准的提案

2011 年，北京律协张学兵会长特别提到，要关注法律援助费用偏低的问题。联络委员会研究决定由市政协委员、北京律协副会长姜俊禄提出《调整本市法律援助补贴标准》的提案，市政协委员巩沙、刘子华、刘凝进行附议。该提案提出后，引起有关部门和领导的高度重视。经过有关部门的认真研究，律师法律援助费用问题得到圆满解决。

2011 年 11 月，北京市财政局、司法局制定并发布了《北京市法律援助补贴办法》，该办法进一步明确了法律援助补贴的内容，增强了对办案补贴核定的可操作性，提高了法律援助的补贴标准（接受法律援助中心指派，以接待来访、来电、网络等形式为群众提供免费法律咨询，或者为符合本市法律援助经济困难条件的群众免费代书的，每个工作日补贴 150 元，同时案件分段补贴数额由原来规定的 800 元增加到最高 2000 元）。这是律师协会成立人大代表与政协委员联络委员会为反映律师诉求、整合律师资源而进行的最有意义的尝试。

（四）推动政府购买法律服务提案、议案

2013 年 6 月，北京律协人大代表与政协委员联络委员会启动关于推动政府购买律师法律服务的调研工作，经过半年的律师问卷调查，与市司法局、财政局开展座谈等工作，调研报告在当年 12 月出炉。2014 年初，调研报告由律师代表、委员以议案、提案的方式带上北京市两会。在各位律师人大代表、政协委员的高度关注和支持下，2014 年，市政府首次将"法律服

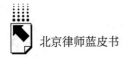

务"纳入北京市政府集中采购。《2014 年北京市市级政府向社会力量购买服务指导性目录》将社会事务类的"法律援助及公益性法律咨询""人民调解""普法服务"以及政府辅助性服务类的"法律服务"列为政府向社会力量购买服务事项。

此后，时任北京律协副会长高子程、人大代表与政协委员联络委主任刘子华等律师又发现法律服务招标工作中存在的一些问题，比如招标固定数额既限制了大量中小型律所的参与，也不利于通过竞争选贤与能，随后向北京市财政局提出了建议。2014 年 6 月，高子程律师向北京市人大递交了一份《关于促请市财政局修正（2014）196 号文使全市符合条件的律师均可依有关法规和市场规则投标政府采购项目的建议》。2014 年 8 月 14日，高子程、刘子华及委员会其他委员参加了在北京采购中心召开的座谈会，就法律服务招标工作进行了充分的交流。2015 年北京市政府采购工作采取"宽进严管"模式，取消入围律所数量限制。同时，改进评判条件，重视律师事务所"软实力"。2015 年有 348 家律所中标，2016 年中标律所有 617 家，在推动政府法治建设稳步前进的同时，充分考虑了中小型律师事务所的诉求。①

律师作为专业的法律工作者在法律顾问、法律咨询、法律援助、普法调解等领域也扮演着举足轻重的角色。

（五）"提高人大和政协中律师的比例，特别是增加律师进常委"的建议

2015 年，参政议政促进工作委员会针对北京律师中人大代表和政协委员比例过低，特别是人大常委会的成员还相对较少的情况，进行专项调研，并形成约为 8000 字的调研报告。该调研报告用准确的数据、清晰的图表说明，律师人大代表仅占全国人大代表总数的 0.5%，而党政领导干部则高达

---

① 李禹潼：《348 家律所中标为政府提供法律服务》，参见 http：//www.caigou2003.com/zhengcaizixun/zhengfumaifuwu/170892.html，访问日期：2018 年 8 月 22 日。

34.9%。北京作为全国政治、文化中心，在律师人大代表的占比方面，甚至远远落后于全国总体水平。调研报告建议在司法体制改革注重依法治国的过程中，解决法律滞后、解决法律的操作性等问题，建议应该让更有实践性的律师参与到人大常委会，建议增加北京律师中担任人大代表和政协委员，特别是人大常委会委员的名额。该调研报告于2015年11月底完成，上报北京律协，并组织了律师人大代表与政协委员在2016年1月北京市级及区级两会上进行建议和提案。

《关于"提高人大和政协中律师的比例，特别是增加律师进常委"的建议》的提案得到了北京市政协的高度重视，市政协将此提案转市委后，得到了两位市委领导的批示。在2017年、2018年三级人大、政协换届后，律师代表、委员人数显著增加。4名律师担任第十三届全国人大代表，比上届增长33.33%，3人担任第十三届全国政协委员，与上届持平；14名律师当选第十五届北京市人大代表，比上届增长75%；16名律师当选第十三届北京市政协委员，比上届增长100%；30名律师担任区人大代表，比上届增长3.45%；61名律师担任区政协委员，比上届增长1.67%。

（六）高子程律师提出《关于请求社保局准予北京律师业办理工作居住证的建议》《关于将北京律师业高精尖人才纳入优先办理户籍范围的建议》

2018年，北京律协高子程会长作为市人大代表提出《关于将北京律师业高精尖人才纳入优先办理户籍范围的建议》和《关于请求社保局准予北京律师业办理工作居住证的建议》，北京市人力资源和社会保障局就此建议予以了答复，其中两项涉及北京律师的内容是律师行业工作的重大突破：一是北京律师事务所可以为其聘用的优秀律师申请办理《北京市工作居住证》，在不转户籍的前提下持证享受子女教育、购买商品房和小客车指标摇号等多项市民待遇；二是将律师事务所纳入北京人才引进的范围，符合条件的优秀律师均可享受多项人才引进待遇。实现了北京人才服务政策对律师行

业人才的"广覆盖",开通了律师办理《北京市工作居住证》的新渠道,开启了优秀律师人才申请办理人才引进落户的新进程。

四 北京律师的其他参政议政情况

北京律师除通过担任人大代表、政协委员参政议政外,还以参加立法修法活动,提供立法建议和相关咨询,担任专家咨询顾问,担任政府法律顾问、参加信访接待,担任政府部门、司法机关监督员等方式参政议政。

(一)参加立法修法活动,提供立法建议和相关咨询

一直以来,北京律师积极参与立法修法活动,并针对立法草案提出修订意见,为提高立法质量、促进科学立法做出了贡献。其中,既有北京律协各专业委员会组织参与的立法建议和咨询活动,也有律师事务所和律师主动、自发的参与。律师们通过广泛调研,形成有实证数据、理论分析、针对性对策的调研报告,以此为基础向有关部门提出建议。律师与社会各阶层的接触宽泛,接触的人中不仅包括社会各界精英、中层人士,还包括底层的一些群体,律师参与立法全面反映民意,有助于立法的民主性;律师作为具有深厚法律素养和丰富实践经验的专业群体,参与立法有助于立法的科学性,提高立法质量。律师参与立法还有助于维护行业利益,促进执业环境好转。同时,律师还是法律的监督者,律师参与立法有助于加强立法的民主监督。此外,北京律师行业充分利用首都地理位置的特殊性,以立足于北京、服务于全国的精神参与立法,为全国律师行业起到引导和表率作用。

2001年九届全国人大四次会议和全国政协九届四次会议召开之际,北京律协为全国人大武增荣等36名代表起草了《关于增加全国人大代表名额中法律界专业人士的比例的建议》,为全国政协张蕴增委员起草了《关于在全国政协界别划分中设立律师界别的建议》,并按法定程序分别向两个大会正式提交。

据不完全统计，2010～2018 年，北京律协专业委员会就修订《国有土地上房屋征收与补偿条例（征求意见稿）》《刑事诉讼法》《民事诉讼法》《行政诉讼法》《中华人民共和国著作权法》《最高人民法院关于审理垄断民事案件适用法律若干问题的规定》《建设工程施工合同示范文本（征求意见稿）》《中华人民共和国旅游法（草案）》《建筑市场管理条例（征求意见稿）》《电影产业促进法（征求意见稿）》《北京市地方标准管理办法》《北京市人民政府关于对使用煤炭质量的监督规定》《教育法》《高等教育法》《教师法》《民办教育促进法》《专利代理条例》《北京市制定地方性法规条例（征求意见稿）》等，与相关部门、专业院校、研究机构联合举办研讨会、座谈会，从法理到实务、从操作性到文字措辞，逐条进行了分析、研讨，提出了具体的问题、修改意见和建议，并汇总形成修改意见，以电子版和书面形式提交至国务院法制办公室等有关部门。

此外，一些律师事务所积极就修法进行研讨座谈，向有关部门提交修改意见。

如 2017 年，北京尚权律师所召开了关于对《中华人民共和国看守所法（公开征求意见稿）》的研讨会，经过认真研讨形成了 21 条修改意见，提交公安部。①

（二）担任专家咨询顾问

党的十八届四中全会提出要"探索建立有关国家机关、社会团体、专家学者等对立法中涉及的重大利益调整论证咨询机制"。人大、政协、政府等部门都建立专家咨询库，北京不少律师担任专家咨询顾问，充分发挥自身职业优势，积极履行职责，以促进司法、行政等工作科学化、民主化，提高重大决策事项的质量。

2018 年 9 月，高子程、王俊峰两位律师受聘担任北京市委法律顾问，

---

① 陈虹伟、苏明龙：《北京一律所上书公安部：为看守所法征求意见稿提 21 条修改建议》，参见 http：//www. legaldaily. com. cn/Lawyer/content/2017－06/22/content＿7215138. htm? node＝32988，访问日期：2018 年 7 月 11 日。

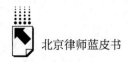
庞正忠、梁枫、万欣、王清友、毕文胜、刘凝、李大进、周塞军、杨晓虹、肖微、佟丽华、张峥、张洪涛、姜俊禄、谢冠斌 15 位律师受聘为市委法律专家库成员。①

（三）担任政府法律顾问

早在 2001 年，海淀区政府在北京市区县政府中第一个聘请 12 名优秀律师组成海淀政府律师法律顾问组，担任常年法律顾问。主要任务包括：区长接待日的陪同接待来访工作、法律咨询、重大突发事件的应对等。② 担任政府法律顾问是律师参政议政的又一重要方式。为帮助广大律师深入学习探讨律师从事政府法律顾问工作中的热点难点问题，2015 年 8 月，北京律协举办了政府法律顾问律师实务专题培训班。

2016 年，《北京市人民政府关于加强政府法律顾问工作的意见》发布，政府法律顾问队伍吸收专家律师积极参与。法律顾问的主要职责是为重大决策、重大行政行为提供法律意见；参与法律法规规章草案、党内法规草案和规范性文件送审稿的起草、论证；参与合作项目的洽谈，协助起草、修改重要的法律文书或者以党政机关为一方当事人的重大合同；为处置涉法涉诉案件、信访案件和重大突发事件等提供法律服务；参与处理行政复议、诉讼、仲裁等法律事务。

律师担任政府法律顾问，以法治思维和专业知识，在政府做出重大行政决策、出台重要文件、处置重大事件的时候，认真开展研究论证和法律评估，发挥好"智囊"作用，围绕政府大力推进的中心工作、事关改革发展全局的重点难点问题，研究思考，提出建设性意见，运用法治思维、法治方式破解难题、推动发展。

---

① 沙雪良：《北京市委组建 36 人"法律智囊团"，这些教授、大律都在》，参见 http：// www. sohu. com/a/252113831_ 616825，访问日期：2018 年 10 月 6 日。

② 参见《充分发挥职能作用，谱写和谐社会新篇章——浅谈司法行政机关应如何发挥职能作用，服务于本地区和谐社会的建设》，http：//sifaju. bjchy. gov. cn/data/6562_ 1. doc/，2007 年 6 月 11 日。转引自石富元、张竹君《北京市律师参政议政现状及反思》，《行政法学研究》2007 年第 3 期，第 108 页。

2016 年 11 月，司法部聘请马怀德、王俊峰、王敏远、张学兵、李益民、高子程、顾永忠、黄风等 8 位专家学者和律师担任司法部法律顾问。

《北京市人民政府关于加强政府法律顾问工作的意见》要求在 2017 年底前，市、区、乡镇（街道）三级配齐政府法律顾问。相当数量的北京律师担任北京市三级政府法律顾问。

（四）设立服务政务专业委员会、研究会

为更好地履行律师参政议政的职能，北京律协设立了服务政务专业委员会、研究会，围绕国家和首都经济社会发展战略的新要求、新趋势，服务大局，充分发挥律师的职能作用。

农村法律事务专业委员会是在全国律师行业成立的第一家农村法律事务研究服务机构。委员会立足于公益性、服务性，关注与"三农"相关的法律问题，调查农村适用法律的现状，分析农村法律实务下存在的问题，研究法律的相关规定，探讨解决问题的方法，引导律师行业对农村法律服务市场的重视，参加司法部、市司法局、全国律协、北京市农村工作委员会、北京市法律援助基金会及市律协等举办的各类座谈会、参与涉农立法工作、为涉农事项提供法律意见等，配合政府为"三农"提供优质法律服务，为弱势农民群体提供法律帮助，就专业课题进行深入研究。

司法改革促进研究会由第十届北京律协设立。以服务"深化律师制度改革"为宗旨，研究如何完善律师执业权利保障机制，以健全对司法机关、司法活动的监督机制为职责，关注司法改革领域的未来发展趋势，通过对律师制度改革的研究，推动律师行业的健康持续发展。研究会立足北京、服务律师，对北京律师广泛关心的问题，特别是北京律师所面临的一些亟待解决的问题展开调研，并从律师角度研究司法体制改革中与律师相关的问题。研究会的主要工作包括积极组织各项司法改革研究活动，为广大北京律师提供好的服务，为司法改革、律师改革研究提供一个良好的平台；组织司法改革方面的座谈会、研讨会，探讨、研究、解决司法改革领域中遇到的各类问题，为律师事业的发展保驾护航；对司法改革进行一些前瞻性的理论研究，

为律师体制改革提供理论支持。

"一带一路"法律服务研究会由第十届北京律协设立，专注于"一带一路"倡议实施中的法律服务方向研究。研究会以开放、全球化的视野，秉承团结、奉献、引领、合作、分享的理念，以学术与实践的结合为主导，积极参与"一带一路"倡议的实施，开展"一带一路"法律服务工作，践行法律人的担当与使命，奉献法律人的智慧。

京津冀协同发展法律服务研究会由第十届北京律协设立。宗旨是顺应中共中央有关"京津冀协同发展"的国家战略和国家"十三五"规划纲要实施的形势，结合法治中国的需要，充分发挥首都律师服务国家经济和社会建设的专业优势，为京津冀协同发展提供优质高效的法律服务。职责是宣传、展现首都律师服务于京津冀协同发展国家战略的愿望和能力；加强与立法机关、推进京津冀协同发展领导机构的联系，研究首都律师服务于京津冀协同发展国家战略的具体措施并落实；研究首都法律职业共同体在为京津冀协同发展国家战略提供法治保障中的角色定位和工作协同问题，制定措施并实施；与有关机构合作，探索建立京津冀协同发展过程中商事主体之间的纠纷调处平台；配合律师协会有关工作机构和专业委员会完成与京津冀协同发展相关的工作。

法治北京促进研究会由第十届北京律协设立，目的是体现首都律师主动服务国家大局、服务社会经济发展、服务法治政府的建设。其"定位"是促进法治北京建设，改善首都律师执业环境，改善律师的业务结构；其工作"重心"是围绕法治北京建设中的热点问题、焦点问题、突发事件进行研究和处理；其"宗旨"是用法治思维引领、用法治方略传播，将研究会建成联系和展示的平台。

（五）参与公共事务管理

1. 北京律协为政府决策提供优质高效的法律服务

2012年"7·21"暴雨发生后，北京律协及时组织相关领域律师，就灾情涉及的法律问题进行研讨分析，向市有关部门上报了近四万字的《关于

"7·21"特大自然灾害相关法律问题及建议的报告》，为市委、市政府开展善后工作提供了有益参考，受到有关方面的一致肯定和好评。

2. 北京律协全力开展马航MH370失联事件法律服务工作

2014年，面对马航MH370失联这一突发事件，北京律协及时组织民法等10余个相关专业委员会，为政府部门妥善处置事件提供法律意见、建议十余份；选派60余名律师组成马航客机失联事件应急法律咨询小组，参与全国和北京两个MH370乘客家属服务保障平台的工作，共接待现场咨询2000余人次、电话咨询近300人次；组建了"MH370乘客家属索赔谈判律师团"，积极为代表家属和马来西亚航空公司就航空公司责任赔偿方案进行谈判做准备，在非常艰难的情况下，律师团最终帮助40位乘客家属于2016年春节前完成了和解协议的签署及公证工作，为家属争取到目前为止中国空难索赔史上最高的赔偿金额，较好地发挥了法律服务促进社会和谐稳定方面的积极作用，得到了司法部和市领导的充分肯定和高度评价。

3. 积极响应国家"一带一路"倡议

北京律师积极响应国家"一带一路"倡议，利用自身优势服务国家大局。2015年，北京律协启动了北京律师为"一带一路"项目提供法律服务的课题研究工作，完成《北京律师为"一带一路"项目提供法律服务的调研报告》，报告约15万字，涉及"一带一路"沿线的60余个国家，该调研报告提供给全市律师免费使用。报告旨在帮助北京律师了解"一带一路"的提出背景和框架设计，了解政府、企业参与"一带一路"项目的法律服务需求和将面临的法律风险，以及律师如何为参与"一带一路"建设的政府企业提供涉外法律服务。2016年8月，由京津冀三省市律协共同主办，北京律协承办，"一带一路"法律服务研究会协办的"一带一路·中国律师——涉外律师业务机遇与发展"研讨会举办。会议围绕国家"一带一路"倡议背景下中国律师暨涉外律师怎样发挥自身专业优势做出历史贡献以及如何抓住发展机遇促进行业发展等主题进行了深入探讨。

近年来，北京律协积极服务国家"一带一路"倡议，为着力提高首都

律师涉外法律服务水平，不断加强与国内外律师同行交流合作，为中国律师的国际化之路以及行业健康发展铺路搭桥。2017年，北京律协分别组织出访团到俄罗斯、白俄罗斯、新加坡及日本等地开展交流，与新加坡、莫斯科、明斯克三市律协签订合作备忘录，积极主动参与国家"一带一路"建设，开启融入国家立体外交布局的新篇章；举办"扬帆百人计划""国际投资与并购法律实务培训班"，加大对涉外法律服务人才的培养力度。同时，相继完成全球系列国别法律风险与投资案例专题调研报告——北美篇、欧洲篇两个报告，实现了七年七报告，为中国律师和企业防范投资中的重大法律风险提供预警和评估，护航中国企业"走出去"。

4.组建服务保障"疏解整治促提升"律师服务团

2017年，北京律协响应市委、市政府的要求，在市司法局的指导下，组建了服务保障"疏解整治促提升"律师服务团，充分发挥律师在化解社会矛盾、维护社会稳定、推动城市发展方面的作用。服务团先后编纂完成了《北京市"疏解整治促提升"十大专项行动相关法律法规汇编》《北京市"疏解整治促提升"十大专项行动相关案例汇编》，制定了《律师承办房屋征收和征地拆迁业务指引》，整理完成了《治违专项行动相关法律问题解答》。同时，还积极走访专项行动牵头部门逐一对接法律服务需求，走访各区律协（律师工作联席会）推动形成市区两级工作合力，受到市住建委、规划委、商务委、综治办等相关部门的充分肯定和高度评价。

（六）参加信访接待

早在20世纪北京律师就开始参与信访接待的尝试，并获得相关部门好评。中共十八届三中全会提出要改革信访工作制度，把涉法涉诉信访纳入法治轨道解决，建立涉法涉诉信访依法终结制度。2016年司法部、国家信访局发布《关于深入开展律师参与信访工作的意见》，北京律师参加信访接待进一步制度化、规范化。律师以"第三方"身份参加信访接待，提出的法律观点和建议获得各方好评，提升了律师地位，促进了社会稳定。

2011年，北京律协成立涉法涉诉信访与调解工作领导小组，旨在以息诉止访、积极化解社会各方矛盾为工作目标，充分发挥北京律协的行业组织作用，为北京律师参与涉法涉诉信访工作的推进提供了有力的组织保障。

2012 年，北京律协组建了由 150 名专业精通、经验丰富的律师组成的"市高院信访接待律师团"，引导群众通过法律途径依法解决矛盾纠纷，受到了来访群众的欢迎和好评。

2015 年，北京律协组建团队作为第三方社会力量参与涉法涉诉信访工作，认真履行社会职责，共组织 160 余名律师参与到涉法涉讼信访案件的接待、化解、评析及监督等工作中，有效引导信访群众依法反映诉求和解决信访事项。

2016 年，北京律协积极助力涉法涉诉信访机构建立、制度建设、人员招募审核、岗前培训、智力支持等工作，组织 500 余名资深律师投身到北京市公益法律服务与研究中心工作中，成为北京市涉法涉诉信访案件接待、化解和评议的骨干力量，承担着大部分的接访和个案化解工作，充分发挥了律师在息诉止访、化解矛盾、维护稳定方面的职能作用。

2016 年，经过北京律协推荐，司法部和国家信访局选定了 6 家律师事务所的 24 位律师参与国家信访局接访，为来访群众解答法律问题和政策。

（七）发挥公职律师作用

司法部 2002 年起陆续在全国开展公职律师试点工作。2007 年北京市司法局制定《北京市司法局公职律师试点工作实施办法（试行）》，开始了北京市公职律师试点工作。2016 年 5 月，中共中央办公厅、国务院办公厅印发了《关于推行法律顾问制度和公职律师公司律师制度的意见》，2017 年 5 月，中共北京市委办公厅、北京市人民政府办公厅印发《关于推行公职律师公司律师制度的实施方案》，明确公职律师履行党政机关法律顾问承担的职责，包括为重大决策、重大行政行为提供法律意见建议；参与法规规章草案、党内法规草案和规范性文件送审稿的起草、论证；为处置涉法涉诉案件、信访案件和重大突发事件等提供法律服务；参与处理行政复议、诉讼、仲裁等法律事务。

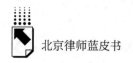

北京公职律师从 2007 年开始试点，截至 2018 年 3 月，北京市共有公职律师 663 名。

2012 年，第九届北京律协成立"公司与公职律师工作委员会"，此乃 2002 年司法部在全国开展公司律师和公职律师工作以来，全国律师行业建立的第一个面对"两公"律师的工作委员会。委员会成立后积极开展工作，举办"法治思想与依法行政"系列讲座、"新境界下的历史使命——社会、公职、公司律师与全方位法律服务"研讨会，组织参观座谈，探讨"两公"律师在依法治国中的积极作用。

（八）通过担任政府部门、司法机关监督员等方式参与社会政治生活，参政议政

我国宪法明确规定："中华人民共和国的一切权力属于人民。"人民代表大会对人民负责，受人民监督；一切国家机关和国家工作人员接受人民的监督，努力为人民服务。人民监督是民主监督的有效形式，各级党政司法机关都建立了人民监督制度，实践中有人民监督员、党风政风监督员、廉政监督员、行风监督员、特邀监督员等。中央全面深化改革领导小组第十次会议审议通过的《深化人民监督员制度改革方案》对人民监督员制度改革做出全面部署，对改革选任管理机关、方式，完善监督案件范围、程序等提出明确要求。律师是监督员中重要的力量，不少北京律师被选任为监督员，他们充分发挥专业优势和职业便利，公正履行监督职责，参政议政凸显人民性、专业性、公正性。

（九）通过参加民主党派、群团组织等方式参政议政

北京律师中有为数不少的民主党派及群团组织成员，有的还在其中担任领导职务。他们时刻保持政治敏锐感，紧跟政治方向，把握时代的脉搏，不断地提高自己的大局意识和参政意识，为社会的稳定、法治的进步和公平正义贡献自己的一份心力。例如，兼任中国国民党革命委员会朝阳区委参政议政专委会秘书长的秦丽萍律师积极地发挥民主党派成员民主监督、参政议政

的职能。2011 年，秦丽萍参加朝阳区参政议政专委会组织的关于"朝阳区农村地区产业发展问题及对策"的调研，经过亲身调研和系统地思考，她所撰写的调研报告《朝阳区农村地区产业发展问题及对策》荣获了朝阳区统战部民主党派调研报告三等奖，为有关部门解决相关实务问题提供了成熟的思路和解决路径。该调研报告现已被转为民主党派政协提案，转交朝阳区农委办理实施。① 2013 年，刘红宇律师当选中华全国妇女联合会第十一届执行委员会委员，2018 年再次当选。邢冬梅律师当选中国妇女第十二次全国代表大会代表。她们认真履职，做好行业和区域代表。

五　北京律师参政议政展望

律师参政议政是政治文明的进步，在共和国刚刚成立的政治舞台上就有了律师的身影。1949 年的第一届政协会议上，作为当时最高权力机关的政协的 662 名委员中，有 14 位律师。②

2005 年，北京市司法局出台《关于调整和完善我市律师行政管理体制的意见》（京司发〔2005〕99 号），北京市委政法委出台《关于进一步加强和改进律师工作的意见》，各区政法委、司法局等出台的推动相关政策的文件，强调在律师管理方面要协调相关部门，扩大辖区内律师的参政议政渠道。③

党的十八大报告中，将"全面推进依法治国"确立为推进政治建设和政治体制改革的重要任务。律师参政议政是社会主义民主建设的重要内容，是依法治国、构建社会主义和谐社会的必然要求。近年来，广大律师通过多种渠道多种方式积极参政议政，为健全社会主义民主法制，促进政府依法行

---

① 《漫漫执业路，风雨伴法行——记北京女律师秦丽萍的律政风采》，参见 http：//blog. sina. com. cn/s/blog_ 5df39cf50101a79q. html，访问日期：2018 年 7 月 13 日。
② 石富元、张竹君：《北京市律师参政议政现状及反思》，《行政法学研究》2007 年第 3 期，第 105 页。
③ 石富元、张竹君：《北京市律师参政议政现状及反思》，《行政法学研究》2007 年第 3 期，第 105 页。

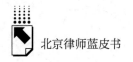

政，推进依法治国基本方略实施做出了重要贡献。

实践中，律师参政议政通过进入各级人大和政协、担任政府法律顾问、参加民主党派、参加立法修法活动等方式或途径参与国家的政治生活，活跃在参政议政的舞台上，成为参政议政的一支生力军。

（一）律师参政议政的优势

从全国的层面看，2018 年，第十三届全国人大代表和全国政协委员中，22 名律师当选全国人大代表，17 名律师担任全国政协委员，较上届在人数上增加 11 人。留任人数占上届人数的 50%，留任比例远高于其他行业，说明律师过往的履职能力和水平得到了充分认可，同时也从侧面反映了我国律师的社会地位逐渐提升，法治发展渐趋理性与成熟。[①] 北京律师担任各级人大代表、政协委员的人数也是逐届增加。

律师担任人大代表和政协委员的优势毋庸置疑。

1. 有高度的社会责任感和行业责任心

新中国第一部关于律师的法律《中华人民共和国律师暂行条例》明确规定，律师的任务是通过"提供法律帮助，以维护法律的正确实施，维护国家、集体的利益和公民的合法权益。律师进行业务活动，必须以事实为根据，以法律为准绳，忠实于社会主义事业和人民的利益"。现行《律师法》也明确规定"律师应当维护当事人合法权益，维护法律正确实施，维护社会公平和正义"。《律师执业行为规范》也强调律师应"依据事实和法律，维护当事人合法权益，维护法律正确实施，维护社会公平和正义"。参加社会服务及其他社会公益活动还是律师年度考核的内容之一。

在实践中北京律师积极履行社会责任，交出可喜的答卷，取得了不俗的成绩，早在 2011 年发布的《北京律师社会责任报告》就表明：北京律师对履行社会责任表现出强烈和自觉的愿望。北京两万多名律师几乎一致认为，

---

① 李师荀：《39 名律师担任第十三届全国人大代表及全国政协委员》，参见 http://www.acla.org.cn/article/page/detailById/22594，访问日期：2018 年 7 月 14 日。

律师应当承担社会责任，近八成的律师参与到多种履行社会责任的工作中。首都律师是推动国家社会法治进步的重要力量，首都广大律师通过为社会各界提供各式各样的专业法律服务，体现了律师的职业尊严，推动了中国律师职业文化的健康发展。

2. 法律人的职业优势

律师具备法学理论功底，熟悉现行法律规定，处理法律事务较为客观，能提供专业的论证意见和建议。律师执业活动接触的人和事，具有广泛的社会性，最为了解社会各阶层的利益诉求，关注民生，立足经济社会生活的实践，能够广泛准确、及时地反映社情民意，全面、客观地传递和沟通政情民情。同时，律师具有以正确的途径、合法的程序、理性的语言反映该利益诉求的能力。当选的律师代表和委员，都是行业中的佼佼者，业务能力较强，热心社会公益事业。从过往履职来看，律师提案、议案、建议等充分体现出法律人的专业素养、职业情怀及行业精神，运用法治思维和法治方式提出问题、分析问题、解决问题。能站在社会公众利益的角度提建议和提案，同时还能站在行业的角度，对整个行业的发展和未来进行思考和建议。

律师在执业过程中，有条件接触到立法存在的大量缺陷和疏漏，了解执法过程中出现的新情况和新问题，以及两者之间的衔接中出现的有关问题，这些情况都是政府在执政和立法过程中最关心的问题。律师参与立法修法，能从立法和执法层面提出有针对性的合理化建议。律师善于抓住社会热点问题，把法律问题与社会问题结合起来，从律师的社会责任感出发帮助政府寻求有效的、具有前瞻性的对策。

当前社会矛盾多元复杂，律师非公职人员身份较为超脱，律师具备的能力、条件和软实力的优势，对缓解社会矛盾有积极作用。在参与信访接待时，其主张、观点更易于被接受。2016 年国家信访局引入北京市致诚、东卫、尚公等 6 家律师事务所 24 位律师参与接访，为信访群众和相关部门提供法律咨询和服务，取得了很好的工作效果和社会效果。国家信访局党组副书记、副局长张恩玺说，实践证明，律师以法律服务者的第三方身份参与信访接待，有利于更好地为信访群众讲法明理、解疑释惑，引导信访群众自觉

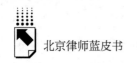

通过法定程序理性表达诉求、依靠法律手段解决纠纷、运用法律武器维护自身合法权益。律师发挥专业优势参与疑难复杂信访事项的协调会商和化解，提出依法分类处理的法律意见，也有利于提高相关部门运用法治思维和法治方式解决问题、化解矛盾的能力，增强依法办事的自觉性。①

3. 律师代表、委员积极性高

律师被选为人大代表和担任政协委员，是律师职业政治属性最充分的体现。当选的律师参政议政积极性高，都有着出色的表现。有的加入了专门委员会，并且活跃其中，在各类会议上踊跃发言，由于具有法律专业知识及实践经验，并且事先进行精心准备，调研座谈收集一手材料并分析、归纳，其见解具有针对性，质量较高，既有理论意义，又有现实指导意义。

彭雪峰律师在担任全国政协常委期间，累计提交提案 27 篇，共计 63000 余字。每年年底开始，针对司法、金融、民生等领域，搜集大量信息和资料，追踪全年工作进展，了解各地实际情况，关注相关领域出现的新问题和新趋势，运用法治化思维深入分析，并注重听取多方意见，对比论证，寻求切实可行的解决方案，为来年两会提案做足准备。②

刘红宇律师是全国政协委员、北京市人大代表。早在 2003 年，刘红宇即当选为北京市人大代表，她说："从当选人大代表那刻起，我认为我代表的就是律师这个群体，如果我做得不好，不能够起到播种机、宣传队的作用，就会有辱行业赋予的使命。要做好参政议政工作，我始终认为要有三个把握：第一，要认真学习，以把握自己行为的方向；第二，要体察民情，立足律师行业，找到构建和谐社会、推进民主与法制的结合点；第三，在这个过程中要随时对社会的突发事件、重大事件向党和政府提出律师的建议。"③作为法律人，刘红宇每年的法治类提案都保持着较多的数量。

① 贾世煜：《24 位律师国家信访局坐班他们都干什么？》，搜狐新闻，http://news.sohu.com/20160914/n468462619.shtml，访问日期：2018 年 7 月 14 日。

② 曹婧、彭雪峰：《第一位当选全国政协常委的执业律师》，搜狐网，https://www.sohu.com/a/128989766_367915，访问日期：2018 年 7 月 17 日。

③ 吴意：《树立行业形象 反映行业诉求——北京律协为人大代表、政协委员助力》，https://www.beijinglawyers.org.cn/cac/1436497765821.htm，访问日期：2018 年 6 月 13 日。

阎建国律师自担任第十二届全国人大代表以来，参加全国人大、最高法、最高检等组织的调研及研讨会 40 余次，撰写建议和调研报告 30 余万字，共提出建议和议案 100 余件。①

4. 律师的话语权不断增强

近年来，律师的社会地位不断提高，话语权亦不断增强。有关国家机关越来越重视听取律师的意见。

2016 年 1 月，中共中央政治局委员、中央政法委书记孟建柱在中央政法委大院会议室与 12 名律师面对面交谈，"问计"司法体制改革和政法工作。

2017 年 8 月，司法部部长张军亲自开门"迎客"，与副部长熊选国一道，欢迎前来参加司法行政改革意见座谈会、为司法行政改革献计献策的专家学者，听取他们对司法行政改革的意见建议。

刘红宇曾多次代表无党派人士去最高检与曹建明检察长等面对面坐下来谈司法。曹建明检察长指出，律师在这些冤假错案中的作用应当加强，检察院应当更加重视律师的作用。②

近十年来，每年年底，彭雪峰作为新的社会阶层人士代表，应邀参加最高法、最高检工作座谈，就两院全年工作情况及工作计划提供意见和建议，彭雪峰提出的关于规范地方党政机关领导司法机关的方式，推进审委会、检委会制度改革，保障刑事诉讼律师执业权利等建议，受到了两院领导的高度重视和认可。此外，彭雪峰还作为委员代表应邀参加反腐工作座谈会。2015 年两会期间，彭雪峰在一次座谈会上做了题为"推进反腐法治化"的主题发言，王岐山书记听取了汇报，并对彭雪峰的建议给予了充分肯定。

5. 司法行政机关和律师协会积极支持和推动

各级司法行政机关、律师协会积极支持和推动律师参政议政。2013 年 3

---

① 北京司法：《律师代表委员们在两会上提了这些议案提案》，参见 http://xinwen.eastday.com/a/180306200544332 - 3.html，访问日期：2018 年 7 月 15 日。

② 《律师两会发声为全面依法治国凝心聚力》，中国商网，http://legal.zgswcn.com/2018/0308/821267.shtml，访问日期：2018 年 7 月 15 日。

月，中华全国律师协会制定的《律师协会参与立法工作规则》正式实施。2018 年 2 月，司法部、全国律协在北京举办首次律师行业全国人大代表和政协委员专题学习班，就如何履职、如何更好地参政议政等问题进行交流，并对《关于进一步提升律师人大代表、政协委员履职能力的若干意见（讨论稿）》进行了充分讨论。

北京市、区司法局与两级律师协会重视和支持律师参政议政。为了支持律师参政议政，北京市律协成立了人大代表与政协委员联络委员会，为人大代表和政协委员的参政议政活动提供支持。此外，市律协也经常组织律师，举北京全体律师之力为国家的制度建设和法律修改献言献策。

近年来，北京律师参政议政人数实现了历史性的突破。4 名律师担任第十三届全国人大代表，比上届增长 33.33％，3 人担任第十三届全国政协委员，与上届持平；14 名律师当选第十五届北京市人大代表，比上届增长 75％；16 名律师当选第十三届北京市政协委员，比上届增长 100％；30 名律师担任区人大代表，比上届增长 100％；60 名律师担任区政协委员，比上届增长 11.11％。另外，3 名律师当选北京市第十二届党代表，8 名律师当选区级党代表。这组数据的背后是北京律协在市司法局党委的正确领导和积极推动下，主动与市委组织部、市委政法委、市委统战部等部门沟通协调，发挥市律协参政议政促进委员会平台作用，积极推动律师在全面依法治国进程中发挥专业优势参政议政取得的重大成果。

6. 律师参政议政效果明显

律师对法律的理解能力和水平以及接触社会和法律实务的司法实践的优势，使得律师发表的意见更能引起有关部门的重视。律师参政议政不断向广度和深度发展，律师在人大、政协中发挥的作用明显，效果突出。律师代表和委员提交的不少建议和提案分别被人大和政协评为优秀建议和优秀提案。

2011 年，在全国政协十一届四次会议上，刘红宇递交了一份关于建立环境公益诉讼制度并将其纳入《民事诉讼法》范畴的提案，得到高度认可。经过社会各界不懈的努力和推动，2012 年民事诉讼法大修首次写入了公益诉讼内容。这意味着对污染环境、侵害众多消费者合法权益等损害社会公共利益的行为，法律规定的机关和有关组织可以向人民法院提起诉讼。2015年7月，十二届全国人大常委会通过决定，授权最高人民检察院在13个省、自治区、直辖市开展公益诉讼试点。同年，最高人民检察院颁布了《检察机关提起公益诉讼改革试点方案》和《人民检察院提起公益诉讼试点工作实施办法》，开始了检察机关履行公益诉讼职责的探索。2017年，在全国政协十二届五次会议上，刘红宇又向大会递交了一份关于明确检察院公益诉讼主体地位，强化检察院公益诉讼职责的提案，同样也得到了高度认可。当年6月，十二届全国人大常委会通过了关于修改《民事诉讼法》和《行政诉讼法》的决定，明确了检察机关有权提起民事公益诉讼和行政公益诉讼。

2014年，中共十八届四中全会召开前夕，彭雪峰参加中央统战部关于"依法独立公正行使审判权、检察权"的主题调研活动，带队到试点地区和单位进行深入调研，并将考察成果形成书面调研报告，向习近平总书记做专题汇报，为十八届四中全会决定提供参考。

（二）北京律师参政议政的建议

党的十八大报告中，将"全面推进依法治国"确立为推进政治建设和政治体制改革的重要任务，对加快建设社会主义法治国家做了重要部署。党的十八届四中全会强调法治国家、法治政府、法治社会一体建设，实现科学立法、严格执法、公正司法、全民守法，促进国家治理体系和治理能力现代化。律师担负着维护当事人的合法权益、维护法律的正确实施和维护社会公平正义的神圣使命，北京律师在参政议政方面做出了不凡的成绩，在未来，北京律协要发挥行业协会的作用，进一步提高广大律师参政议政质量，促进律师业发展，推动社会法治的进步，在参政议政中发挥更多作用。

1. 律师参政议政进一步科学化、规范化

首先要在指导思想上高度重视律师行业代表、委员参政议政的责任和在国家法治建设进程中的作用。应进一步建立健全常态化的工作机制，广泛听

取广大会员的诉求，整合相关资源，推动律师行业的人大代表和政协委员在更大范围和更高平台上参政议政。

在首都律师网站人大代表与政协委员的"参政议政之窗"的基础上，设立律师人大代表、政协委员联系热线，增设参政议政工作促进办公室，推动律师界人大代表、政协委员与广大人民群众之间的联系沟通，及时了解掌握人民群众对经济社会发展的诉求，充分发挥律师界人大代表和政协委员在解决我国社会主要矛盾方面的作用。

目前，有关法律、法规中对律师参政议政的规定还不够明确、具体、清晰，北京律师代表、委员参政议政积累了许多行之有效的经验，作为北京律师参政议政履职实录的《律师话政》，也受到兄弟律协的热烈欢迎。可将成功的经验以指引的形式固定下来，这将有助于全国律师参政议政水平的提升。

随着公职律师制度的推进，公职律师的数量将快速增加，在律师法修订的基础上，出台公职律师管理办法，加强公职律师的管理，明确公职律师的权利义务及执业行为规则迫在眉睫。

北京律师在参与公共事务管理方面，经过多年的实践形成了较为成熟的经验和工作流程，应将成果巩固，与其他地方律协分享，提升律师行业参与处理公共事务管理的能力，充分发挥律师参政议政作用。

根据我国《律师法》的有关规定，公务员不得兼任执业律师。律师担任各级人民代表大会常务委员会组成人员期间，不得从事诉讼代理或者辩护业务。这是由律师的身份和职业特点决定的，也是由人民代表大会制度的性质、职能、职责所决定的，如此规定既能防止利用职务干预司法活动，也有利于司法公正的实现。律师的其他参政议政活动也应加以自律与规范，保证律师正确履行参政议政的职责。

2. 构建律师参与立法评议、评估制度

我国立法法规定，列入常务委员会会议议程的法律案应当在常务委员会会议后将法律草案及其起草、修改的说明等向社会公布，征求意见。拟提请常务委员会会议审议通过的法律案，在法律委员会提出审议结果报告前，常务委员会工作机构可以对法律草案中主要制度规范的可行性、法律出台时机、法律实施的社会效果和可能出现的问题等进行评估。全国人民代表大会有关的专门委员会、常务委员会工作机构可以组织对有关法律或者法律中的有关规定进行立法后评估。有学者提出将律师纳入立法评议、立法后评估的主体行列，并以座谈会、听证会、实地调研等规范化、制度化形式实质性地介入参与其中，具有内在的科学性、合理性。律师的有效参与，对于改进立法工作、弥补克服立法缺漏、确保法律的可接受性、可操作性将大有裨益。① 目前，律师参与立法主要体现在法律案的征求意见阶段，表现出色。而将律师纳入立法评议、评估的主体，更能发挥律师职业优势，有助于立法的科学性、可操作性以及法律执行的有效性。

3. 积极争取在政协组织中设立法律或律师界别

目前北京市政协共 32 个界别②，16 名律师委员分属在社会科学界、少数民族界、北京市妇女联合会、北京市归国华侨联合会、中国国民党革命委员会北京市委员会、台湾民主自治同盟北京市委员会、北京市青年联合会、中国致公党北京市委员会、科学技术界 9 个界别，其中 8 名属于社会科学界，占该界别总人数的 50% 。在我国各级政协中，没有单独设立律师界别，导致律师还不能以一个结构性的界别当然地、制度地以自己的身份参政议政，这也使得各级人大和政协在换届选举中，律师的有无和比例带有很大的

---

① 石东坡：《论"后体系时代"律师的立法参与问题》，北大法律信息网，http：//article. chinalawinfo. com/ArticleHtml/Article_ 78172. shtml，访问日期：2018 年 7 月 19 日。

② 中国共产党北京市委员会、中国国民党革命委员会北京市委员会、中国民主同盟北京市委员会、中国民主建国会北京市委员会、中国民主促进会北京市委员会、中国农工民主党北京市委员会、中国致公党北京市委员会、九三学社北京市委员会、台湾民主自治同盟北京市委员会、无党派人士、中国共产主义青年团北京市委员会、北京市总工会、北京市妇女联合会、北京市青年联合会、北京市工商业联合会、北京市科学技术协会、台湾同胞联谊会、北京市归国华侨联合会、社会科学界、文化艺术界、科学技术界、经济界、农业界、教育界、体育界、新闻出版界、医药卫生界、对外友好界、社会福利和社会保障界、少数民族界、宗教界、特别邀请人士。社会科学界：高警兵、刘凝、许涛、刘劲容、马元颖、刘燕、赵一凡、张伟；少数民族界：金莲淑；北京市妇女联合会：马慧娟；北京市归国华侨联合会：白涛；中国国民党革命委员会北京市委员会：尤杨；台湾民主自治同盟北京市委员会：王涛；北京市青年联合会：欧阳继华；中国致公党北京市委员会：马一德；科学技术界：冯莉琼。

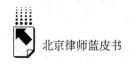
不确定性与随意性，缺乏法律上、制度上的保障。第十二届全国政协299名常委中，仅有的一名律师，则是从无党派人士的界别中推选出来的。

人民政协是我国唯一一个由众多界别组成的政治组织。界别是对不同社会阶层、不同社会群体按党派、社会团体、行业、系统等做出的一种区分方式，是构成人民政协的基本组织单元，是人民政协协商议政、开展活动的基本单位，是人民政协建立和发展的重要基础。从一定意义上讲，政协界别是社会阶层结构在政协组织中的反映。① 2006年《中共中央关于加强人民政协工作的意见》指出："由界别组成是人民政协组织的显著特色。要根据界别的特点和要求开展活动，充分调动各界别参政议政的积极性，认真探索发挥界别作用的方法和途径。要适应改革开放和经济社会发展的实际情况，研究并合理设置界别，扩大团结面，增强包容性。要通过界别渠道密切联系群众，努力协调关系、化解矛盾、理顺情绪，增进社会各阶层和不同利益群体的和谐。"随着我国法治建设的逐步深入，各种法律法规相继出台，对各种法律法规的研讨、制定、执行、解释及法律法规的修改都需要有一个专门的界别来研究、调查、讨论。早在2006年就有政协委员建议将现有分散在各界别中的来自立法、司法、法律实务和法律教学研究的委员集中起来成立全国政协法律界别，② 在政协设立法律界别，让从事法学研究、司法实践和法律服务工作的代表人士成为法律界别的委员，能让法律界委员发挥更大作用，更好地推进法治中国建设。

界别的设置并非一成不变，早在1998年，政协四川省第八届委员会就增加了法律界。《中国人民政治协商会议章程修正案》第40条、第51条明确规定了政协界别产生的程序，每届中国人民政治协商会议全国委员会、地方委员会的参加单位、委员名额和人选及界别设置，经上届委员会主席会议审议同意后，由常务委员会协商决定。每届全国、地方委员会任期内，有必要增加或者变更参加单位、委员名额和决定人选时，经本届主席会议审议同

---

① 乔传秀：《强化人民政协界别特色优势》，《中国政协理论研究》2013年2月刊。

② 杨傲多：《十九位政协委员提出：全国政协应成立法律界别》，参见 http://news.sohu.com/20060311/n242239019.shtml，访问日期：2018年7月19日。

意后，由常务委员会协商决定。

实行城乡按相同人口比例选举人大代表是人大代表名额确定和分配的重要依据，保证各地区、各民族、各方面都有适当数量代表当选。律师并没有独立名额分配。近年来，律师人大代表的人数有了大幅增加，在部分地方人大代表的推选中，律师协会和司法部门等专业机构成为律师代表的推选渠道之一。

4. 争取律师担任人大常委会委员、政协常委人数增加

来自北京律协的《提高人大政协律师比例调研报告》（2015）显示：律师当选人大代表或者政协委员，绝大多数是通过其他身份，有从中央和地方的统战部推选的，也有作为民主党派和无党派人士参加区县的选举推选出来的，真正从司法行政部门和律师行业推选的代表委员很少。2015 年，北京市律师共 24169 人，其中担任各级人大代表的人数为 27 人，占比 0.1%（见图 1），远低于全国 0.5% 的总体水平。从全国来看，省级和地市的人大代表数量相加，已经可以占到律师总人数的 0.3%，而北京市仅有的 8 位市级代表，仅占北京当地律师总人数的 0.03%，近 10 倍的差距！区县层级方面，全国律师行业人大代表的占比是 0.3%，仍然是北京的 4 倍之多。北京律师担任各级政协委员的共 66 人，占比 0.27%（见图 2），全国的比例为 1.50%。北京市各级律师政协委员占当地律师的比例为：市级 0.04%、区县级 0.22%。而全国范围内各级律师政协委员占全国律师的比例为：省市级 0.6%、区县级 0.9%。以上数据表明，北京作为全国的政治、文化中心，在律师人大代表、政协委员的占比方面，远远落后于全国总体水平。2018 年，北京律师担任人大代表、政协委员的人数有了大幅增加。4 名律师担任第十三届全国人大代表，3 人担任第十三届全国政协委员；14 名律师当选第十五届北京市人大代表，16 名律师当选第十三届北京市政协委员；30 名律师担任区人大代表，60 名律师担任区政协委员。另外，3 名律师当选北京市第十二届党代表，8 名律师当选区级党代表。

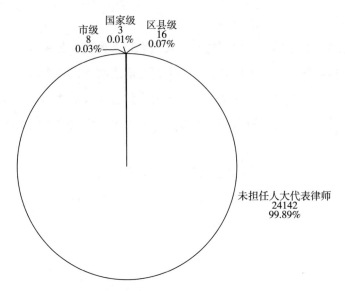

图1　2015年北京市律师行业人大代表分布情况①

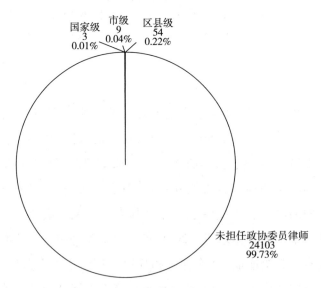

图2　北京市律师行业政协委员分布情况

---

①　图1、图2引自《北京市律师协会人大代表和政协委员联络委员会关于"提高人大和政协中律师的比例，特别是增加律师进常委"的调研报告》，北京律师总数及担任各级人大代表、政协委员的人数截至2015年。

　　然而，2018 年，全国人大、全国政协、市级人大和政协，都没有律师担任人大常委会委员和政协常委，仅区级政协有 8 名常委，区级人大常委会有 6 名委员。众所周知，人大常委会委员、政协常委对法治中国所起到的作用要远远高于普通的人大代表、政协委员，他们相比于普通人大代表、政协委员，应该更具有代表性。律师能不能担任人大常委会委员，律师有没有担任人大常委会委员，能够直接反映出政府对律师职业的重视程度。对此，应该加大力度、拓宽渠道，使越来越多的律师能够担任人大代表和政协委员，尤其是使他们担任人大常委会委员和政协常委，为我国的法治建设助力。

　　5. 推动法律职业共同体之间流动机制的建立

　　早在 2010 年，全国律师工作会议强调："要健全律师担任政府法律顾问和参与公益性法律服务的经费保障机制，……加大从律师中选拔法官、检察官力度，积极推荐优秀律师担任党代表、人大代表、政协委员，鼓励优秀律师通过公开选拔、公务员录用考试等途径进入党政机关。"但目前律师从政在法律上有障碍。《律师法》第十条规定："公务员不得兼任执业律师。"《公务员法》第六十四条规定："国有企业事业单位、人民团体和群众团体中从事公务的人员，可以调入机关担任领导职务或者副调研员以上及其他相当职务层次的非领导职务。"

　　有学者提出修改《公务员法》，在该法第六十四条中增加一款，表述为"执业律师本人可以向当地县、区人民政府法制部门提出从事公务员职务的书面申请，经按公务员考核办法考核，可以任命相应的公务员职务。从被任用起该律师不应再进行辩护或代理等业务"，从而为律师从政扫清障碍。[①]

　　律师协会作为律师的行业组织，应推动法律职业共同体之间流动机制的建立。

　　6. 加大政府购买律师服务的力度

　　近年来，我国不少地方围绕政府购买律师服务进行了探索，取得了一些

---

① 毛赞全：《律师的最高境界》，民主与法制网，http：//www. mzyfz. com/cms/benwangzhuanfang/xinwenzhongxin/zuixinbaodao/html/1040/2018 - 04 - 20/content - 1330258. html，访问日期：2018 年 7 月 19 日。

重要成果。"法律服务"被列入政府集中采购目录，对政府购买律师服务做出规定。2013年发布的《北京市市级行政事业单位2014年度法律定点服务政府采购项目招标公告》中，将法律服务列入政府采购的范围，2014年6月，北京市人大代表、北京律协副会长高子程向北京市人大递交了一份《关于促请市财政局修正（2014）196号文使全市符合条件的律师均可依有关法规和市场规则投标政府采购项目的建议》。2015年的政府采购工作采取"宽进严管"模式，取消入围律所数量限制。同时，改进评判条件，重视律师事务所"软实力"。不设立从业人数、营业收入、场地面积等规模评价方面的分值，增加律师事务所专业化水平、奖励荣誉、参加公益活动等综合评分指标。全市共有348家律所成为政府服务供应商。但实践中存在法律服务内容事项不明确、政府单向主导、低成本购买等问题，对如何安排预算、预算费用多少均缺乏具体的操作实施细则。执业律师同时作为人大代表、政协委员，履行职责的成本也是相当大的，参加人大和政协的各种会议，对提案议案进行事先调查研究，听取意见，是要花费许多时间的，提交合格的提案议案也是要花费很多精力的。律师其他形式的参政议政也需要付出大量的时间、精力、财力，全凭着社会责任感，并没有任何的经济权益的补偿，正如王俊峰律师所说，政府购买的范围应该包括且不限于参与政策和法律法规规章的调研、起草与评估工作；律师通过咨询会、座谈会、听证会等多种形式广泛深入调研，起草政策和法律法规规章草案；开展立法成本效益分析、社会风险评估和立法后评估工作；对规范性文件、法规规章草案进行合法性审查，提出修改意见和建议，保障法律法规规章制定的科学性、民主性和可操作性；律师参与政府重大方针、政策和重要制度的法律论证，开展风险评估，为重大决策提供法律咨询意见。①

---

① 王俊峰：《应完善政府购买法律服务机制》，新浪网，http://finance.sina.com.cn/sf/news/2016-03-04/093222681.html，访问日期：2018年7月22日。

B.3
北京律师涉外业务培训的调查与分析

周 琰[*]

摘 要： 近年来，北京市律师协会开展了一系列的涉外律师业务培训，培训方式包括出国培训、国内培训、组织律师参与外事活动、编写境外投资法律风险报告等具体类型。实证调研的数据显示，在参与涉外业务的律师的构成、律所从事涉外业务的意愿、律师涉外业务所占的比例、律师参与涉外业务培训的意愿、律师境外涉外业务学习与培训经历、涉外业务培训的效果等方面，北京律师行业都存在一些值得关注和重视的特点。总体来看，北京律师涉外业务培训取得了不错的效果，但是也还存在一些不足。提高北京律师在涉外法律业务方面的竞争优势，需要构建一个多方参与、全面发展的涉外法律人才培训与实习机制。而在涉外法律业务培训与实习的具体措施方面，需要加强涉外法律英语的培训，优化涉外法律业务培训的内容，构建律师涉外实习项目平台。

关键词： 律师 涉外业务 出国培训 国内培训 实习项目

一 我国律师涉外法律服务的特点和作用

改革开放四十年来，伴随着中国特色社会主义市场经济和我国律师制度

---

* 周琰，法学博士，司法部司法研究所研究员。

的不断完善，一方面，在党中央、国务院"走出去"这一宏伟战略的指引下，我国企业纷纷走出国门，前往海外投资兴业；另一方面，律师执业范围逐步扩大，律师在市场经济良性运行中发挥着越来越重要的作用。如何提高律师在涉外法律业务中的综合素质，政府、行业协会、执业机构和执业个人如何联动和协助提高律师在涉外法律业务中的竞争力，是提高律师业务水平的重要因素。

（一）律师涉外法律服务的特点

律师涉外法律服务是指律师所提供的法律服务涉及当事人为外国人，或者法律业务中有外国因素如资本、地域等。涉外法律业务又可分为国内的涉外法律业务和国外的涉外法律业务。所谓国内的涉外法律业务，主要是指当事人、资本等涉外因素进入我国国内所涉及的相关法律事务，国外的涉外法律业务则是国内的当事人、资本等因素在国外遇到的各种法律事务。涉外法律业务包括国际投资业务（外商投资、跨国并购）、国际金融、保险业务、海事海商、国际贸易、买卖、运输、信用证结算、涉外经济案件诉讼和仲裁代理、其他涉外法律事务等。

律师在涉外的业务中具有广阔的天地，可以接受委托做如下代理：从事与WTO有关的磋商和争端解决；代理各类涉外案件的调解、诉讼（经济、民事、行政、刑事）、仲裁活动；为涉外工程项目的招标、投标活动提供法律服务；代办涉外房地产交易中的法律事务；代办外商投资企业的开业、变更、并购和注销登记事项；代理、参与外商投资企业的解散、破产的清算法律事务；协助外国公司在华设立代表处、分公司及投资公司；为国外客户提供法律信息及法律动态分析报告；应邀参与立项和可行性研究；草拟、审查涉外合同、协议、章程等法律文件，参与涉外谈判；为当事人的法律行为提供法律咨询及律师见证；代办市场调查和客户的资信调查；接受当事人的委托，代办反倾销、反补贴法律事务；代办项目融资、国际贷款、融资租赁等涉外金融业务；代办知识产权（商标、专利、版权等）的申请、注册、登记等法律事务；办理技术引进与出口业务；办理涉外保险及国际保理业务；

承办境外律师委托的其他法律事务；代理其他涉外法律业务。律师的涉外法律业务具有如下特点。

1. 交易金额大、周期长

多数涉外业务交易金额巨大，如跨国并购，一般都是一些大型的项目，且与并购双方的产业调整和全球战略有关，涉及数以亿计的金额，律师在其中的工作涉及方方面面，包括政府对外资并购的监管、对国有资产的监管、收购方与被收购方的相关配套安排、律师的尽职调查和法律意见、艰苦的谈判过程和高超的语言技巧、完善的合同结构等事项，工作量巨大，历时周期长。银行、保险和其他金融服务业、电信设备和服务、公用事业、制药等行业并购的比例逐年上升，趋势明显，近几年都超过了50%。这些业务都是涉及金额大、工作量大且历时长的系列性工作，需要投入巨大的人力物力，一旦并购失败的话，不仅是对企业，也会给国家造成不可估量的损失。

2. 涉及知识全面

办理一项涉外业务如对外投资要涉及财务、知识产权、劳动关系、环境保护、税务、汇率等各个方面的知识，这就需要律师掌握全面的知识。如在对外投资、有关国际贸易的诉讼和仲裁业务方面，个案差异较大，又涉及管辖地、管辖机构、准据法的适用、国际贸易惯例、国际贸易公约和条约、当事人的合同、国际贸易中的保险税收运输等各方面的问题，因此，需要律师对上述的相关法律知识有比较全面的了解才能顺利解决纠纷，保障当事人的利益。

3. 业务的复杂性

涉外业务因其业务本身以及业务所涉及的外国因素，如外国法、外国当事人等，导致其相比于国内业务必然更加复杂与棘手。有的案件要牵扯到两个国家的法律制度，有时候刑事案件与民事案件交织，有的还包括知识产权的保护、劳动关系等一系列的问题，导致有些案件相当复杂且处理难度相当大。

涉外业务的复杂性也倒逼律师必须具有全面性的知识，前者是后者的充分条件。处理类似的复杂的国际纠纷，不仅要求律师了解数国的法律，了解

有关国际诉讼仲裁的专业知识，还要求具备一定的法律外的业务及技术上的专业知识，对复杂的民事及刑事案件的分析能力以及与他国律师之间的协调性等。

（二）律师涉外法律服务的作用

1. 推动经济发展

当前，中国经济与世界经济深度融合，中国连续多年是世界上吸收外商直接投资最多的发展中国家，同时，中国企业"走出去"步伐也在不断加快。目前中国发展处于重要战略机遇期，中国经济呈现出新常态，在这样的大背景下，服务贸易将是中国下一步对外开放的重点。实行更加积极主动的开放战略，进一步发展服务贸易，必然带来对涉外法律服务的巨大需求，带动涉及贸易、金融、知识产权、保险、反倾销、对外投资、跨国并购等与市场经济发展和经济全球化发展密切相关的多个新兴法律服务领域。律师积极参与到这些涉外法律服务中去，不仅能使律师群体分享"蛋糕"，也能促进服务贸易健康有序地发展，从而推动我国经济发展。

2. 维护国家、企业的利益和安全

作为全球第二大经济体，中国面临的贸易摩擦和贸易壁垒越来越多，而且这种趋势短期内不会改变。中国已连续17年成为全球遭受反倾销调查最多的国家，连续6年成为全球遭受反补贴调查最多的国家。中国企业在"走出去"的过程中，会面临各种各样的境外政治风险、经济风险、法律风险、金融风险，近年来中国企业涉外法律纠纷案件呈不断上升趋势，这些涉外案件种类繁多，涉及金额往往巨大，并且其中还涉及我国能源、矿产、金融等各主要行业的国企，涉及面广，专业性强，一旦败诉，国家利益和企业利益将面临巨大损失。律师参与涉外业务对于维护国家、企业的利益和安全而言势在必行。

3. 全面推进依法治国的必然要求

我国加入世贸组织十多年来，全面履行承诺，清理和取消了与世贸组织规则不一致的法律规定，完善了外商投资和境外投资法律法规制度，健全了

支持"走出去"的业务管理、金融、财税、外汇管理等相关政策和服务体系，一套符合世贸组织规则的涉外经济法律法规体系已经建立。我国还与世界上许多国家和地区签订了一系列的双边投资保护协定、双边自由贸易协定和双边税收协定。而在可预见的未来，我国的开放程度也必然逐步提高，会有更多的双边、多边贸易协定产生。律师积极参与涉外法律业务，对于厘清具体适用这些贸易协定具有重要意义，这也是全面依法治国的应有之义。全面推进依法治国，必然要求律师积极参与各项涉外法律服务，规范各项涉外业务。

二 律师涉外业务培训的政策依据与制度框架

（一）关于律师业务培训

我国律师培训主要是业务培训，近年来，司法行政机关将律师培训的职能逐渐移交给全国律师协会。除此之外，政法院校的律师专业和律师专业培训中心也承担了一定的律师培训工作。1996 年颁布的《中华人民共和国律师法》规定"律师协会履行下列职责，组织律师业务培训"，即由律师协会组织律师业务培训的制度，从而不仅使该项制度法律化，而且提高了要求，加强了行业协会的监督，使业务培训更加落到实处。1996 年 11 月，司法部《律师执业证管理办法》将律师"完成业务培训的证明"作为律师办理执业证年度注册的必备文件。1997 年 3 月 13 日，司法部《关于进一步规范律师培训工作的通知》规定了现行的律师业务培训制度的主要内容：每年度培训不少于 40 课时；培训的内容主要是新颁布的法律、法规（含有关司法解释）、与律师从事业务有关的经济、科技等领域专业知识和外语知识、司法部和全国律协颁布的有关律师工作的规章和规范性文件以及律师职业道德、执业纪律方面的规章等；培训方式为短期培训班、专题讲座等。律师参加境外培训和学历教育，亦可视为完成了本年度业务培训的课时。培训机构由省级以上司法行政机关和律师协会负责组织，凡未经刑事辩护业务培训并取得

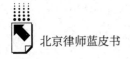

结业证书的律师，不得出庭辩护。建立律师培训登录制度，从 1997 年度年检注册后开始，参加规定课时的培训作为律师注册的前提条件之一；各地司法行政机关要高度重视律师继续教育培训工作。2003 年 5 月，司法部《关于进一步加强律师执业管理若干问题的通知》则明确要求律师"参加年检注册和律师培训情况"作为律师执业档案至少应当包括的材料，司法行政管理部门对律师业务培训的重视程度和管理力度逐步加大。

全国律协设立了教育委员会指导各地律协开展主题培训，倡导律师事务所进行规范化的所内培训，还选派优秀青年律师参加发达国家的律师培训项目，并且积极探索更加高效的青年律师培养模式，从而更好地培养青年律师。北京市律师协会一直把采取多种措施确立和完善律师继续教育培训制度、提高律师队伍整体素质作为一项中心工作来抓。伴随着北京市律师协会行业管理模式、管理职能改革的步伐和律师业的快速发展，北京市律师继续教育培训工作从律师协会指令性确定培训课程到律师按照实际需要有针对性地自主制定培训规划，从集中时间的统一培训到多元化培训方式的探索，从单纯培训全员律师到有针对性地培养高、精、尖律师人才，从单一的国内院校培训到多渠道的国外知名学府深造，经历了一个从自发到自觉，不断在实践中完善和提高的过程，并逐步形成了一整套既符合北京律师工作实际又与国际惯例接轨的培训制度。在培训的内容上，更加注重密切联系形势和律师业务的需要，并且变单一的被动式学习为主体化的主动学习，形成了多种形式并存并用的培训体系。21 世纪以来，律协在培训方式上又有新举措，在网上开辟网上培训专栏，律师既可以到现场听课，也可以通过互联网在线学习。北京律协的一系列举措对北京律师行业整体素质、法律服务水平的提高起到了至关重要的作用。

（二）以国家战略为指引

1. 国家发展规划

2010 年，律师等法律人才的开发培养被列入《国家中长期人才发展规划纲要（2010～2020 年）》。国务院印发的《服务业发展"十二五"规划》

提出，全面提高从业人员素质，着力培养一批具有国际眼光、精通涉外法律业务的高素质律师人才。中共中央办公厅、国务院办公厅转发了《司法部关于进一步加强和改进律师工作的意见》（中办发〔2010〕30 号），对进一步加强和改进律师工作做出全面部署，为律师事业发展指明了方向。

2016 年 5 月 20 日上午，中共中央总书记、国家主席、中央军委主席、中央全面深化改革领导小组组长习近平主持召开中央全面深化改革领导小组第二十四次会议，会议审议通过了《关于发展涉外法律服务业的意见》（以下简称《意见》）。党的十八大以来，在党中央、国务院的领导下，我国涉外法律服务业发展较快，涉外法律服务队伍不断壮大，涉外服务领域日益拓展，服务质量逐步提升，为维护我国公民、法人在海外正当权益、促进对外开放发挥了重要作用。但也要看到，当前涉外法律服务业仍然面临一些问题和挑战，主要表现在：涉外法律服务业的工作制度和机制还不完善，政策措施还不健全，我国涉外法律服务业的国际竞争力还不强，高素质涉外法律服务人才比较匮乏。党的十八届四中全会对发展涉外法律服务业做出了重要部署，提出了明确要求。随着我国全面建成小康社会进入决胜阶段，对外开放面临新形势新任务，涉外法律服务业在全面依法治国和经济社会发展中的作用更加显现。发展涉外法律服务业，是适应经济全球化进程、形成对外开放新体制、应对维护国家安全稳定新挑战的需要，对于增强我国在国际法律事务中的话语权和影响力，维护我国公民、法人在海外及外国公民、法人在我国的正当权益具有重要意义。因此，必须把发展涉外法律服务业摆在更加突出的位置，采取有效措施，努力把我国涉外法律服务业提高到一个更高水平。

《意见》提出，到 2020 年，发展涉外法律服务业的制度和机制基本健全，涉外法律服务领域有效拓展，服务质量明显提升，服务队伍发展壮大，国际竞争力显著提高，建立一支通晓国际规则、具有世界眼光和国际视野的高素质涉外法律服务队伍，建设一批规模大、实力强、服务水平高的涉外法律服务机构，更好地服务经济社会发展。

《意见》提出了四个方面的任务。一是为"一带一路"倡议等提供法律

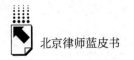

服务。积极参与交通、能源、通信等基础设施重大工程、重大项目的立项、招投标等活动，提供法律服务，防范投资风险。推动与"一带一路"沿线有关国家和地区在相关领域开展务实交流与合作。在执业活动中开展对外法治宣传，向有关国家和地区宣传我国法律制度，增进国际社会对我国法律制度的了解和认知。二是为中国企业和公民"走出去"提供法律服务。鼓励和支持法律服务机构和人员参与中国企业和公民"走出去"法律事务。参与企业涉外商事交易的尽职调查，开展风险评估、防范与控制，协助中国企业建立健全境外投融资风险防范和维护权益机制，防范法律风险。拓展涉外知识产权法律服务，做好涉外诉讼、仲裁代理工作，维护我国公民、法人在海外及外国公民、法人在我国的正当权益，依法维护海外侨胞权益。三是为我国外交工作大局提供法律服务。积极为我国对外签订双边、多边条约等提供法律服务，提升我国在国际法律事务中的话语权和影响力。为我国对外开展战略与经济对话、人文交流、高层磋商等提供法律咨询和法律服务。协助我外事、商务等部门依法依规则制定对外经济合作、文化交流等政策措施，协助我驻外使领馆依法依规则处理外交领事事务。四是为打击跨国犯罪和追逃追赃工作提供法律服务。推动在打击跨国犯罪、毒品、洗钱和反腐、反恐等领域的务实合作，依据国际规则和双边条约提供法律服务。认真做好涉外民商事案件代理等工作，促进国际民商事司法协助。配合相关部门加强反腐败国际多边双边合作和追逃追赃工作，及时提供法律意见和建议。

《意见》提出 6 项主要措施。一是健全完善扶持保障政策。将发展涉外法律服务业纳入"十三五"服务业发展规划，纳入实施"一带一路"倡议以及自贸区建设等。创新涉外法律人才培养机制和教育方法，完善涉外法律的继续教育体系。落实支持涉外法律服务业发展的税收政策，为涉外法律服务业发展提供支持。二是进一步建设涉外法律服务机构。培养一批在业务领域、服务能力方面具有较强国际竞争力的涉外法律服务机构。支持国内律师事务所通过在境外设立分支机构、海外并购、联合经营等方式，在世界主要经济体所在国和地区设立执业机构。三是发展壮大涉外法律服务队伍。发展公职律师、公司律师队伍。实施完善涉外律师领军人才培养规划，为发展涉外法律服务业储备人才。将涉外法律服务人才引进和培养纳入"千人计划""万人计划"等国家重大人才工程，建立涉外法律服务人才境外培养机制。四是健全涉外法律服务方式。探索健全全球化、信息化背景下新的涉外法律服务方式，推动网上法律服务与网下法律服务相结合。促进涉外法律服务业与会计、金融、保险、证券等其他服务业之间开展多种形式的专业合作。五是提高涉外法律服务质量。完善涉外法律服务工作标准和职业道德准则，规范律师涉外法律服务执业行为和管理。健全完善涉外公证质量监管机制。建立完善涉外司法鉴定事项报告制度。六是稳步推进法律服务业开放。支持并规范国内律师事务所与境外律师事务所以业务联盟等方式开展业务合作，探索建立律师事务所聘请外籍律师担任法律顾问制度。深化法律服务业对外合作，参与有关国际组织业务交流活动。坚持在 CEPA 及其补充协议框架下，实施内地对香港、澳门的各项开放措施。

2. 党的政策指引

发展涉外法律服务业是建设完备的法律服务体系、推进全面依法治国、促进全方位对外开放的重要举措。党的十八届四中全会通过的《中共中央关于全面推进依法治国若干重大问题的决定》对发展涉外法律服务业做出了重要部署，提出了明确要求："发展律师、公证等法律服务业，统筹城乡、区域法律服务资源，发展涉外法律服务业""强化涉外法律服务，维护我国公民、法人在海外及外国公民、法人在我国的正当权益，依法维护海外侨胞权益""建设通晓国际法律规则、善于处理涉外法律事务的涉外法治人才队伍"。党的十八大以来，在党中央、国务院的领导下，我国涉外法律服务业发展较快，涉外法律服务队伍不断壮大，涉外服务领域日益拓展，服务质量逐步提升，为维护我国公民、法人在海外正当权益、促进对外开放发挥了重要作用。随着我国全面建成小康社会进入决胜阶段，对外开放面临新形势新任务，涉外法律服务业在全面依法治国和经济社会发展中的作用更加显现。"一带一路"倡议等、中国企业和公民"走出去"、服务我国外交工作

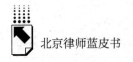

大局等都对涉外法律服务业的发展提出了新的更高要求。必须把发展涉外法律服务业摆在更加突出的位置，采取有效措施，努力把我国涉外法律服务业提高到一个更高水平。

3. 发展涉外法律服务业联席会议制度

2017 年 1 月，根据司法部、外交部、商务部、国务院法制办《关于发展涉外法律服务业的意见》要求，并报经中央政法委批准，发展涉外法律服务业联席会议制度建立，这是落实中央关于发展涉外法律服务业的重要举措。联席会议的工作，既要顾及全局，又要突出重点。一是拓展涉外法律服务领域。为"一带一路"倡议等、为中国企业和公民"走出去"、为我国外交工作大局、为打击跨国犯罪和追逃追赃工作提供法律服务。二是推动法律服务机构走出国门。探索建立优秀涉外法律服务人才为我外交外事部门和确有需要的驻外使领馆提供法律服务的工作机制。三是打造涉外法律服务品牌。研究建立一个以我为主、由沿线国家和地区律师组成的"一带一路"律师联盟，促进沿线国家律师沟通协商和交流合作，提升我国律师在国际法律事务中的话语权和影响力。四是培养涉外法律服务人才。积极鼓励具备条件的高等学校、科研院所等按照涉外法律服务业发展需求创新涉外法律人才培养机制和教育方法，充分发挥这些培养基地的作用，加快培养通晓国际规则、善于处理涉外法律事务的涉外法律人才。

由此，律师涉外培训是在党的政策、国家发展规划纲要和服务业发展规划指导下，以全国律协为主导，加大培育涉外高端业务律师人才力度，从而贯彻实施"走出去"战略。在国家规划的指导下，以全国律协为主导，全国各省市律协积极响应国家号召，有计划、有步骤地进行涉外律师培训。

（二）全国律协制定规划

1. 制定涉外律师培育规划

中华全国律师协会是在国家规划指导下进行涉外律师培训的领头军。2012 年初，根据《律师行业中长期人才发展规划（2011～2020 年）》的要求，全国律协着眼于我国经济社会发展大局和律师事业发展全局，制定了《第八届全国律协涉外高素质律师领军人才培养规划》，初步建立了由 348 名涉外律师组成的全国涉外律师人才库，围绕实施"走出去"战略，加大培育涉外高端业务律师人才力度，准备用四年时间培养 300 名具有国际眼光、精通涉外法律业务的高素质律师领军人才，为促进中外法律交流奠定涉外律师人才基础。其中服务国有大中型企业实施"走出去"战略，培养 120 名左右精通对外投资、跨国企业并购、国际金融证券等业务领域的律师人才；服务我国对外贸易发展，提高我国企业公司在国际贸易中的竞争力，培养 150 名左右精通 WTO 规则，了解 WTO 争端解决机制、反倾销、反补贴、知识产权保护等业务领域的律师人才；服务我国总体国家利益和整体发展战略，培养 30 名左右精通能源资源、海洋和空间权益等业务领域的律师人才。

争取到 2020 年，我国涉外律师人才队伍规模不断壮大，竞争比较优势明显增强，国际法律服务能力和竞争力不断提升，发展机制创新取得突破性进展，一支规模宏大、结构优化、布局合理、素质过硬的涉外律师人才队伍基本建立。

2. 开展律师涉外培训工作

为实现 2013 年至 2016 年有计划、分步骤地培养高素质的涉外律师领军人才的目标，中华全国律师协会于 2013 年 8 月、2014 年 7 月和 2015 年 5 月分别举办了三期涉外律师领军人才的培训，其范围覆盖对外投资、跨国并购、国际金融证券、WTO 争端解决、"两反两保"、知识产权保护等方向。第一期的培训以"对外投资和跨国企业并购法律实务"为主题，有关专家就"中国企业走出去的中国政府审批机制和政策""跨国并购及中国企业对外投资的管理""中国企业对外投资现状、战略及管理"等课题进行培训。其中 37 名优秀律师进入第二阶段境外学习，赴欧接受境外培训。境外培训为期两个月，分为理论培训和律所实习两个阶段。学员第一个月在德国汉堡学习跨国投资并购业务，由德国各大律师事务所的知名律师讲解跨国投资并购的基本理论、立法动态、实务经验和成功案例，以及需要注意的法律风险和注意事项。培训第二个阶段，学员分别被指派到位于德国、比利时和西班

牙的律师事务所实习。

第二期培训班简化授课程序，突出可操作性，保留了第一期培训班学员普遍欢迎的老师和课程，调整了部分老师的授课方式和内容，以期更加全面、合理、科学地设置课程。

第三期培训则由清华大学法学院承办，主题为"律师为'一带一路'提供优质法律服务"，共有 99 名律师学员参加，全国律协还从学员中选拔部分优秀学员赴美国天普大学法学院深入学习 2 周，然后分派到律师事务所实习 3 周。

3. 全国律协涉外培训特点

第一，培训的内容全面。领军人才培养规划是为了适应国际经济环境，促进中国对外贸易事业发展。涉外业务大致包括国际贸易、投资、跨国并购、海外上市、反倾销、反补贴、反垄断等。其中海外上市和并购都是近些年的新型业务。全国律协的培训涉及跨国公司外汇资金管理、跨国并购的特殊要求和规范、中国企业海外投资法律事务、海外劳资关系及保护、跨国知识产权纠纷和保护、海外投资东道国环境保护以及并购案例分析等内容。培训的内容是非常细致和全面的，开阔了受训人员的眼界，使他们了解了国际顶级并购的过程，其中在投标文件的制作、保密协议的签订、对外宣传、违约责任等方面的操作实务更让学员受益匪浅。只有熟悉国际投资、并购中的法律规则，才能促进我国对规则制定的参与，为中国企业参与国际竞争赢得有利局面。

第二，培训方式多样，贴近实务。培训的方式既有集中培训，也有到境外律所实习的项目，或者举办高端论坛。即在职学习与实践相结合，课堂教学与应用研究相结合，境内集中学习与境外短期的实习相结合。在课程设置上，既有宏观政策解读，也有实务操作分享；既有中国本土大所案例分析，也有国际大所案例分析以及互动式案例研究；既有课堂学习，也有互动教学、沙龙座谈环节。

第三，培训师资雄厚。培训班的师资既有商务部、国家发改委、国资委等有关部门的专家，也有资产评估、基金管理、国际投资银行、咨询公司的专家；既有具备丰富对外投资和跨国企业并购法律实务经验的中国律师事务所合伙人，也有在业界声誉卓著的外国律师事务所合伙人。

第四，多渠道的经费来源。培训经费通常是亟须解决的问题，在司法部的大力支持下，全国律协争取了国家专项财政经费支持涉外律师领军人才的培养工作。这三次培训培养费用以全国律协申请的财政资金为主，以省律师协会、律师事务所及律师个人的支出补贴为辅。

第五，人才库及人才推荐机制的建立。培训计划通过组织境内外建立涉外高素质律师领军人才库等形式实施。全国律协建立人才的推荐机制，积极推荐人才库内的专家律师参与国际组织合作项目或到国际组织、区域组织担任职务，与相关机构沟通协调，探索配合有关部门推荐优秀涉外律师进入国际经济、贸易组织的专家机构、评审机构、争端解决机构等，确立全国律协人才库的权威推荐权，以加大我国律师在国际法律服务市场中的影响力和话语权。

三　北京律师涉外业务培训的基本情况

北京律协一直以来坚持不懈地着手构建覆盖专业知识、执业技能、业务能力、工作方法、礼仪着装等多方面的培训体系，多维构建高效涉外培训体系、积极培育北京律师外事品牌、严谨推进北京律师国际交流机制，获得了国内外同行、学界特别是参与其中的广大北京律师的好评。

（一）出国培训体系

北京律协出国培训体系从最初每年只能输出十几名北京律师，发展到目前每年能为北京律师提供百名左右的海外进修与提升机会，每一名北京律师都可以根据自身特点，积极参与包含 LL. M 学位项目、访问学者项目及若干专项培训在内的多维涉外法律教育培训体系。

1. 学位项目

北京律师出国学位项目主要有"肯特法学院 LL. M 硕士学位"项

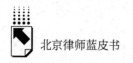

目，该项目是面向北京律师开展的学位教育项目，每年面向北京律师招收学员。该项目学员在中国政法大学参加法律英语培训并学习四门基础课程（由肯特法学院教授赴京讲授），经考试合格后再申请赴美参加国外阶段的半年学习，通过全部课程者可获得"国际法与跨国法"法律硕士学位。直至目前该项目仍在继续，截至2017年，共有253人参加。

2. 中短期培训

针对律师的实际工作状况和需求，北京律协与美、英、澳、日、韩及港澳台等多个国家和地区的法学院、专业培训机构进行联络，开发更为灵活的中、短期非学历培训与进修项目，为北京律师深造提供更多机会和便利。主要包括：美国芝加哥肯特法学院短期培训项目、"华盛顿大学法学院访问学者"培训项目、美国"达拉斯·美国与国际法中心培训班"项目、"赴西班牙乌利亚律师事务所培训"项目、"华盛顿大学法学院—辛辛那提大学法学院国际商务律师业务培训班"、"美国福德汉姆大学法学院暑期培训班"项目、"美国明尼苏达大学法学院暑期培训"项目等。前述项目不仅仅限于业务培训，而且有实地的外所交换，律师可以全程参与外所的工作，以对外所有一个切身直观的了解。

（二）国内培训项目

1. 境外专家专题讲座

涉外律师人才培训并不仅指"走出去"，还包括了"引进来"的重要内容。北京律协在培训工作方面一直坚持"走出去"与"引进来"双管齐下的方针，充分利用和发挥自身的职位特色，通过多种途径邀请外国专家、学者、境外律师事务所驻北京代表处的知名律师、各部委领导以及国际大集团的法律顾问为北京律师进行专门讲座培训。培训内容范围广泛并具有较强的实务性，既包括律师执业技能与专业知识，也包括律师事务所的管理与合伙制度交流；培训规模和参加人数逐年递增，达到了使北京律师紧跟国际法律服务的前沿趋势、深化专业服务水平的效果。

已举办的典型讲座有中欧网络版权保护研讨会，美国哈佛大学法学院副院长 David Wilkins 教授"法学教育的调整和律师的法律实务面临的挑战和影响"讲座，Lawrence C. Foster 教授"卓有成效的法律写作"讲座，Fred L. Morrison 教授"墨西哥湾漏油事件的法律后果"讲座，香港林李黎律师事务所麦汉明律师及香港国际理财规划师会国际主席王嘉平教授"遗产规划和家庭信托"讲座，芝加哥－肯特法学院院长哈罗德·J. 克伦特教授和亚洲项目负责人华克伟先生"网上数据安全监管"讲座，美国贝克麦坚时律师事务所高级合伙人 Thomas A. Doyle、Matthew G. Allison 等一行四人"美国诉讼——中国公司新趋势"主题讲座，Calvin Sun 律师"客户沟通"讲座，"金融危机后全球法律行业发展趋势"午餐会，国际商会仲裁院主席 John Beehey"国际仲裁的变迁"讲座，国际商会仲裁兼亚洲 ADR 主任 Ow Kim Kit"国际商会仲裁院概况"讲座等。

2. 境内专家涉外培训

北京律协除了以上所列举的"走出去"和"引进来"之外，还充分利用国内的资源，与国内知名高校合作举办了一系列涉外培训项目。例如，北京律协推出"国际法律业务高级研修班""国际商事仲裁及中国企业走出去法律风险防控"专题等中高级培训班，还与中国政法大学、对外经济贸易大学等展开涉外律师英语、法律业务培训项目，为律师从事国际业务奠定语言、知识及技能基础创造更有利的学习环境。该培训项目从法律英语能力、涉外法律业务专业知识、工作方法等多角度对律师进行了培训，在授课的同时也为初涉此类业务的律师提供了交流的平台，加强了律师之间的互动与沟通。从报名人数及授课反应来看，律师参与的积极性很高，为项目长期开展打下了良好的基础。

（三）组织律师参与外事活动

1. 组派律师出访团

为了更好地推动北京律师与国际法律组织及同行的交流与合作，北京律协与境外律师组织加强联络，安排双方律师互访、业务交流、实习，通过此

方式提高律师对境外法律环境的了解，增强与相关国家和地区的联系及经验交流。北京律协定期派出出访团，出访国家有美国、加拿大、瑞士、西班牙、英国、德国等。代表团与各国律师协会及法学院就律师协会的功能与责任、律师执业资格和条件、律师从事法律援助业务情况、律师继续教育与执业培训、律师执业责任保险和补充养老保险、律师评价体系及与北京律师协会的合作、双方律师互换交流学习等问题都进行了广泛深入的沟通交流。

2. 选派律师参加国际会议

北京律协积极组织和选派律师参加国际性会议，并且鼓励北京律师参加各类国际会议与活动，扩大律师国际交流的平台。选派律师参加的国际性会议与活动主要包括：亚太法律协会年会、环太平洋律师协会年会、"中国（北京）国际服务贸易交易会"、亚太区域仲裁组织大会、世界城市律师组织领导人会议、世界华商大会、UIA国际律师联盟大会等。通过参加这些会议与活动，不仅使参加者对执业理念有了新的理解，开阔了视野，提升了认识，增进了交流，而且也为北京律师提供了在国际舞台上的展示机会。

3. 接待境外来访律师团组

北京律协近年来接待了国际律师协会、全美律师协会、美国纽约市律师协会、英国事务律师公会及出庭律师公会、德国法兰克福律师公会、法国巴黎律师协会、大韩辩护士会、韩国首尔地方辩护士会、日中法律家交流协会、俄罗斯联邦律师协会、蒙古律师协会、巴基斯坦律师协会、香港律师公会、台北律师公会、英格兰及威尔士律师学院、美国辛辛那提大学法学院、新加坡律师公会、斯里兰卡律师协会、俄罗斯圣彼得堡律师协会、日内瓦律师代表团、加拿大安大略省律师协会、法国巴黎公证人公会代表团等多个境外机构组织代表团及个人访问的来访，利用境外法律人士来访的机会，促进同境外法律人士的沟通和交流，并充分展现北京律师的精神风貌。

（四）编写境外投资法律风险报告

为配合"走出去"的战略，考察、调研、提炼、披露中国境内资本海外投资热点地区的法律环境，编制法律风险提示报告，为中国律师和中国企业防范投资过程中出现的重大法律风险进行前期预警和评估，北京律协积极组织、推进国别法律风险调研工作，逐步构建中国律师"走出去"的法律专业技术体系，着手总结现有中国企业海外投资的法律经验，积极培育北京律师首创的"中国律师走出去之国别风险研究报告"。

2011年5月，北京律协完成了第一批次的东盟十国和中亚五国的《国别法律服务市场与法律风险专题调研报告》。该"北京律师走出去"的专业报告经过验收、定稿，立刻在中国服务贸易大会的法律专场中亮相，得到与会人员的好评。2013年北京律协又进一步完成了《中国企业走出去风险控制与投资指南（拉美篇）》，2014年完成了《中国企业走出去风险控制与投资指南（非洲篇）》，2015年完成了《中国企业走出去风险控制与投资指南（西南亚篇）》，2017年完成了《北美国别法律风险与投资案例专题调研报告》。

为贯彻落实国家源于"丝绸之路经济带"和"21世纪海上丝绸之路"倡议构想，加快发展"一带一路"涉外法律服务业，帮助北京律师了解"一带一路"提出背景和框架设计，了解政府、企业参与"一带一路"项目的法律服务要求和将面临的法律风险，以及律师如何为参与"一带一路"建设的政府、企业提供涉外法律服务，北京律协2016年编制了《北京律师为"一带一路"项目提供法律服务的调研报告》。

四 北京律师涉外业务培训实证调研情况分析

为完整全面地了解北京律师参与涉外法律业务及实习项目的基本情况，了解北京律师对于涉外业务培训或者实习的想法和态度，进而分析北京律师

及其所属律所涉外法律业务开展情况，找出当前我国涉外法律业务发展存在的问题及其未来走向，北京市律师协会外事工作委员会牵头委托中国政法大学法学院师生组成课题组对北京律师涉外业务培训及实习项目进行了调查。调查于 2015 年 10~11 月完成，实际回收有效问卷 124 份。整理和分析这些调查问卷，可以从多个角度对北京律师涉外业务培训做出具体分析。

（一）参与涉外业务培训的北京律师性别、年龄与执业年限情况

1. 基础分析

参与本次问卷调研的北京律师的平均年龄为 37.02 岁，平均执业年限是 8.79 年；女性律师多于男性律师，分别占到参与本次问卷调研北京律师总数的 58.06% 和 41.94%（见图 1）。而截至 2015 年 11 月 17 日北京律协关于北京律师统计的基础统计数据（以下简称"2015 年北京律师基础统计数据"）显示，男律师占律师总数的 60.2%，女律师占律师总数的 39.8%；北京律师的平均年龄是 41.34 岁，平均执业年限是 9.77 年。

对以上数据对比分析可知，参与本次问卷调研的北京律师较为年轻，执业年限稍短，并且女性多于男性。造成参与本次课题问卷调研的北京律师与北京律协统计的基础数据在平均年龄、执业年限、性别比例之间差异的原因，主要基于涉外法律业务的特点：涉外法律业务需要熟知国内外相关领域的法律法规、了解国内外文化差异特别是精通法律外语等。而女性相对于男性而言，普遍具有较强的语言天赋、较高的学习外语的兴趣，另外，年轻律师更容易学习与接收涉外法律知识和外国化。这些特点决定了涉外法律业务的律师具有女性偏多、年龄偏低、执业年限偏短的特点。

2. 交叉分析

本次参与问卷调研中的律师性别与是否参加过涉外法律业务交叉分析显示，男律师和女律师参加过涉外法律业务的律师比例差别不大（见图 2），可见性别并不是影响律师是否参与涉外法律业务的主要因素。

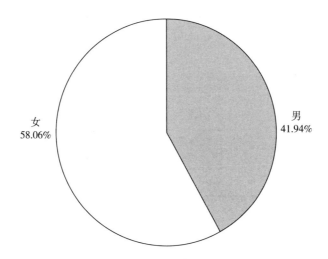

图1　参与调研的北京律师性别情况

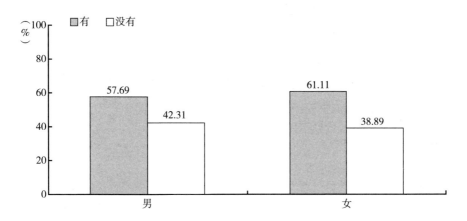

图2　参与调研的北京律师性别与是否参加过涉外法律业务交叉分析

（二）参与涉外业务培训的北京律师学历情况

1. 基础分析

参与本次问卷调研的北京律师的学历分布如图3所示，具有本科和硕士研究生学历的北京律师占参与问卷调研的人数总数的90%以上，博士研究生占8.87%，没有学历为专科的律师。

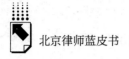
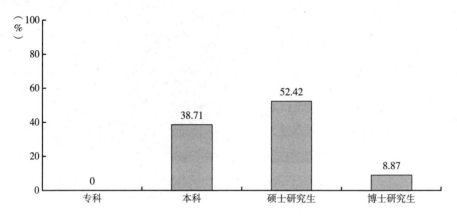

图3　参与调研的北京律师学历情况

2. 交叉分析

在本次参与问卷调研的北京律师的学历和是否参加过涉外法律业务两个问题的交叉分析中，学历为本科的北京律师参加过和未参加过涉外法律业务的人数各占一半；学历为硕士研究生的北京律师中，参加过涉外法律业务的人数占多数，比例为64.62%；学历为博士研究生的北京律师中，参加过涉外法律业务的人数所占比例更高，达到72.73%（见图4）。

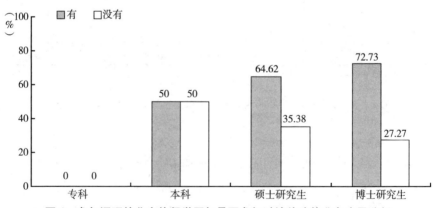

图4　参与调研的北京律师学历与是否参加过涉外法律业务交叉分析

可见，北京律师中学历越高者参加涉外法律业务的概率也越高。涉外法律业务需要律师具备相关国外法律专业知识，熟知我国涉外领域法律规范和政策规定，并且具备较高的外语水准。学历越高的律师在涉外专业素养和法律外语水平上具有越大的优势，从而造成了涉外法律业务由学历高、拥有国际视野和涉外业务能力的高精尖法律人才所掌控的局面。因此，为了拓展涉外法律业务，在本科以上的高等教育的基础上，开展其他种类的涉外业务培训和实习项目实属必要。

（三）参与涉外业务培训的北京律师执业身份情况

1. 基础分析

参与本次问卷调研的律师绝大多数是专职律师，占到总数的 91.94%，兼职律师和公司律师分别只占 5.65% 和 2.42%，没有公职律师参与本次问卷调研（见图 5）。

本次问卷调研的北京律师职业身份分布与 2015 年北京律师基础统计数据中的执业身份分布基本相似，都是专职律师占律师总数的绝大多数，兼职律师和公司律师所占比例较小，公职律师最少。这表明，本次问卷调研覆盖全面、均衡，没有数据特殊指向现象，所得数据较为客观真实，具有较高的参考价值。

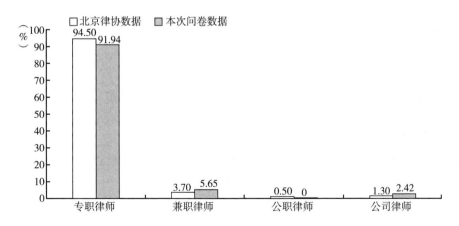

图 5　参与调研的北京律师的执业身份与基础数据的对比分析

2. 交叉分析

在参与本次问卷调研的北京律师的执业身份和是否参加过涉外法律业务两个问题的交叉分析中，专职律师中参加过涉外法律业务的比例较高，占到专职律师总

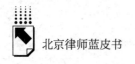

数的60.53%；兼职律师中参加过涉外法律业务的比例较低，占到兼职律师总数的28.57%；参与本次问卷调研的公司律师全部都参加过涉外法律业务（见图6）。

我国企业越来越多地参与到对外经贸往来中，专职律师尤其是公司律师接触涉外法律业务的概率很大。由于涉外法律业务往往较为复杂，需要较高的专业水平和充足的时间去处理，特别是国际贸易、国际知识产权等领域对涉外法律专业人才的需求无论是数量上还是质量上都逐年提升，而兼职律师由于时间、精力有限，较少投身于涉外法律业务。

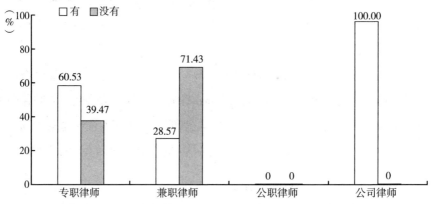

图6　参与调研的北京律师的执业身份与是否参加过涉外法律业务交叉分析

（四）参与涉外业务培训的北京律师业务收入情况

1. 基础分析

参与本次问卷调研的律师近一年的律师业务收入状况如图7所示，79.84%的律师年业务收入在50万（含50万）元以下，年业务收入在50万~100万（含100万）元的律师占总人数的13.71%，年业务收入达到100万元以上的律师的比例更小，只有6.45%。

2015年北京律师基础统计数据表明，2014年北京律师人均年业务收入为43.93万元；本次问卷调研的北京律师的年业务收入，经估算，其平均值为40万元左右，与北京律协的统计数据相当。这表明，本次问卷调研的调研对象基本涵盖了各个收入段的律师，分布范围较为广泛，数据结果较为客观真实。

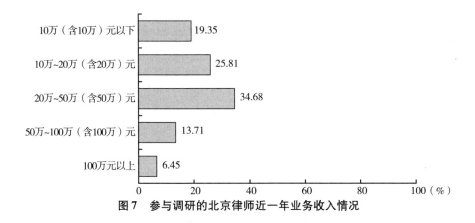

图7 参与调研的北京律师近一年业务收入情况

2. 交叉分析

北京律师近一年的业务收入与是否参加过涉外法律业务两个问题的交叉分析显示，近一年业务收入为10万（含10万）元的北京律师中，75%的律师未参加过涉外律师业务，而年业务收入20万（含20万）元以上甚至100万（含100万）元以上的北京律师中参加过涉外律师业务的比例超过70%（见图8）。数据表明，年业务收入越高的北京律师参加涉外法律业务的比例也越高，这表明，国际法律服务市场较为丰厚的利润空间是吸引高端法律人才的一大因素。

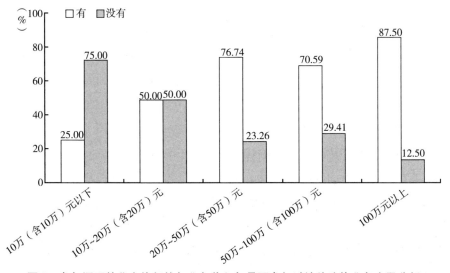

图8 参与调研的北京律师的年业务收入与是否参加过涉外法律业务交叉分析

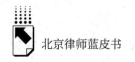

（五）参与涉外业务培训的北京律师执业领域情况

1. 基础分析

参与本次问卷调研的北京律师的执业领域的分布情况如图9所示，以国内业务为主的北京律师占参与本次问卷调研的北京律师的70.16%；以涉外业务为主的北京律师占到12.90%；国内业务和涉外业务量持平的北京律师占到16.94%。

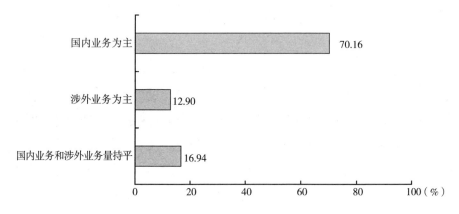

图9　参与调研的北京律师的执业领域情况

2. 交叉分析

经过交叉分析参加本次问卷调研的北京律师的执业领域与是否参加过涉外法律业务两个问题，可知以国内业务为主的律师参加过和未参加过涉外法律业务的差别不大，比例分别为43.68%和56.32%；国内业务和涉外业务量持平的律师参加过涉外法律业务的比例占绝大多数（见图10）。

这表明，北京律师的业务领域仍旧集中在国内业务上，以涉外业务为主的北京律师只有不到两成。我国正以前所未有的发展速度在政治外交、经济往来等方面飞速发展，与国际间的商务活动日渐频繁，国际间的贸易纠纷、知识产权纠纷、婚姻财产纠纷、劳动纠纷等纷至沓来。北京作为首都，作为律师职业的一大中心点，涉外法律业务分布尚且如此不均，足见我国现有的涉外法律领域所面临的人才短缺和人才培养困境。

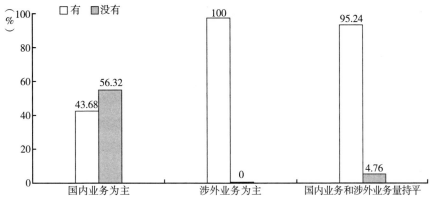

图10　参与调研的北京律师的执业领域与是否参加过涉外法律业务交叉分析

（六）参与涉外业务培训的北京律师所属律所所在地

1. 基础分析

参与本次问卷调研的北京律师所属律所所在地如图11所示，地处朝阳区的律所所占比例最大，为43.55%；其次是海淀区律所，所占比例为20.16%；西城区、东城区所占比例分别为15.32%、12.90%；大兴区、丰台区、石景山区、顺义区、房山区所占比例较小，均不到3%。另外，参加本次调查问卷的北京律师所属律所所在地不包括昌平、通州、怀柔、平谷、延庆、门头沟、密云，说明这些地区参加涉外法律服务业务调研的热情不高，也进一步反映了这些地区涉外法律业务发展比较落后。

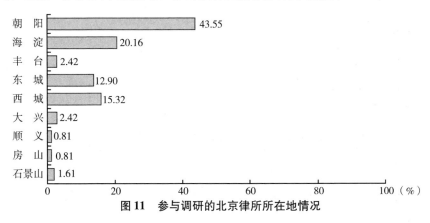

图11　参与调研的北京律所所在地情况

对比 2015 年北京律协关于各区县律所数量分布的数据（见图 12），本次问卷调研对象所在律所分布比例与之大体相同，说明本次问卷调研范围较为广泛，基本涵盖了北京市所有区，未涉及的区均属于地理位置较为偏远、对外经济贸易发展相对落后、涉外法律业务较少的地区。

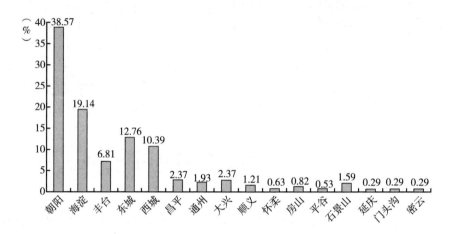

图 12　参与调研的北京律所所在地情况与基础数据的对比分析

2. 交叉分析

律所所在地与是否参加过涉外法律业务两个问题的交叉分析显示（见图 13），

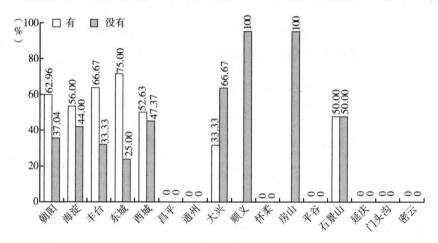

图 13　参与调研的北京律所所在地与是否参加过涉外法律业务交叉分析

海淀区、西城区、石景山区的律师中约一半律师参加过涉外法律业务，朝阳区、丰台区、东城区的律师参加过涉外法律业务的比例较高，而大兴区的律师未参加过涉外法律业务的比例较高。这说明，北京参与涉外法律业务律所的所在地区分布不均，这与北京市各区的经济发展水平、经济发展规划与定位等有密切关系。

（七）参与涉外业务培训的北京律师所属律所的规模

1. 基础分析

根据北京律协提供的 2015 年北京律师基础统计数据，截至 2015 年 11 月 17 日，北京律师事务所平均拥有 11.34 名专职律师。因此，本课题组暂且按照律师事务所专职律师人数将北京律所分为小型所（1～12 人）、中型所（13～50 人）、大型所（51～99 人）和超大型所（100 人及以上）。参与本次问卷调研的小型所、中型所、大型所和超大型所的分布状况如图 14 所示，参与本次问卷调研律师所属律所规模中，超大型所所占比例最高，占到 33.87%。

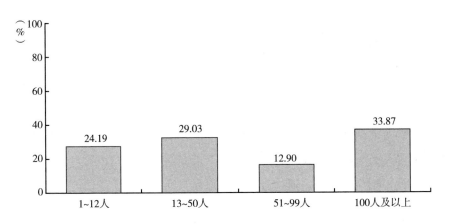

图 14　参与调研的北京律所规模分布情况

2. 交叉分析

北京律所规模与是否参加过涉外法律业务两个问题的交叉分析显

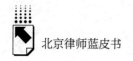

示，小型所、中型所、大型所中大约有一半的律师参加过涉外法律业务，超大型律所中71.43%的律所参加过涉外法律业务（见图15）。这说明，北京律所中超大型所更愿意也有足够充裕的优秀法律人才从事涉外法律业务。可见，北京趋向于形成涉外法律人才聚集、业务集中、专门处理涉外法律业务的律所。

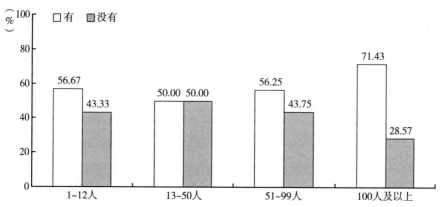

图15　参与调研的北京律所规模与是否参加过涉外法律业务交叉分析

五　北京律师境外学习及涉外法律业务分析

（一）数据分析

为调查北京律师参与境外学习及涉外法律业务的基本情况，本报告针对北京律师是否有在境外学习的经历及取得最高学位以及是否参与过涉外法律业务设计了相应的问题。通过对北京律师参与问卷调查所反馈的数据进行统计，可以得出以下结论。

1. 律师在境外学习经历及取得最高学位情况

本次问卷调研数据显示，在参与问卷调查的北京律师中，没有在境外学习的经历及取得最高学位的律师占73.39%，参与过境外交流访问学习的律师占13.71%，还有12.10%的律师取得了境外硕士学位，仅有0.81%的律师取得境外学士学位，无人取得境外博士学位（见图16）。这说明，当前北京律师中大部分没有在境外学习的经历及取得最高学位，有过境外学习经历的律师绝大多数是参与境外交流访问学习或取得境外硕士学位。以上数据也可以间接说明，对律师而言，境外的交流访问学习及获得硕士学位往往是他们更加倾向的选择。

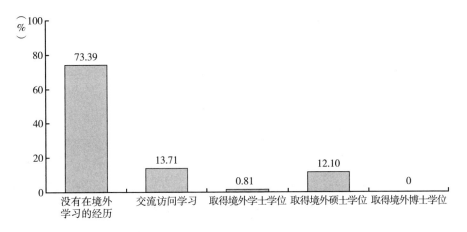

图16 参加调研北京律师在境外学习经历及取得最高学位情况

2. 律师参与涉外法律业务情况

本次问卷调研数据显示，在参与问卷调查的北京律师中，59.68%的律师有过参与涉外法律业务的经历，40.32%的律师没有参与涉外法律业务的经历（见图17）。但是，鉴于本次样本数量较少，无法完整地反映全体北京律师参与涉外法律业务的情况，无法得出有超过一半的北京律师参与过涉外法律业务的结论。可以说明的是，在本报告关注的北京律师中，大部分律师曾有过参与涉外法律业务的经历，也正因如此，他们也更为关注律协组织涉外法律业务培训活动或实习活动的情况。

3. 律师最近一年涉外法律业务收入量占比情况

本次问卷调研数据显示，在回答了本题的69位北京律师中，有37位律师最近一年涉外法律业务收入量占比在25%及以下，54位律师最近一年涉外法律业务收入量占比在50%及以下，仅15位律师最近一年涉外法律业务收入量占比在50%以

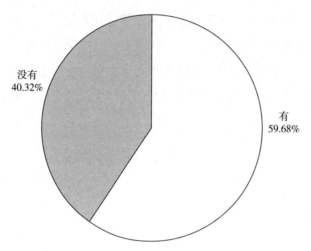

图17　北京律师参与涉外法律业务情况

上，这其中，有12位律师最近一年涉外法律业务收入量占比在75%以上，其中4位律师最近一年涉外法律业务收入量占比为100%（见图18）。这说明，在参与过涉外业务的北京律师中，仅有很小部分律师的法律业务完全或绝大部分是涉外业务，大部分律师参与涉外业务的收入是其最近一年收入的50%以下。

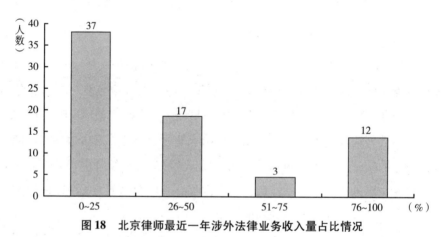

图18　北京律师最近一年涉外法律业务收入量占比情况

4. 律师未参与过涉外法律业务的原因统计

本次问卷调研数据显示，没有参与过涉外业务的50位北京律师中，74%的律师没有参与过涉外法律业务的原因为想参与但是外语水平不够，各有 20% 的律师回答是国内业务繁忙无暇顾及、有足够的外语水平但是对涉外业务不熟悉，仅 4% 的律师表示对涉外业务不感兴趣（见图 19）。还有 12% 的律师填写了其他原因，这些原因分别是：没有业务；想参与没有找到合适的平台；参与涉外案件的机会比较少；除了外语水平外，对国外法律也缺乏系统学习；律所没有这么多涉外业务；所内没有安排涉外业务。数据说明，大部分律师未参与涉外业务的原因是想参与但外语水平不够，因此可以得出结论，外语水平是限制律师参与涉外业务的最大障碍。

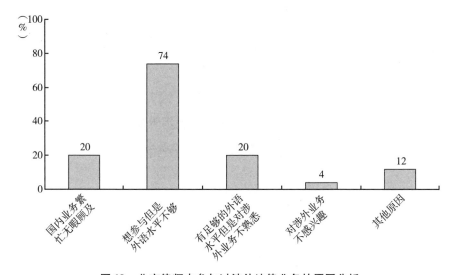

图 19 北京律师未参与过涉外法律业务的原因分析

（二）调研小结

1. 基本结论

通过以上对北京律师境外学习及涉外法律业务的数据分析，可以得出如下结论：当前北京律师中有在境外学习的经历及取得最高学位的属于少数，有过境外学习经历的律师绝大多数是参与境外交流访问学习或取得境外硕士学位，这也是北京律师出国学习更加倾向的选择；在本报告关注的北京律师中，大部分律师有参与涉外法律业务的经历；而在参与过涉外业务的北京律师中，大部分律师的涉外业务收入占比都在 50% 以下；没有参与过涉外业

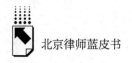

务的北京律师大部分有参与涉外业务的意愿但外语水平不够，国内业务繁忙无暇顾及、有足够的外语水平但是对涉外业务不熟悉也是一部分律师没有参与过涉外业务的原因。

2. 相关建议

北京律协组织涉外法律业务培训活动或实习活动宜将提高律师外语水平作为最基础、最重要的目的，以此提高对律师的吸引力以及北京律师参与涉外法律业务的规模和水平；在外语之外，分专题开授涉外法律业务实务课程，以讲授实践经验为主，使更多北京律师有熟悉相关涉外业务的机会和渠道；最后对于境外培训项目而言，应将一定期限的交流访问学习和攻读硕士学位作为最主要的种类，学士学位和博士学位在当前背景下暂时还不需要。

六　北京律师参与北京律协涉外业务培训及实习项目情况分析

（一）律师参与律协涉外业务培训及实习项目的总体情况

1. 基础分析

本次问卷调研数据显示，在参与本次调查的北京律师中，26.61%的律师参与过北京律协组织的涉外业务培训及实习项目，73.39%的律师未参与过律协组织的相关活动（见图20）。由此可见，北京律协组织的涉外业务培训及实习项目到目前为止仍未得到北京律师的普遍性支持，律师参与活动的热情不高、动力不足。

2. 与律师从事涉外法律业务的关系

根据本次问卷调研的交叉分析，律师参与涉外业务培训及实习项目的情况与律师从事涉外法律业务的情况有着较强的相关性。在从事过涉外法律业务的律师当中，37.84%的律师参加过律协组织的涉外业务培训及实习项目，在未从事过涉外法律业务的律师中，仅有10.00%的律师参加过律协组织的相关活动（见图21）。由此可见，律师参与活动的积极性，受到律师是否具

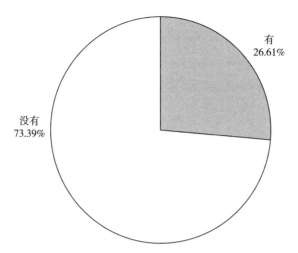

图20 北京律师参与涉外业务培训及实习项目的总体情况

有从事涉外法律业务相关经验的影响，拥有从事涉外法律业务相关经验的律师更愿意参加涉外业务培训及实习项目。

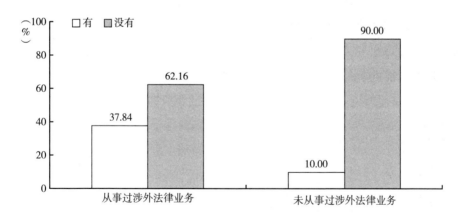

图21 北京律师参与涉外业务培训情况与律师
从事涉外法律业务情况交叉分析

3. 与律师学历的关系

根据本次问卷调研的交叉分析，律师参与涉外业务培训及实习项目的情况与律师的学历有着较强的关联性。36.36%的博士研究生学历律师参与过涉外业务培训及实习项目，相比之下，仅有26.15%的硕士研究生学历律师

145

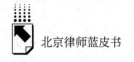
和25.00%的本科学历律师参与过活动（见图22）。上述交叉分析表明，律师的学历越高，参与涉外业务培训及实习项目的主动性越强。

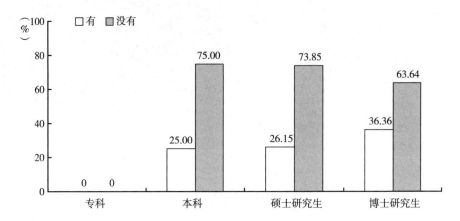

图22 北京律师参与涉外业务培训情况与律师学历交叉分析

4. 与律师身份的关系

律师参与涉外业务培训及实习项目的情况，受到律师执业身份的影响。66.67%的公司律师参与过涉外业务培训及实习项目，相比之下，仅有28.57%的兼职律师和25.44%的专职律师参与过活动（见图23）。由此可见，公司律师参与涉外业务培训及实习项目的积极性最强。

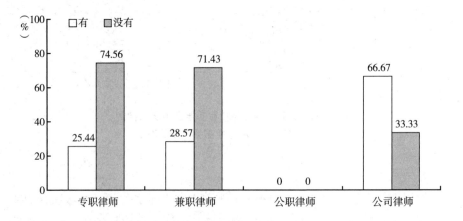

图23 北京律师参与涉外业务培训情况与律师身份交叉分析

（二）律师参与涉外业务培训及实习项目的类别

1. 基础分析

本次问卷调研数据显示，北京律协组织的涉外业务培训及实习项目主要分为三类：涉外业务培训、外语培训和涉外业务实习项目。在参与过北京律协组织的涉外业务培训及实习项目的 33 名律师当中，81.82% 的律师参与过涉外业务培训，39.39% 的律师参与过外语培训，12.12% 的律师参与过涉外业务实习项目（见图 24）。由此可见，在三类活动中，涉外业务培训是最受欢迎的活动，律师的参与度最高。

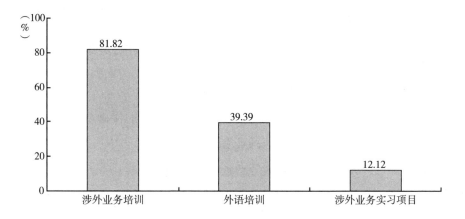

图 24　北京律师参与涉外业务培训及实习项目的类别

注：有律师同时参与两项活动，故百分比总和超出 100%。

2. 与律师学历的关系

根据本次问卷调研的交叉分析，律师参与外语培训的情况，与律师的学历、律师的执业领域，以及律师在境外学习的经历具有较强的相关性。35.71% 的本科学历律师参加过外语培训，相比之下，仅有 28.00% 的硕士学历律师和 20.00% 的博士学历律师参加过外语培训（见图 25）。

此外，根据本次问卷调研的交叉分析，律师参与涉外业务实习项目的情况与博士研究生学历律师人数具有较强的相关性，其次是硕士研究生学历律

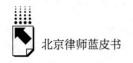
师人数。20.00%的博士研究生学历律师和12.00%的硕士研究生学历律师参加过涉外业务实习项目，本科学历律师皆未参加过。

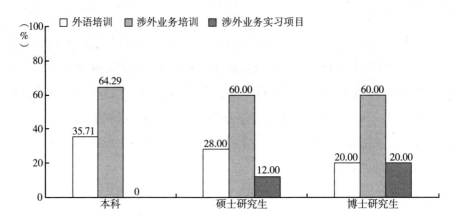

图25 北京律师参与涉外业务培训的类别与律师学历交叉分析

3. 与律师执业领域、境外学习经历的关系

在以国内业务为执业领域的律师当中，42.31%的律师参加过外语培训，相比之下，在国内业务和涉外业务量持平的律师当中，仅有14.29%的律师参加过外语培训，在以涉外业务为执业领域的律师当中，无人参加过外语培训。在没有境外学习经历的律师当中，37.03%的律师参加过外语培训，相比之下，在境外交流访问过的律师当中，仅有16.67%的律师参加过外语培训（见图26）。

考虑到律师的学历、执业领域及是否具有在境外学习的经历反映了律师外语水平的高低，由此可知外语水平较高的律师，对外语培训的参与程度较低。这说明，具有较低学历的，在工作中较少接触到涉外法律业务的，以及境外学习经历较少的律师群体，其外语水平相对较低，也是外语培训的主要受众。

4. 与律师从事涉外法律业务的关系

北京律师参与涉外业务实习项目的情况，还与律师从事涉外法律业务的情况具有较强的相关性，在从事过涉外法律业务的律师当中，10.25%的律

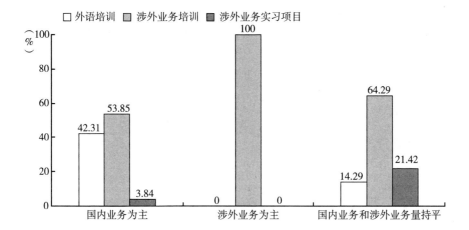

图26　北京律师参与涉外业务培训的类别与律师执业领域交叉分析

师参加过涉外业务实习项目,在未从事过涉外法律业务的律师当中,无人参加过涉外业务实习项目(见图27)。考虑到律师的学历和是否具有从事涉外法律业务的经验反映了律师业务水平或能力的高低,由此可知,北京律协组织的涉外业务实习项目,其主力军为具有从事涉外法律业务经验的、硕士研究生学历及以上的律师。

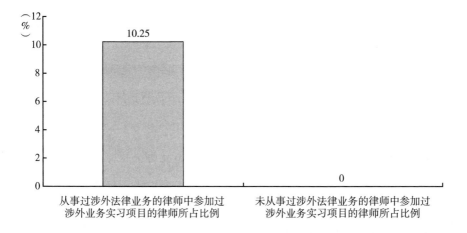

图27　北京律师参与涉外业务培训的类别与律师
从事涉外法律业务情况交叉分析

149

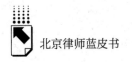
（三）律师参与涉外业务培训及实习项目的费用承担方式

1. 基础分析

本次问卷调研数据显示，在参与过北京律协组织的涉外业务培训及实习项目的 33 名律师当中，48.48% 的律师完全自费，24.24% 的律师部分自费，部分费用由其他机构承担，15.15% 的律师由所在律师事务所全额承担费用，12.12% 的律师由其他机构全额承担费用（见图 28）。由此可见，超过 70% 的律师在涉外业务培训及实习项目中需要承担费用，低于30% 的律师可完全免费参与活动。

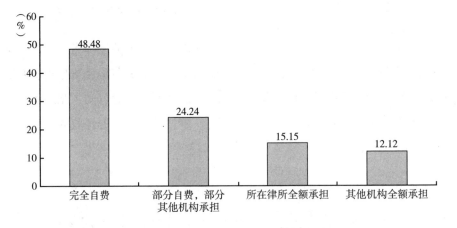

图28　北京律师参与涉外业务培训及实习项目的费用承担方式

2. 交叉分析：与律师从事涉外法律业务的关系

根据本次问卷调研的交叉分析，律师所在律师事务所是否为律师全额承担费用，与律师是否从事过涉外法律业务，以及律师的执业领域都具有较强的相关性。在从事过涉外法律业务的律师当中，10.71% 的律师由所在律所全额承担费用，在未从事过涉外法律业务的律师当中，40.00% 的律师由所在律所全额承担费用（见图 29）。由此可见，律所对律师从事涉外法律业务的刺激与鼓励，在一定程度上体现为律所为律师全额承担参与涉外业务培训及实习项目的费用。

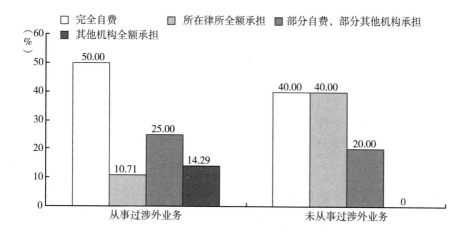

图 29 北京律师参与涉外业务培训的费用承担方式与律师从事涉外法律业务情况交叉分析

3. 交叉分析：与律师执业领域的关系

根据本次问卷调研的交叉分析，在以涉外业务为执业领域的律师当中，25.00%的律师由所在律所全额承担费用，仅有22.22%的国内业务和涉外业务量持平的律师和10.00%的以国内业务为执业领域的律师，由所在律所全额承担费用（见图30）。由此可见，律师的工作内容中所包含的涉外业务比例越高，其所在律所对其参与涉外业务培训及实习项目的支持力度就

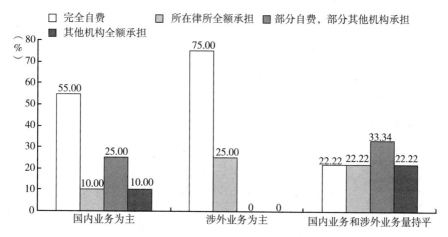

图 30 北京律师参与涉外业务培训的费用承担方式与律师执业领域交叉分析

越大，从一定程度上反映了律所对所内律师从事涉外法律业务的鼓励与支持。

4. 对比分析

另外值得注意的是，在本次问卷调研中所获得的数据显示，以涉外业务为执业领域的律师，其除了完全自费和由所在律所全额承担费用这两种费用承担方式之外，并无其他机构帮助律师承担全部或部分费用。与此相反，35.00%的以国内业务为执业领域的律师，55.56%的国内业务和涉外业务量持平的律师，受到了其他机构的帮助，为其全部或部分承担费用。这从侧面反映了社会对涉外法律人才的帮扶力度仍有待于提高，有关政府部门也应当投身于本地涉外法律人才的培养任务中，并承担起一定的责任。

（四）律师参与涉外业务培训及实习项目的满意程度

1. 基础分析

本次问卷调研数据显示，在参与过北京律协组织的涉外业务培训及实习项目的 33 名律师当中，39.40%的律师选择"很满意（5 分）"，33.33%的律师选择"比较满意（4 分）"，27.27%的律师选择"一般（3 分）"和"比较不满意（2 分）"，没有律师选择"不满意（1 分）"（见图 31）。由此可见，超过 70%的律师对涉外业务培训及实习项目持满意态度，北京律协所组织的涉外业务培训及实习项目得到了参与过活动的律师的普遍支持与认同。

2. 交叉分析：与律师学历的关系

根据本次问卷调研的交叉分析，律师的学历与律师参与活动的满意程度具有较强的相关性。75%的博士研究生学历律师、41.18%的硕士研究生学历律师和 25.00%的本科学历律师选择"很满意（5 分）"（见图 32）。根据本次调查所获得的数据进行计算，律师的学历由高到低，对活动满意程度的平均分值依次为：博士生 4.25 分，硕士生 4.18 分，本科生 3.92 分。由此可见，律师的学历越高，其对活动的满意度越高。这从侧面反映了北京律协组织的涉外业务培训及实习项目在具有较高学历的律师

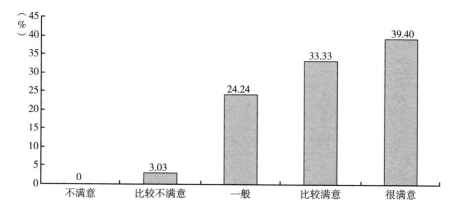

图31 北京律师参与涉外业务培训及实习项目的满意程度

中得到了更多支持，律协若想使学历相对较低的律师获得更好的培训效果，则需要对活动加以一定的调整与改革。

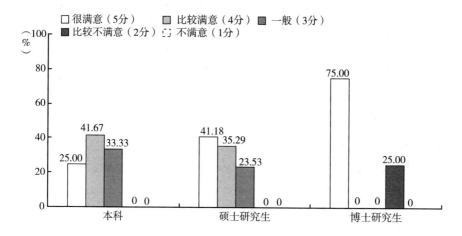

图32 北京律师参与涉外业务培训的满意程度与律师学历交叉分析

3. 交叉分析：与律师从事涉外法律业务、律师执业领域的关系

根据本次问卷调研的交叉分析，在未从事过涉外法律业务的律师当中，60.00%的律师选择"很满意（5分）"，在从事过涉外法律业务的律师当中，仅有35.71%的律师选择"很满意（5分）"。此外，在以涉外业务为执业领域的律师当中，没有律师选择"很满意（5分）"，有

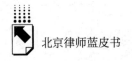

50.00%的律师选择"比较满意（4分）"，另有50.00%的律师选择"3
分（一般）"（见图33）。

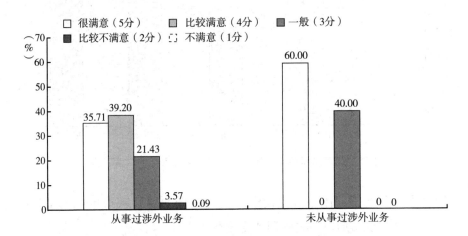

**图33 北京律师参与涉外业务培训的满意程度
与律师从事涉外法律业务情况交叉分析**

　　由此可见，具有从事涉外法律业务经验的，以及以涉外业务为执业领域
的律师，对涉外业务培训及实习项目的评价并不是非常高。这从侧面说明北
京律协组织的涉外业务培训及实习项目与律师所接触的涉外法律业务的匹配
度仍需提高，培训及实习活动的内容仍需充实与完善，以真正地提升律师的
涉外业务的能力。

（五）律师对涉外业务培训及实习项目不满意的原因

1.基础分析

　　本次问卷调研数据显示，在参与过北京律协组织的涉外业务培训及实习
项目的33名律师当中，有9名律师认为活动效果不理想，评分为3分及以
下。在这9名律师当中，44.44%的律师认为"培训缺乏针对性，没有收
获"，各有22.22%的律师认为"师资力量不够，没有达到预期效果"和
"自己的原因，没有时间和精力学习"，11.11%的律师选择了"其他原因"
（见图34）。由此可见，律师对涉外业务培训及实习项目效果的不满主要集

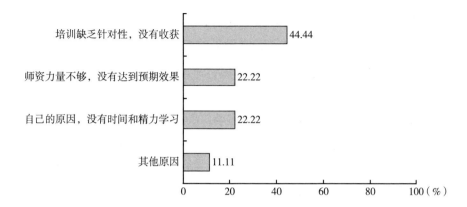

图34　北京律师对涉外业务培训及实习项目不满意的原因

中于培训缺乏针对性这一点上。

2. 交叉分析：与律师学历、境外学习经历的关系

根据本次问卷调研的交叉分析，律师认为"培训缺乏针对性，没有收获"与律师的学历有较强的相关性。50%的本科学历律师、25%的硕士研究生学历律师，以及所有的博士研究生学历律师认为"培训缺乏针对性，没有收获"（见图35）。由此可见，硕士研究生学历律师对培训针对性的满意程度相对较高，意见相对较少，博士研究生学历律师对培训针对性的满意程度最低。

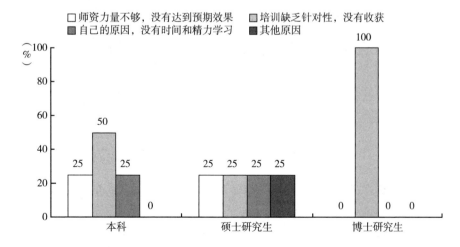

图35　北京律师参与涉外业务培训不满意的原因与律师学历交叉分析

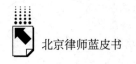

此外，在没有境外学习经历的律师当中，33.33%的律师认为"培训缺乏针对性，没有收获"相比之下，在境外交流访问过的律师当中，所有的律师都认为"培训缺乏针对性，没有收获"。由此可见，具有境外学习经历的律师对培训针对性的要求更高。

3. 交叉分析：与律师从事涉外法律业务、执业领域的关系

根据本次问卷调研的交叉分析，律师认为"培训缺乏针对性，没有收获"与律师从事涉外法律业务的情况有较强的相关性。在未从事过涉外法律业务的律师当中，没有律师认为"培训缺乏针对性，没有收获"；在从事过涉外法律业务的律师当中，57.13%的律师认为"培训缺乏针对性，没有收获"（见图36）。由此可见，具有从事涉外法律业务经验的律师对培训的针对性要求更高。从上述分析中可得出结论：北京律协组织的涉外业务培训及实习项目的针对性有待进一步提高。

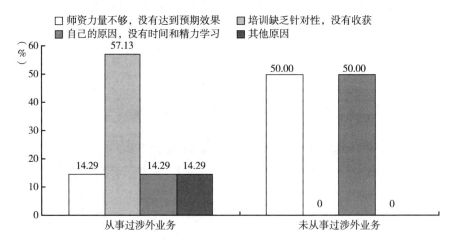

**图36 北京律师参与涉外业务培训不满意的原因
与律师从事涉外法律业务情况交叉分析**

此外，在以国内业务为执业领域的律师当中，33.33%的律师认为活动效果不满意是由于"自己的原因，没有时间和精力学习"，而其他执业领域的律师未选择上述原因。由此可见，以国内业务为执业领域的律师，对涉外业务培训及实习项目的重视程度较低，体现出律师对涉外业务培训及实习项

目的积极性受限于律师的执业领域。

值得注意的是，有1位律师选择了"其他原因"，其填写的详细情况为"师资水平不够，针对性差，学术多，实务少，缺乏系统性和连续性"。这在一定程度上反映了当前律协组织的涉外业务培训及实习项目存在的问题。

（六）律师参与涉外业务培训及实习项目的总体意向

1. 基础分析

本次问卷调研数据显示，在参与本次调查的北京律师中，95.16%的律师愿意参与北京律协组织的涉外业务培训及实习项目，仅有4.84%的律师不愿意参与活动（见图37）。在从事过涉外法律业务的律师当中，95.95%的律师愿意参与活动，未从事过涉外法律业务的律师当中，94%的律师愿意参与活动。由此可见，北京律师对律协组织的涉外业务培训及实习项目抱有非常高的期待。

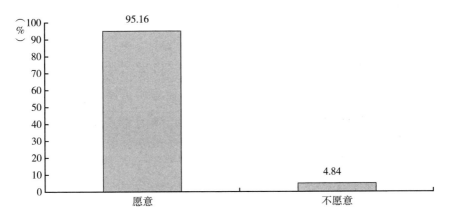

图37　北京律师参与涉外业务培训及实习项目的总体意向

2. 交叉分析：与律师执业领域的关系

根据本次问卷调研的交叉分析，律师愿意参与涉外业务培训及实习项目与律师的执业领域具有相关性，尤其跟以涉外业务为执业领域的律师具有较强的相关性。所有以涉外业务为执业领域的律师，95.24%的国内业务和涉

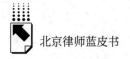

外业务量持平的律师，以及94.25%的以国内业务为执业领域的律师表示愿意参与活动（见图38）。由此可见，律师的执业领域中所包含的涉外法律业务比例越高，律师参与活动的意愿就越强烈。

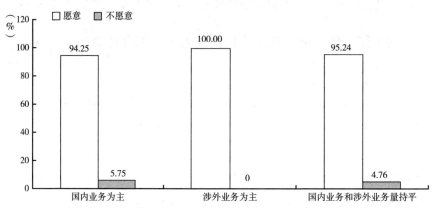

**图38　北京律师参加涉外业务培训及实习项目总体意向
与律师从事涉外法律业务情况交叉分析**

3. 交叉分析：与律师学历的关系

根据本次问卷调研的交叉分析，律师的学历也在一定程度上影响了律师参与涉外业务培训及实习项目的意向。97.92%的本科学历律师，95.38%的硕士研究生学历律师，81.82%的博士研究生学历律师表示愿意参与活动（见图39）。由此可见，本科学历律师对涉外业务培训及实

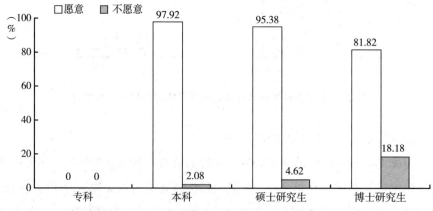

图39　北京律师参加涉外业务培训及实习项目总体意向与律师学历交叉分析

习项目的期待最高。这从侧面反映了北京律协应当继续完善涉外业务培训及实习项目的形式和内容，为具有不同知识基础与业务水平的律师提供具有针对性的课程，以保证律师参加活动后获得良好的效果，能够真正提升自己的能力。

（七）律师参与涉外业务培训及实习项目的类别意向

1. 基础分析

本次问卷调研数据显示，在参与本次调查的北京律师中，有95.16%的律师表示愿意参与北京律协组织的涉外业务培训及实习项目。其中，78.81%的律师希望参加"在境内举行的涉外业务培训"，68.64%的律师希望参加"在境外律所进行的实习活动"，61.86%的律师希望律协能够"提供在境外学习以取得学位的机会"，61.02%的律师希望参加"在境内举行的外语培训"，47.46%的律师希望参加"在境外进行的外语培训"（见图40）。由此可见，希望律协能够在境内举办涉外业务培训的律师人数最多，境内的涉外业务培训是参与积极性最高的活动。

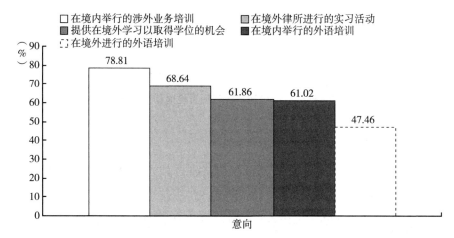

图40　北京律师参与涉外业务培训及实习项目的类别意向

注：有律师愿意同时参与两项及以上活动，故百分比总和超出100%。

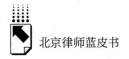
2. 交叉分析：与律师学历的关系

根据本次问卷调研的交叉分析，律师对参与"在境外律所进行的实习活动"的积极程度与律师的学历具有较强的相关性，尤其是具有博士研究生学历的律师。除了"在境外律所进行的实习活动"之外，其余所有活动都受到本科学历律师的强烈支持。但对于"在境外律所进行的实习活动"而言，72.73%的博士研究生学历律师表示愿意参加该活动，相比之下，仅有58.33%的本科学历律师表示愿意参加该活动。博士研究生学历律师对"在境外律所进行的实习活动"的支持程度反而最高（见图41）。

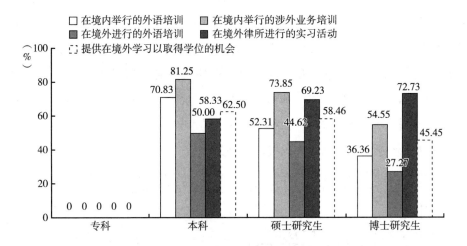

图41 北京律师参加涉外业务培训及实习项目类别意向与律师学历交叉分析

3. 交叉分析：与律师执业领域的关系

根据本次问卷调研的交叉分析，在从事过涉外法律业务的律师当中，74.32%的律师表示愿意参加"在境外律所进行的实习活动"，高于未从事过涉外法律业务的律师当中愿意参加实习活动的人数（见图42）。上述数据表明，在境外律所进行的实习活动本身具有一定的难度，适合专业知识基础扎实、涉外法律业务水平较高的律师参加，有利于大幅度提高律师涉外法律业务素养与能力。

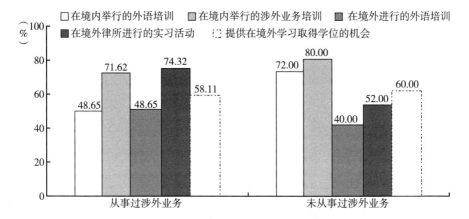

**图42 北京律师参加涉外业务培训及实习项目类别意向
与律师从事涉外法律业务情况交叉分析**

（八）律师参与涉外业务培训及实习项目的时间意向

1. 基础分析

本次问卷调研数据显示，在参与本次调查的124名北京律师中，有118名律师表示愿意参与北京律协组织的涉外业务培训及实习项目，故共获得118份关于时间意向的数据。其中3份数据无效（未填写或填写错），故只对115份有效数据进行分析。在这115名律师当中，46.96%的律师认为参加活动的时间为1~3个月（含3个月）比较合适，25.22%的律师认为参加活动的时间为4~6个月（含6个月）比较合适，16.52%的律师认为参加活动的时间为10~12个月（含12个月）比较合适，8.69%的律师认为参加活动的时间为7~9个月（含9个月）比较合适，2.61%的律师认为参加活动的时间为12个月以上（不含12个月）比较合适（见图43）。由此可见，律师普遍支持开展短期也即不超过半年的涉外业务培训及实习项目。

2. 交叉分析：与律师从事涉外法律业务的关系

根据本次问卷调研的相关性分析，律师参加涉外业务培训及实习项目的时间意向与律师从事涉外法律业务情况的相关性较强。从事过涉外法律业务的律师，更倾向于参加6个月以上的中长期涉外业务培训及实习项目。此

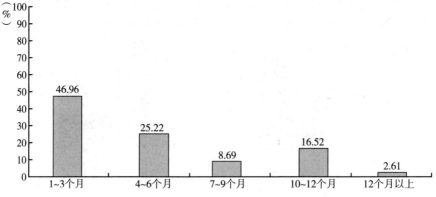

图43 北京律师参与涉外业务培训及实习项目的时间意向

外，在从事过涉外法律业务的律师当中，3%的律师认为参加活动的时间为12个月以上（不含12个月）比较合适，相比之下，在未从事过涉外法律业务的律师当中，无人希望参与12个月以上的培训活动（见图44）。由此可见，具有从事涉外法律业务经验的律师，对于中长期涉外业务培训及实习项目的接受度更高，特别是对于长期培训的积极性更为强烈。北京律协应该在普遍开展短期涉外业务培训及实习项目的同时，针对这一部分能力层次较高的律师的需求，适当开展长期涉外业务培训及实习项目，以强化律师的涉外业务能力，培养涉外法律业务精英。

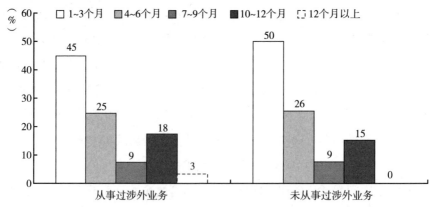

图44 北京律师参与涉外业务培训及实习项目的时间意向
与律师从事涉外法律业务情况交叉分析

（九）律师参与涉外业务培训及实习项目的经费意向

1. 基础分析

本次问卷调研数据显示，80.87%的律师愿意在未来一年投入 1 万 ~ 5 万元（含 5 万元）的经费，10.43%的律师愿意投入 5 万 ~ 10 万元（含 10 万元）的经费，仅有 8.70%的律师愿意投入 10 万元以上的经费（见图 45）。由此可见，律师普遍愿意投入的年度活动经费数额在 5 万元以内，超出该额度，律师参与涉外业务培训及实习项目的积极性则大幅下降。

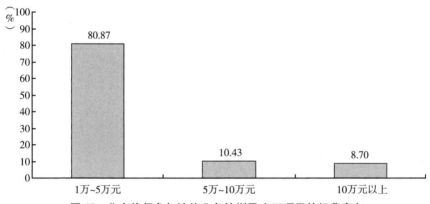

图45　北京律师参与涉外业务培训及实习项目的经费意向

2. 与律师从事涉外法律业务的关系

根据本次问卷调研的相关性分析，律师参加涉外业务培训及实习项目的经费意向与律师从事涉外法律业务情况的相关性较强。从事过涉外法律业务的律师，更倾向于投入 5 万元以上的经费。此外，在从事过涉外法律业务的律师当中，14.49%的律师愿意投入 5 万 ~ 10 万元（含 10 万元）的经费，7.25%的律师愿意投入 10 万元以上的经费。相比之下，在未从事过涉外法律业务的律师当中，仅有 4.35%的律师愿意投入 5 万 ~ 10 万元（含 10 万元）的经费，6.52%的律师愿意投入 10 万元以上的经费（见图 46）。由此可见，具有从事涉外法律业务相关经验的律师，对参加涉外业务培训及实习项目的重视程度更高，愿意投入的经费也更多。

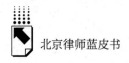

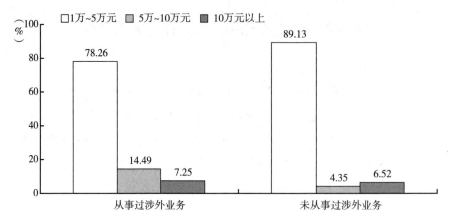

图46　北京律师参与涉外业务培训及实习项目的经费意向
与律师从事涉外业务情况交叉分析

（十）小结

通过以上对北京律师参加涉外业务培训及实习活动的具体情况进行分析，可以得出如下结论。

第一，北京律协组织的涉外业务培训及实习项目活动内容亟待改革。通过本次问卷调研数据可以发现，律师参加涉外业务培训及实习活动的前提是律师已经具备了一定的从事涉外业务的经验和能力，且因律师本身受教育层次较高或执业领域涉外因素较多等，其外语水平已经达到了一定高度，故而更有兴趣参加与自身能力相适应的素质拓展类活动，如境内举办的涉外业务培训、境外举办的实习活动，甚至希望在境外留学并取得相应学位。虽然北京律协组织了多期涉外业务培训及实习活动，且活动皆面向全体北京律师，但其效果并不十分理想的主要原因，就是涉外业务培训及实习活动的针对性有待进一步提高。传统的涉外业务培训及实习活动的主要受众仍然是具有较高能力和较丰富经验的律师，而针对外语水平较低、接触涉外业务较少的律师，涉外业务培训及实习活动的意义相对不大，故律师参与的热情减退，学习效果也不理想。如要改变这种状况，北京律协必须重新设计涉外业务培训和实习活动的组织形式和授课内容，必须切实了解具有不同业务层次、执业领域、外语水平的律师的需求，从而开展具有针对性的业务培训和实习活动。

第二，北京市涉外法律人才培养任务的责任分配制度亟待重构。通过本次问卷调研所获数据可以发现，在参加了北京律协组织的涉外业务培训及实习项目的律师当中，将近 50% 的律师是以完全自费的形式参加活动的。根据 2015 年北京律师基础统计数据，截至 2015 年 11 月 17 日，北京律师的平均年龄约为 41.3 岁，平均执业年限约为 9.8 年，其中的专职律师为 23455人，占全体律师的 92.77%。应该说，处于中年阶段且执业时间已近 10 年的北京律师群体，其对于提升自我的涉外业务能力和外语水平的心态，已经不比青年律师更活跃；而专职律师群体中，除去主要以涉外业务为执业领域的律师，其他律师更可能会因自身执业领域与涉外业务关联少，而不愿投入更多的经费和精力去参与相关的培训及实习活动。

在这种情形下，为提升北京律师整体的涉外业务能力和水平，刺激律师参与涉外业务培训活动，最行之有效的方式当是为参与活动的律师提供一定的奖励和补贴，以便更好地调动参与积极性，而这仅凭北京律协一己之力是无法实现的。社会对涉外法律人才的帮扶力度应当再接再厉，本地政府相关部门、各家律师事务所，以及其他社会机构皆应当认识到这一问题。尤以本地政府为先，积极投身于本地涉外法律人才的培养任务中，并承担起一定的责任。

七 北京律所开展涉外业务培训及实习项目具体情况

（一）数据分析

1. 律所对于开拓涉外法律业务的态度

（1）基础分析

本次问卷调研数据显示，在参与调查的律师中，认为其所执业的律所对于开拓涉外法律业务持鼓励态度的占总数的 70.97%；对于涉外法律业务持不鼓励也不干预态度的律所占总数的 29.03%；没有律师所执业的律师事务

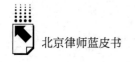

所对于开拓涉外法律业务明确表示不支持的，也没有律所对于开拓涉外法律业务持不鼓励态度（见图47）。

可见对于涉外法律业务，北京各家律所对其的态度较为积极，是希望涉外法律业务可以得到更好的发展的。

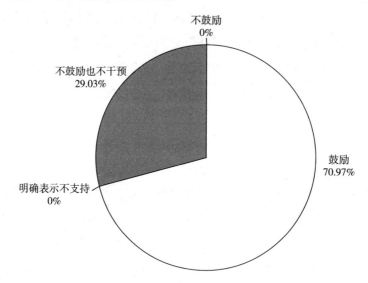

图47 北京律所对于开拓涉外法律业务的态度情况

（2）交叉分析：与律师从事涉外业务的关系

根据本次问卷调研的交叉分析，在从事过涉外法律业务的律师中，其所执业的律所对开拓涉外法律业务的持鼓励态度的明显占较高比例，而没有从事过涉外法律业务的律师所在律所的态度则相对持平，故有相关涉外法律业务的律所对待涉外业务的态度更加积极（见图48）。

（3）交叉分析：与律师身份的关系

除此之外，专职律师和公司律师相较于兼职律师所执业的律师事务所对开拓涉外法律业务明显持更加积极的态度。由此可见，北京律所整体上是持积极鼓励态度的。此外，通过与律师年收入的对比发现，随着律师年收入的增高，其所在的律所对开拓涉外法律业务更加鼓励、更加支持。

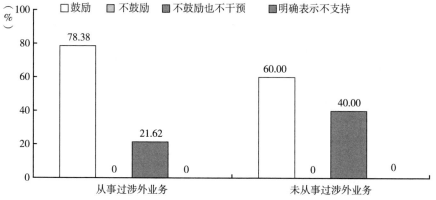

图48　律所对于开拓涉外法律业务的态度与律师是否从事过涉外业务的交叉分析

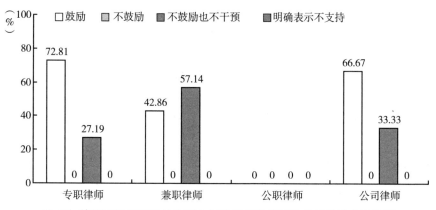

图49　律所对于开拓涉外法律业务的态度与律师执业身份的交叉分析

2. 律所鼓励开拓涉外法律业务的形式

（1）基础分析

本次问卷调研数据显示，在参与调查的律师中，41.13%的律师以律所组织律师涉外业务培训或实习作为开拓涉外法律业务的形式；18.55%的律师选择以律所出资让律师进行涉外培训作为开拓涉外法律业务；此外，选择积极招募办理涉外业务的人才为主要形式的人数最高，占58.06%；而选择其他形式的相对较少，占22.58%（见图50），而其中填写没有相关涉外法律业务开拓形式的有15人，填写自学涉外业务的共有6人，剩余7人表示律所以给予律师学习涉外业务时间为主要形式。

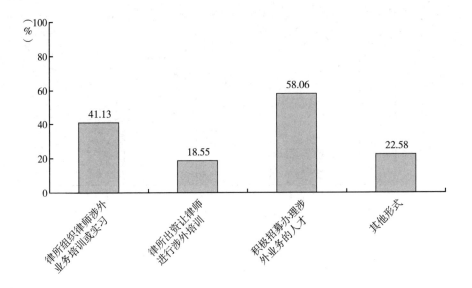

图50 北京律所鼓励开拓涉外法律业务的形式

与上题结果比较可知，虽然北京律所对于开拓涉外业务持积极态度，但是相较于通过组织或出资进行涉外培训或实习等方式培养涉外法律人才，其更加倾向于招募到已有的法律人才。质言之，目前律所相对而言对于涉外培训并不是特别重视。

（2）交叉分析：与律师从事涉外法律业务的关系

根据本次问卷调研交叉分析，在从事过涉外法律业务的律师中以积极招募办理涉外业务的人才为主要形式的比例最高，而律所出资让律师进行涉外培训的比例最低，可见律所对待开拓涉外法律业务的态度上一般比较保守；而表示没有从事涉外法律业务的律师中依旧是律所出资让律师进行涉外培训的比例最低，但律所组织律师涉外业务培训或实习与积极招募办理涉外业务的人才的比例则相对持平（见图51）。并且所执业律所以涉外或国内业务与国外业务持平为主要领域的，也都以积极招募办理涉外业务的人才为主要拓展形式。这也直接印证了律所对涉外培训并不是特别重视的结论。

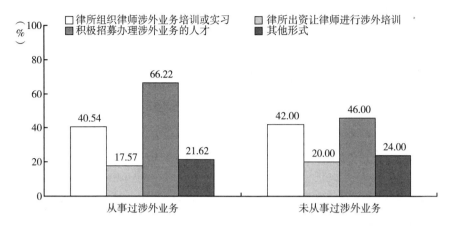

图51　北京律所鼓励开拓法律业务形式与是否从事过涉外业务交叉分析

（3）交叉分析：与律师学历的关系

除此之外，在学历为博士研究生的律师中，律所组织律师涉外业务培训或实习超过积极招募办理涉外业务的人才所占比例，被选择次数最高。而在学历为本科的48名律师中，共有28名律师选择了积极招募办理涉外业务，占该学历人数的58.33%（见图52），可见，不同学历的律师因其执业环境的不同，所在律所在律师业务培训的选择上也有很大不同。

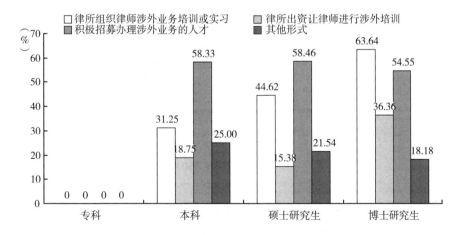

图52　律所鼓励开拓涉外法律业务的形式与律师学历的交叉分析

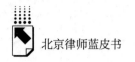
（4）交叉分析：与律师年收入的关系

年收入100万元以上的律师所在律所开拓涉外业务的最主要形式是积极招募办理涉外业务的人才而其中选择其他形式（以对开拓涉外业务没有表示为主）的比例随着年收入的增高先升高后降低，在10万～20万元达到峰值。而公司律师所在律所基本不出资让律师进行涉外培训，并且兼职律师所执业律所对于开拓涉外业务较为消极。

而根据北京律协基础统计数据，北京律师2014年度的平均收入为43万元左右，对比本课题组的调查结果可知，目前律所鼓励开拓的涉外法律业务主要集中在律所组织律师涉外业务培训或实习和积极招募涉外法律人才两种方式。

3. 律所组织涉外业务培训及实习项目的总体情况

（1）基础分析

本次问卷调研数据显示，律师所执业的律所组织过涉外法律业务培训活动或实习活动的占总数的28.23%，而没有组织过相关活动的占总数的71.77%，远远高于组织过的律所占比（见图53）。可见，目前北京律所涉及相关涉外法律业务的律所还是相对较少，涉外法律业务依旧不是北京律所的主流业务。

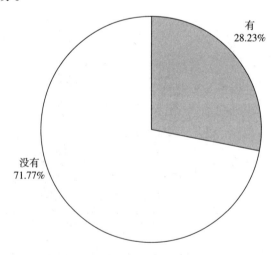

有
28.23%

没有
71.77%

图53 北京律所组织涉外业务培训及实习项目的总体情况

（2）交叉分析：与律师从事涉外法律业务的关系

根据本次问卷调研的交叉分析，律师是否从事过涉外法律业务对该选择影响较大，没有从事过涉外法律业务的律师所执业的律所没有组织过涉外法律业务培训活动或实习活动的比例远高于组织过的比例，而从事过涉外法律业务的律师此比例则相对持平（见图54），可见一般有涉外法律业务的律所对待涉外业务的培训及实习都较为重视。而律师所在律所涉及主要领域中有涉外业务的相较于没有涉外业务的律所其组织过相关培训和实习的比例都要高。

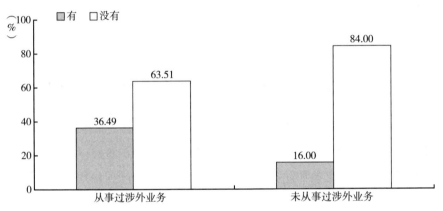

图54　北京律师所属律所是否组织过涉外法律业务培训活动
与是否从事过涉外业务交叉分析

（3）交叉分析：与律师年收入的关系

而参与本次问卷调查的律师中，随着年收入的升高，其所在律所组织涉外法律业务培训活动和实习活动的比例逐级增长，更有趣的是年收入100万元以上的律师其所在律所组织过相关培训或实习的比例远远高于没有组织过的律所的比例（见图55）。可见，律师收入的差异除了与其能力有直接关系以外，是否进行过涉外业务也是影响律师收入的一个因素，并且，一般来看，涉及涉外法律业务越多，律师年收入相对也就越多。

（4）交叉分析：与律师性别的关系

根据本次调查问卷数据分析可知，相较而言，女律师所在律所是否组织

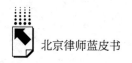

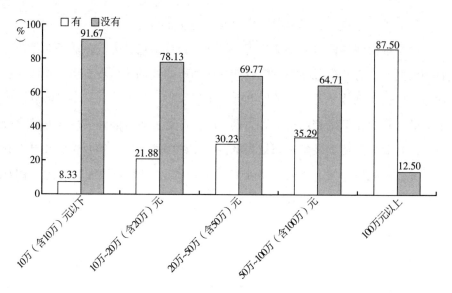

图55 律所组织涉外业务培训及实习项目的总体情况与律师年收入的交叉分析

过涉外培训的差别要比男性律师所在律所差别大。并且,女律师所执业的律所组织过相关实习或培训的比例要低于男律师(见图56)。可见,对比而言,男性律师更愿意参加此类涉外培训活动,这也与他们的精力等因素有关。除此之外,公司律师所在律所基本没有组织过相关活动,相反专职律师中组织过相关活动的律所数相对较高。

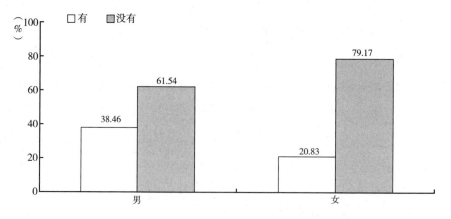

图56 律所组织涉外业务培训及实习项目的总体情况与律师性别的关系

（5）交叉分析：与律所分布的关系

而根据参与本次问卷调研的律师分布区域与律所是否组织过相关培训对比可知，除去没有律师分布的区域外，海淀区、朝阳区、西城区的律所是否组织过相关培训的比例分别为1∶4、1∶2、1∶4，而东城区、石景山区则都为1∶1，而丰台、大兴、顺义、房山则没有律所组织过相关培训。事实上，这与本课题组预设已知经济发展程度与涉外业务量呈正相关的假设不相吻合，究其原因，可能与本课题组总体样本量不够大有关。

4. 律所组织涉外业务培训及实习项目的类别

（1）基础分析

在前述分析的基础上，对选择组织过涉外法律业务等相关培训或实习的35名律师进行了更详尽的调查。本次问卷调研数据显示，在律所组织的培训活动中，以在境内举行涉外业务培训为主，共被选择31次，占所填总数的88.57%，其次是在境内举行外语培训和在境外律所进行实习活动，二者均有10名律师选择，分别占所填总数的28.57%，而以在境外进行外语培训和提供在境外学习以取得学位的机会两种方式为培训内容的相对较低，分别占总数的5.71%和8.57%（见图57）。上述数据表明，有条件组织相关涉外培训或实习活动的律所大部分也是以境内业务培训为主，并没有能力或精力进行境外实习或外语培训等。

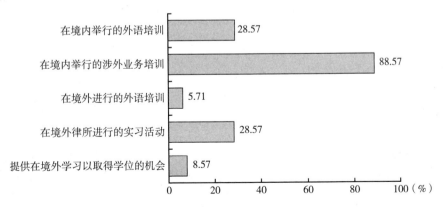

图57 北京律所组织涉外业务培训及实习项目的类别

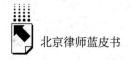

（2）交叉分析：与律师从事涉外业务的关系

根据本次问卷调研数据的交叉分析，律师没有参与过涉外业务的其所执业的律所相较于参与过的律师所在律所组织的各类活动的比例都相对较低（见图58），可见对于没有涉及相关涉外业务的律所对培训或实习的活动并不是特别重视。但从每一部分的百分比来看，不论是参与过涉外法律业务还是没有参与过相关业务的律师，律所组织的项目大多都是在境内举行涉外业务培训。

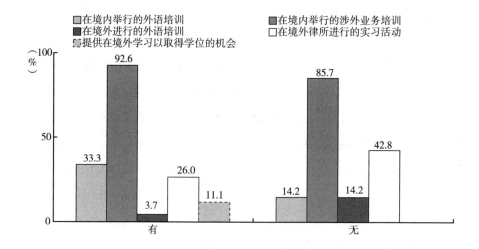

**图58　律所组织涉外业务培训及实习项目的类别
与律师是否从事涉外业务的交叉分析**

（3）交叉分析：与律师学历的关系

在组织过相关培训和实习的律师中，学历为博士研究生的律师明显相较于本科和硕士研究生学历的律师获得的境外律所实习以及境外学习以取得学位的机会大（见图59），但根据北京律协基础统计数据，目前博士研究生学历的律师占总律师数的3.8%，故此大部分律师的学历依旧为本科或硕士研究生，对比可知律师获得境外实习或境外学习取得学位的机会普遍还是不高。并且，男律师所在的律所组织的各类活动比例都要比女律师所在律所比例高。

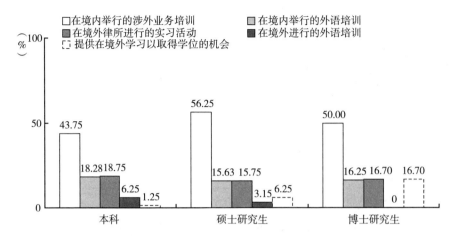

图59　律所组织涉外业务培训及实习项目的类别与律师学历的关系的交叉分析

（4）交叉分析：与律师执业身份及律师执业领域的关系

除了公司律师所在单位基本没有组织相关的涉外培训外，在组织过涉外培训的律所中，兼职律师所执业的律所组织的活动也仅限于在境内举行涉外培训，其他形式并没有涉及。除此之外，在以涉外业务为主要领域的律所中，其更加青睐组织境内涉外业务培训这种方式进行培训，而在国内业务和国外业务量持平的律所中，其各种组织方式均有涉及且比例差距不大。综上所述，在组织过涉外法律业务培训的律所中，大部分律所都不约而同地选择了在境内举行涉外业务培训这种便捷高效的方式进行培训。

5. 律所组织涉外业务培训及实习项目的总时长

（1）基础分析

根据本次问卷调研的数据可知，北京律师所执业的律师事务所组织过涉外法律业务培训或者实习活动少于两个月的占总数的51.43%；2~3个月、3个月以上以及无法确定的分别占组织相关活动人数的34.29%、5.71%、8.57%（见图60）。由此可见，大部分组织过相关涉外活动的律所的培训都为短期性的，并且律所对涉外培训的重视程度总体上来说不够高。

（2）交叉分析：与律师培训时间意向

根据本次问卷调研有关律师培训时间意向的调查结果可知，46.96%的

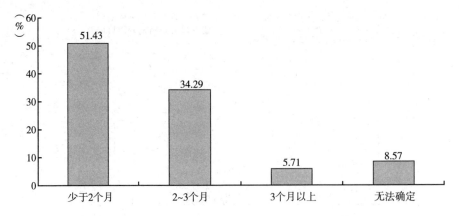

图60　北京律所组织涉外业务培训及实习项目的时长情况

律师更愿意进行活动时间为1～3个月的培训，而这与律所涉外培训的周期长度呈现短期性的特点不谋而合。简言之，无论是律所还是律师，因种种原因其都更青睐于这种周期短效率高的培训方式。

6. 律师希望律协在涉外业务培训及实习项目方面所做的工作

（1）基础分析

本次问卷调研数据显示，在参与调查的北京律师中，选择希望北京律协定期组织各种涉外培训活动或实习活动的共占总填写人次的87.10%；选择希望积极向政府部门申请政策、资金等方面的支持，分担律师部分培训或实习活动的经费，积极鼓励律所、争取律所的支持与辅助分别占总填写人次的83.87%、87.10%、65.32%。而选择希望以其他方式组织相关活动的占总数的7.26%（见图61），其中希望北京律协予以资金资助的有4人，希望以提供境外交流机会为方式的有3人，希望延长学习时间和进行针对性英文培训的各有1人。根据以上数据分析，不难发现，目前北京律师对于涉外律师培训的要求比较全面，几乎各个方面都有涉及并比较均衡。

（2）交叉分析：与律师学历的关系

根据本次问卷调研数据的交叉分析，学历为博士研究生的律师相较于本科、硕士研究生学历的律师更倾向于向政府部门申请政策、资金等方面的支持以及鼓励获取律所的支持，而弱化组织各种涉外实习或培训活动（见图

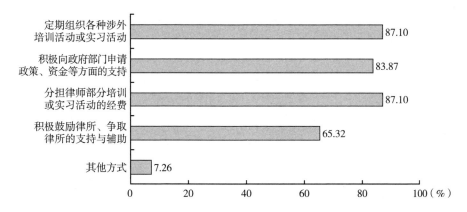

图61 北京律师希望律协在涉外业务培训及实习项目方面工作情况

62），这可能与其个人经历有关，具有博士学位的北京律师或多或少都有出国的经历，故对境外培训活动不甚热衷。

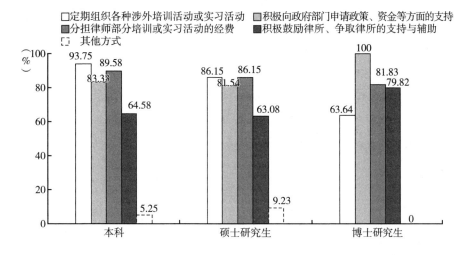

图62 北京律师涉外业务培训及实习项目工作与律师学历的交叉分析

（3）交叉分析：与律师身份的关系

而相较于兼职律师以及专职律师，公司律师更倾向于以分担律师部分培训或实习活动的经费为主要支持方式，而兼职律师则更看重政府部门在政策、资金等方面的支持，专职律师对这三方面的需求都比较平均。

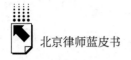

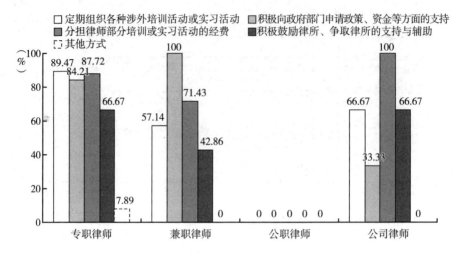

图63　北京律师涉外业务培训及实习项目工作与律师身份的交叉分析

（4）交叉分析：与律师收入的关系

除此之外，律师的年收入使得其对北京律协的期待也有所不同，10万～100万元年收入的律师更加期待北京律协定期组织各类涉外培训或实习的活动，而随着年收入的不断增高对政府给予政策、资金等方面的支持比例就相对下降，但总的来说，下降比例并不大（见图64）。

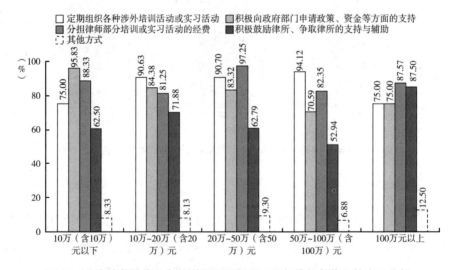

图64　北京律师涉外业务培训及实习项目工作与律师年收入的交叉分析

（二）调研小结

1. 基本结论

由上述分析可知，目前北京地区的律师事务所对于涉外法律事务的态度相对来说是鼓励支持的，但是，由于各种原因（例如事务所规模、律师综合素质等），北京律所组织过涉外法律事务培训的比例较低，一般都集中于有相关涉外业务的律所，而没有积极拓展涉外业务的倾向。并且，即使是组织过相关培训的律所也存在培训周期短、培训方式过于单一的特点，这并不利于从事相关业务的律师素质的有效提高以及北京律所涉外法律业务的拓展。

2. 相关建议

北京律协应当在此方面扮演积极角色，鼓励律所开拓涉外业务，并多组织模式多样化的相关涉外培训和实习。根据调查，我们发现随着我国经济发展水平的提高，律所涉及的涉外法律业务量越来越高。因此，只有律师相应的业务能力、专业知识水平以及外语水平等得到有效提高，才可以应对这一趋势。在此过程中，北京律协应当扮演正面积极的角色，不仅支持鼓励律所开展相关业务培训，更要发挥自身能动性，充分落实政策实施，组织更多多样化、全方位、大规模的培训及实习活动。

并且，律协应当注意在组织相关培训的同时，考虑律师及律所的需求，培训周期不应太长，但一定要注重效率。根据被调研律师的意愿，我们发现律师很愿意参与到这些培训中，但无奈自身精力有限，很多时候身不由己。因此，律协在设定培训方式和内容的时候，应更多选择有实际意义的，能够有效用于实践中的"干货"，优化培训内容，提升整体效率，达到事半功倍的效果。

八　北京律师参与涉外业务培训的总结与展望

本部分就律师从事涉外业务的不足及其原因进行分析，并对涉外法律业

务培训与实习的机制构建以及涉外法律业务培训与实习的具体措施提出对策建议。

（一）律师从事涉外业务的不足及其原因分析

由于我国律师行业发展起点低、起步晚，中国律师与欧美地区的律师相比在业务素质、国际法律服务能力等方面还存在很大差距，中国律师国际法律服务能力亟须提高。近年来，我国律师事业取得了很大发展，但是复合型、国际化律师人才队伍发展相对滞后，从事涉外法律服务的律师人才非常短缺，总量不足，我国律师在国际事务、全球经济一体化和国际法律服务业的影响力和参与度与我国对外开放总体目标和经济发展总体水平不相适应，已经成为我国律师行业发展的"短板"和"软肋"。

以上可以说是中国律师从事涉外法律业务的总体状况，北京律师当然也不例外。根据问卷调研结果和访谈记录，北京律师参与法律业务培训与实习活动的情况总体而言是少数的、零散的、体系失调的，效果并不理想，许多律师有志于参与涉外法律业务，但往往受制于各种条件，例如外语水平不高。

尽管我国律师队伍不断壮大，国内律师业务蓬勃发展，但作为对比，在中国，从事涉外事务的律师数量严重不足，所从事的涉外业务单一，远远不能满足国际化市场的需求。目前全国能熟练与国外客户洽谈业务、签订合同的法律人才只有 3000 人左右，熟知国际贸易法和规则的就更少。根据调查，中国近 64% 的涉外案件因缺乏涉外律师而无法审理，82% 以上的法律工作者只有单一类型的法律知识而无法和国际接轨。国外的律师瓜分了涉外法律服务市场的"大蛋糕"，中国律师只能提供低端的法律服务。现阶段国内法律本科人才供给过多，而开展国际事务需要的高级涉外法律人才却寥寥无几。在全球法律一体化进程加快的今天，培养涉外律师人才的任务迫在眉睫。但"高端"的法律人才的培养是一个系统工程，不是一蹴而就的。造成目前我国从事涉外业务律师不足的原因很多，主要包括以下方面。

1. 历史原因

我国律师行业真正起步于 20 世纪 80 年代，至今也才 30 多年，而且我国律师的业务绝大部分是国内业务，而在欧美国家和地区，其近现代律师业发展至少有上百年历史，专业化程度发达，并且伴随着经济全球化的进程，这些国家的律所往往都有丰富的涉外业务经验。

2. 高等法学教育的原因

我国法律人才的培养依赖于大学阶段的法学教育，而目前法学教育开展的课程都是传统的法律课程，在我国只有为数很少的几家院校开设涉外法律课程。并且，到目前为止，我国高校法律外语教学还处在探索阶段，即使拥有很高学历的律师也不能自由地与外国人沟通。

3. 社会认证机制的原因

我国没有对从事涉外业务的律师的资格认证或者考评机制，也没有有效的培训激励机制，很多毕业生在律师事务所如果不用外语，很容易被遗忘甚至退步，也不能激起律师学习法律外语的兴趣，这也是涉外法律事务人才培养进程缓慢的原因之一。

4. 律师行业内部的原因

（1）律师培训内容和形式存在问题

培训内容和计划往往沿袭和模仿全日制普通高校的做法，培训内容不足，培训形式单一，难以体现律师培训的特色；在培训的师资上，高水平的专门师资培养不足，能够为广大律师授业解惑的高水平律师数量还很不够，法学教授们绝大多数缺乏律师的实际执业经历，且注重理论上的研究，因此往往无法提供令律师满意的培训内容。

（2）律师协会难以独自承担培训任务

现实中，律师数额庞大，律师协会独家承担律师培训，在人力、物力上都会显得力不从心，负荷过重。

（3）律师事务所重视不足

律师事务所对人才培养重视不够，基础性培训投入不足。很多律师事务所管理者对本所的建设和发展缺乏长远规划，只关注眼前利益，不重视人才

培养，对本所律师的继续教育不闻不问，事务所基础性培训投入不足或者根本没有投入。

（4）律师个人认识不足

部分律师认为学习占用了其办理业务的时间，影响了自己的收入，且学习不能立即为其带来现实的经济利益，因此，积极性不高。

（二）涉外法律业务培训与实习的机制构建

根据问卷调研得到的数据分析结果以及访谈情况的反馈，并借鉴国内已有的涉外法律业务培训的经验和国外律师涉外培训及实习经验，为提升北京律师的核心竞争力，强化北京律师在涉外法律业务方面的竞争优势，搭建一个由政府、律协、律所、个人四方参与的平台，使北京律师涉外培训及实习项目受到政府的政策支持、律协的主导推进、律所的大力辅助、个人的积极参与，构建一个多方参与、全面发展的涉外法律人才培训与实习机制是必行之路。

1. 地方政府

政府在涉外法律业务培训与实习机制的构建中，应发挥政策支持、资金支持以及其他辅助作用，政府应是培训计划最大的支持者和最坚强的后盾。

政府大力支持以律协为发起者和组织者的涉外法律业务培训与实习机制的构建，特别是在资金上给予支持。律协组织律师进行境内或境外的培训和实习活动等，需要很大的费用支出，例如师资力量的成本、境外的费用等，另外网络的建设项目本身的构建成本、日常运营维护的成本也较大，如果没有政府的资金支持，律协仅靠自己的资金将很难开展这些项目。全国律协的领军人才的培养计划得到了国家专项资金的支持，北京市政府应该设立涉外高端律师人才培养的专项基金。此外，北京市政府也可设立公派出国留学项目，每年选派一定数量的律师出国留学。

2. 司法行政部门

司法行政部门作为律师的管理部门，同样负有培训律师的责任。司法行政部门应帮助律协出面与其他部门进行交流与沟通，使律协的培训活动更加便利和顺畅。如司法局可以与商务部、贸促会、外专局等部门协调，共同制定培训涉外律师的计划和方案。司法局作为行政部门，在与商务部、贸促会、外专局、人力资源和社会保障部等部门的沟通上相比律师协会有一定优势。山东的做法可以借鉴，即司法局联合有关部门，包括商务厅、外专局等共同实施涉外法律人才的培养。

此外，司法局还可以与国家留学基金委建立合作关系，选派符合条件的律师出国。国家留学基金委每年不仅面向国内高等学校，还从企业事业单位、行政机关、科研机构的工作人员中进行选拔，让他们出国做访问学者，或者攻读硕士或博士学位等，近些年国家留学基金委在选派留学生上不断扩大规模、改革创新，因此司法局与国家留学基金委合作选拔律师出国留学是具有可行性的。

3. 律师协会

北京律协无疑是涉外法律业务培训与实习机制的发起者和组织者，律协应投入部分经费和人力物力来承担建立培训机制的绝大部分任务和责任。

（1）建立北京涉外律师人才库

对有留学背景的律师进行摸底，汇集优秀的律师，建立涉外律师人才信息库，为涉外律师的推荐使用提供便利。

（2）建立网络学习平台

律协筹建网络学习平台，且做好在北京律师中的宣传、普及和日常的维护运营，引入经典教材、延请师资，包括法学院校教授、从事涉外业务的律师以及外国律师和专家等。此平台应可回放录播的视频课，所有在律协注册的律师可随时上线听课。律协一方面可以把多次举办的对涉外律师培训的视频传到网上，让更多的律师共享；另一方面可以制作一些课程上传到网络平台。

网络学习平台是应该得到广泛推广的最基础的培训方式，使每位北京律师都有机会参与网络学习。利用互联网先进技术，实现涉外法律知识与实务经验的在线分享，形式包括课件的分享、录音视频的分享等。为鼓励律师参与网络学习环节，建议网络学习平台采取完全免费或者较少收费的方式，并

且规定经过一定课时的学习后，通过考试，可以申请参加律协后续组织的定期境外实习项目、境外学位项目。

（3）建立境外学习渠道

与境外一些大学的法学院合作，建立每年选派律师去境外法学院攻读学位的长期稳定的机制。在国外学习的过程，不仅是学习国外的法律，还是提高英语水平，了解国外的政治、经济、文化和习俗的过程。从事涉外业务的律师不仅要了解中国文化，也要了解外国文化，这样才能做到知己知彼，百战不殆。如果脱离文化背景，脱离国际经济大环境，对涉外案件的处理就很难把握。如海外并购等业务，涉及产业的调整和全球战略，因此不了解国外的政治、经济形势就不能提供优质的法律服务。

在境外学位项目中，律协应积极同国外法学院联系，收集并整理境外各法学院校申请攻读学位的相关信息，获取能定期推荐律师攻读上述院校学位的名额的资格，同时做好把关工作，从申请者中筛选出符合条件的北京律师，推荐他们攻读境外学位。律协可承担律师攻读境外学位的一部分费用，或者要求境外的法学院对学习优秀的律师减免一些费用或者设立奖学金。

4. 律师事务所

北京各律师事务所应是涉外法律业务培训与实习机制的重要支持者和辅助者，各律所是北京律师最主要的工作单位，没有律所的鼎力支持和辅助，律师参加涉外法律业务培训与实习的热情和可能性都会大幅降低。

首先，律所不能仅仅盯在创收上，要有长远的眼光，要发展专业化、品牌化的律师事务所。有条件的律所还可到国外设立分所，招募留学人员，或吸引外国有经验的律师到海外的分支机构。

其次，注重团队合作、专业分工。涉外的法律事务，如海外上市、并购等业务工作量大、历时时间长，往往涉及上亿元的金额，律师个人单打独斗是不行的，需要团队的配合。

再次，与国外律所合作，增进交流。即与国外的律师事务所建立合作关系，让国外的律师传授经验等。

最后，律师事务所应认识到知识投资和人才培养的重要性，并增加对本所律师进行培训的经费投入，以此来提升本所律师的能力和事务所的声誉，律所可采取如下部分或全部措施支持律师参与涉外法律业务培训与实习：对本所律师参与涉外法律业务培训与实习给予经费上的支持，实行奖学金制度，奖励在涉外法律业务培训与实习中表现卓越的律师，并为有贷款参与境外实习、攻读境外学位需求的本所律师进行担保；为参与涉外法律业务培训与实习的律师保留所内的岗位、全部或部分原有待遇。

5. 律师个人

律师个人是涉外法律业务培训与实习机制的参与者，一系列培训和实习活动都是为了提高北京律师个人的涉外法律业务水平，增强律师在涉外业务方面的核心竞争力。有志向的律师应有长远的眼光，向更高层次发展，认识到学习本身是一个塑造人格、积蓄能量、发掘潜力的过程。有志于参与涉外法律业务的律师个人应随时关注本所内以及律协发布的各种培训与实习信息，并愿意付出时间和一定的经济成本，积极参与培训实习，不断提高自己从事涉外法律业务的能力。

（三）涉外法律业务培训与实习的具体措施

1. 律师涉外法律英语的培训

对于中国律师而言，语言是从事涉外法律业务的首要问题，特别是英语，伴随着英美的大型律师事务所在全球范围内的扩张，英语已成为全球法律职业最重要的语言。外语水平直接影响着中国律师参与涉外法律业务的可能性，外语水平不足，则会影响交流，更无法处理当事人的法律事务。根据本次报告得到的调研数据，在参与问卷调研的律师中，74%的律师没有参与过涉外法律业务的原因就是外语水平不够，由此看来，外语水平成为律师参与涉外业务的最大障碍。

外语的学习是循序渐进的过程，需要一定时间的集中强化训练，短时期不可能有太大的提高，尤其是听力和口语。但是，绝大多数参与培训的律师在学习之外还要办案，不可能抽出大块儿的时间学习语言，即使有决心加强

外语水平的律师，也经常会因业务的干扰不能坚持下来，这也是为什么律协举办英语培训时，律师积极性不高，有些律师半途而废。

再者，涉外法律业务需要外语的翻译、写作、沟通，涉外法律业务需要的是高超的外语水平，以便进行法律咨询、法律谈判、法律写作、法庭辩论等，以英语为例，不是说通过了大学英语六级、托福或者雅思考试，就能够熟练地用英语办案。因此，不建议对英语实施基础培训，而应该是高级的英语培训，即受训人本身已具有良好的英语功底。近些年我国无论是基础教育还是大学教育，外语的教育水平在不断提高，各个大学学生的出国交流项目也在不断增多，出国留学的人员也成倍增长，因此，挑选英语水平好的律师进行高级培训具有可行性。

这里的高级外语培训主要是指法律外语的培训。提高法律外语水平是提高律师涉外法律服务参与人数、质量、业务水平最根本和最基础的要求，这也是涉外业务法律培训所必须解决的首要问题。目前我国的法学教育，缺乏对涉外法律人才的培养，中国政法大学 2012 年底经教育部批准，从 2013 年起开设涉外法律人才实验班。以英语为例，虽然一些院校有法律英语的课程，但是对于将来从事涉外法律服务的律师来说远远不够。可设置挑选参与高级英语培训的条件如下：取得英语本科以上的学历，或者具有 1 年以上海外学习的经历，或者有近两年的托福或者雅思考试成绩，一般托福成绩要求 90 分以上（其中听力和口语不得低于 25 分），雅思成绩 6.5 分以上（其中口语和听力不得低于 6 分）。

涉外法律英语培训可以以 TOLES（Test of legal English skills）即法律英语水平考试内容作为英语教学的主要内容。TOLES 是国际法律英语水平测试系统，是全球领先的法律英语证书认证系统，旨在为律师、法学院学生提供权威、科学的法律英语认证工具。通过这个系统测试的法律人员可以从事涉外法律实务。通过对有资格的律师提供资格认证途径，全方位提升律师国际事务处理能力。

2. 律师涉外法律业务的培训

律师参与涉外法律业务更重要的是对相关专业法律的掌握和融会贯通，

既要了解国内的具体法律法规和各项政策制度，还要对当事人所在国的相关法律了如指掌，对国际条约和国际规则有深刻的理解，这才是律师在涉外服务领域能否取得成功的关键。

律师协会开展涉外法律业务的培训要循序渐进，有计划地进行。涉外法律人才的目标主要是培养以下三类人才：一是精通对外投资、跨国企业并购、国际金融证券等涉外法律业务领域的涉外律师人才，律协应在培养精通上述业务的律师上加大投入，以提升律师参与中国企业"走出去"战略的核心竞争力，满足国家对于法律人才的需求；二是培养北京律师精通 WTO 规则、了解 WTO 争端解决机制、反倾销、反补贴、知识产权保护等业务领域的人才；三是培养精通能源资源、海洋和空间权益等业务领域的律师人才。

（1）培训的内容

培训内容主要包括国际贸易、外商投资、跨国并购、海外上市、知识产权、反倾销、反垄断、海商法、外汇交易法、涉外仲裁等。课程是多方面的，既有实体方面的，也有程序方面的，如仲裁与国外的诉讼程序；既有法律的，也有非法律的课程，包括经济和管理等方面，如企业对外投资的现状、战略和管理与国外市场的介绍等；既有理论课程也有实务课程，如金融合同的起草、相关法律文书的制作等。但是，这些课程应该偏重实务操作，而不是理论。

除此之外，法律业务的培训应该包括技能的培训，沟通、谈判的技能是律师办理案件不可或缺的。国内外不仅法律不同，而且文化差异大，需要律师在中间协调、沟通，避免对国外法律理解的偏差。律师如何与当事人沟通，如何赢得业务及客户信任，在法律事务中极为关键。我国目前的法律教育偏重理论的灌输，缺乏实务技能的教育，因此，在律师的培训中应有技能的培训，可以通过律师结合自身经验的讲授以及涉外业务的模拟演练来增强。

（2）培训的期限

培训可以采取短期的集中培训，也可以采取长期的培训。短期培训可以

187

集中就某个专题，如"三反"培训、国际贸易、投资或并购等进行为期一个星期到两个星期的培训。也可以采取半年以上的长期培训，比如在6～12月的期限内，讲授一些课程，可以一个月讲授一门课程，一个月内授课1～2次。两者各有各的优势，可以让律师根据自己的情况去选择。

（3）培训的师资

涉外法律业务课程除了聘请院校的教授、经验丰富的律师，还应包括国内资深的法官，以及证监会、商务部、发改委、国资委等实务部门的人员。律协也可以建立教师的信息库，并给聘请的老师发放证书。

（4）培训的模式

除传统的面授外，如前所述，可以推进利用网络的远程教育和充分利用音像资料学习。另外，还可以举办专题讲座、业务研讨，也可以采取沙龙、模拟、实战演练等方式，从而改变培训过于单一的模式。

（5）培训的质量

律协严把培训的质量关。每次培训后，要有一定的考核，并针对授课的人员、授课的内容、授课的方式对学员进行问卷调查，不断总结加以改进。

3. 律师涉外实习项目

与境外律师事务所展开全方位的合作与交流，搭建与境外的双向境内外律师培训实习交流项目的固定渠道，律协应当起到桥梁的作用，积极联系境外律师事务所，建立一条长期的、稳定的双向交流沟通渠道，组织境外律师、学者来境内参观访问和进行交流活动，组织、引导律师"走出去"去境外律所实习。

在境内方面，组织接纳境外律师来北京本地律所，对律师进行培训，传授经验；在境外方面，组织北京的律师前往境外的律所实习，熟悉当地的整体环境氛围以及相关涉外法律业务，时间至少1个月。

境内外双向互动的长期交流实习项目是最有效、最重要和最关键的方式，有助于提高律师的涉外法律业务水平。律师们在解决语言问题之后，如果想要将涉外法律业务水平提高到优秀的水平，不仅需要得到涉外法律业务的充分的实践机会，更需要理解并适应相关外方的本地文化环境和氛围，在认识并适应了中外的差异性后，方能成为一个真正的涉外法律业务专家，才能更好地解决相关涉外法律业务所会遇到或可能遇到的种种问题。因此，律师若能在境外交流实习，必然会带来涉外法律业务水平质的提升。实习的费用可由律协、律师事务所或者个人共同承担。

B.4
北京律师行业党建工作的调查与分析

王进喜*

摘　要：　近年来，北京律师行业党建工作取得了显著成绩，有力地促进了行业健康发展：第一，律师行业实现了党组织全覆盖，党组织阵地建设不断加强；第二，律师行业党员数量不断增长，党员的先锋模范作用有效发挥；第三，行业党组织开展了思想政治教育、党建专题培训、党建品牌建设等系列党建活动。与此同时，北京律师行业党建工作的基础还比较薄弱，党的组织建设和党员发展方面都有改善和提高的空间。今后加强北京律师行业党建工作需要结合十九大报告等党的政策文件的精神，正确把握律师行业党建的发展方向。在此基础上，还需要加强以下四个方面的工作：一是在思想上要充分认识律师行业党建的重要性；二是大力强化律师行业党建基础工作；三是不断加强律师行业党组织建设；四是提升党员发展与党员教育管理工作效能。

关键词：　律师　党建工作　党的组织　党员发展　党建活动

近年来，北京律师行业党建工作取得了显著成绩，有力地促进了行业健康发展。但是也要清醒地看到，律师行业党建工作的基础还比较薄弱，在一

---

* 王进喜，中国政法大学教授、博士生导师，中国政法大学律师学研究中心主任，中国法学会律师法学研究会副会长。

定程度上制约了行业的整体发展。当前，首都发展进入了新时代，新形势、新任务对律师工作提出了新的更高的要求。首都律师行业必须以党建为引领，明确党建工作目标、细化党建工作内容，不断加强律师队伍建设，在更高的层次和更高的水平上谋划和推进律师工作。本报告将借助各类资料，特别是《北京市律师行业党建工作调研报告》中的材料和数据，① 对北京市律师行业党建工作的基本情况、党组织建设、党员发展、党建活动、党建经验等进行系统总结，进而对党建工作存在的问题、发展方向做出分析，提出进一步加强首都律师行业党建工作的对策建议。②

一　北京市律师行业党建工作概况

（一）党建工作的领导与主管部门

北京市律师协会始建于 1952 年，恢复于 1979 年 8 月 10 日。2001 年 12 月，北京市律师协会第一次党代表大会选举产生了中共北京市律师协会党委，隶属于北京市司法局党委，是全国第一个律师协会党委。

2005 年以前，市律师协会党委直接管理全市律师行业党组织。2005 年底，律师行政管理和党的建设工作体制从全市集中管理调整为属地管理之后，特别是 2008 年律师党建工作全部属地化以后，市律协党委的工作重点从直接管理全行业党建工作，转变为对全行业党建工作进行工作指导。

2018 年 3 月，为深入贯彻落实党的十九大精神和习近平总书记关于加强律师队伍建设的重要指示精神，进一步加强新形势下律师行业党的建设工作，推动律师工作改革发展，根据中共中央办公厅《关于加强社会组织党的建设工作的意见（试行）》并报经中共北京市委组织部同意，北京市司法局党委决定成立中国共产党北京市律师行业委员会，负责指导全市律师行业

---

① 北京市律师行业党建工作调研组：《北京市律师行业党建工作调研报告》，《中国律师》2018 年第 6 期。

② 在本报告中，除特别说明外，统计数据均由北京市律师协会提供。

党的建设工作，北京市司法局副局级干部王群任党委书记。

2018年7月8日，北京市第十届律师代表大会第六次会议隆重举行，本次代表大会的一项重要议程是对《北京市律师协会章程》进行修订，明确了"本会接受中国共产党北京市律师行业委员会的领导，组织开展律师行业党的建设工作"，进一步强调了律师行业党委对律师协会的领导关系，明确了北京市律师协会的党建工作职责。

（二）党建工作的目标

党建工作的目标伴随着首都律师发展的实际状况不断做出调整，就最近一阶段来说，首都律师行业党建工作的具体目标包括以下几个方面。

1. 完成各级党组织体系建设

按照司法部和市司法局的统一部署和要求，在北京市律师行业党委成立后，立即部署成立区级律师行业党组织，为形成党建一盘棋的工作格局奠定坚实基础，进一步织严织密行业党建工作网络，实现党的组织从有形覆盖到有效覆盖的转变，全面提升北京律师行业党建工作科学化水平。

2. 实现党的工作全覆盖

针对存在无党员律师事务所的实际状况，在2017年工作基础上，进一步加强"党建联络员"队伍建设，扩充党建联络员任职范围，与无党员律师事务所进行"一对一"联系，实现党的工作全覆盖。

3. 党建基础工作进一步夯实

提升全市律师行业党员基础数据的统计和分析工作水平，增强基础数据库的管理规范化程度。党务工作力量进一步充实，有效开展党建工作。发掘一批首都律师行业党员先进典型，加强宣传力度，提升首都律师的美誉度。

4. 党员发展与教育管理工作进一步提升

破除律师行业党员发展瓶颈，针对律师行业特点，加强党员发展尤其是年轻律师党员发展力度；堵塞党组织关系转接中的漏洞，探索党纪处分与行业处分相结合的机制；拓展党员律师参政议政渠道。

5. 提升党建与律师具体工作紧密结合程度，实现党对律师工作的全面领导

构建首都律师行业党建与律师行业充分结合的工作机制，实现党建与律师专业能力提升和培养相结合、与业务推广相结合、与规范执业相结合、与社会公益活动相结合、与群团统战工作相结合、与文化建设和文体活动相结合、与对党员律师和广大律师的关爱相结合。

（三）党建工作的内容

首都律师具有数量多、素质高、责任感强的特点和优势，行业党组织围绕加强行业管理与服务，采取了一系列行之有效的措施，不断加强首都律师行业党建工作的内容创新，在全国律师行业党建工作中形成了北京特色。

1. 强化政治建设，努力发挥政治引领作用

北京市律师行业紧紧围绕宣传贯彻党的十九大精神，组织开展党的十九大精神学习宣传活动。党的十九大胜利召开后，北京律协党委在全市律师行业掀起了学习宣传贯彻党的十九大精神的热潮，先后召开了党委扩大会、市区两级律协会长联席会进行集中学习，主管局领导王群同志为大家讲了党课，下发了《关于在全市律师行业掀起学习宣传贯彻党的十九大精神热潮的通知》，对行业学习宣传贯彻党的十九大精神进行了全面部署；先后举办了"首都律师行业学习宣传贯彻党的十九大精神专题辅导报告会"、"践行十九大精神骨干律师井冈山培训班"、"中国梦·律师情"2017北京律师歌咏比赛、"新时代　新征程　中国梦　律师行——首都律师行业学习宣传贯彻党的十九大精神主题演讲大赛"等系列活动，党的十九大精神在首都律师行业落地生根。

2. 组织建设取得长足进步，政治核心地位确立

党建组织体系建设卓有成效，市律协指导12个区律协同步成立党组织，指导符合条件的律师事务所建立独立党支部或联合党支部，实现市、区、所三级党组织"应建尽建"；对全市无党员的律师事务所均指派党建联络员，实现党的工作全覆盖。2017年为巩固工作实效，部分区改变了过去党建联络员基本由司法所人员担任的情况，如朝阳区律协党委安排党委委员和党支

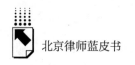

部书记共 120 人担任"党建联络员",与 120 家无党员律师事务所进行联系,朝阳区司法局局长亲自担任一家无党员小型律师事务所的党建联络员。

3. 制度建设全面进步

市区两级律协党组织均建立了党委会议制度、中心组学习制度。市律协党委通过党委会、党委扩大会等形式,对行业重要工作进行研究部署,指导协会在服务中心工作、参与依法治国建设、提升行业自律管理水平等方面积极发挥作用,充分发挥促进行业发展的政治核心作用。朝阳区、西城区、丰台区律协党委还建立健全了党建联席会制度、书记述职制度。大部分律师事务所制定了党组织参与律师事务所管理的制度,党组织建设进一步规范。围绕司法部党组工作部署,结合北京市律师行业工作实际,研究制定了《北京市律师行业党委 2018 年工作要点》,修订完成《北京市律师行业党委议事规则》和《北京市律师行业党委基层联系点制度》,行业党委工作机制进一步完善,行业党委自身建设不断加强。

4. 党组织作用凸显

市区律协党组织以创先争优、"两学一做"等为抓手,不断健全组织生活制度,提升党组织的政治引领作用。各律师事务所党组织坚持以"党建促所建、党建促业务",党组织的政治核心地位进一步巩固。据统计,总收入排在前 50 名的律师事务所全部设有党组织,其中党委 4 个、党总支 8 个、党员 4485 名,占全市律师行业党员总人数的 44%。有 34 家律师事务所受到协会党委年度表彰,超过表彰总数的三分之二。这些成绩充分说明党建对律师事务所发展的助推作用日益凸显。

5. 充分发挥党组织班子作用

市律协党委注重从三个层面加强班子建设。市级层面,按照"两结合"管理体制的要求,市律协党委成员由市司法局主管局领导和协会班子党员成员组成。区级层面,区律协党组织成员比照市律协党委成员构成配备。律师事务所党组织层面,倡导党支部书记由事务所主任或管理合伙人担任。

6. 党员教育管理日常化,先锋模范作用突出

市、区律协党组织严格组织关系管理,实行党员律师组织关系接转与律

师执业同步办理制度，实现党员管理无缝对接。以律师党校为平台，通过革命传统教育、专题培训等方式加强行业思想教育，累计培训 3000 余人次。党员律师在服务中心大局、推进全国依法治国建设以及行业发展中发挥中流砥柱的作用。在北京律师行业近万名律师事务所合伙人中，40% 左右是共产党员律师，党员律师已成为律师事务所的中坚力量。

7. 党建阵地建设进一步加强

行业各级党组织充分运用各种媒体手段，加强党组织阵地建设，积极宣传党的路线方针政策，展示党建工作成果。市律协建立党建活动室、创立《北京律师党建》专刊，在首都律师网上设有"律师行业党建"专栏，还建立了首都律师支部书记微信群，积极开展宣传学习。

8. 强化调查研究，摸清党建工作家底

2017 年，为全面了解掌握北京市律师行业党建工作情况，总结工作经验，查找不足，扎实推进行业党建工作，北京市司法局政治部与北京市律师协会联合成立党建调研组，在全市律师行业集中开展行业党建工作调研。调研组共实地走访区律协 2 家、律师事务所党组织 16 家；召开座谈会 6 场次，了解了 7 个区、26 家不同规模、不同党组织类型律师事务所的党建工作情况；电话调查 4 个党支部情况，总计调查了解 7 个区司法局、2 个区律协和 46 个律师事务所党组织的党建工作情况，发放调查问卷 2000 余份。以调研为基础，撰写《北京市律师行业党建工作调研报告》。此报告荣获北京市党建研究会 2017 年度优秀自选课题成果一等奖。

二　北京市律师行业党组织建设情况

近年来，北京市律师行业党组织建设工作成效显著。行业党委全面贯彻落实从严治党要求，从政治和全局的高度着眼、谋划律师党建和行业发展，全面加强党对律师工作的政治引领。通过健全制度、深入调研等方式，研究探索新时代律师党建工作方式、方法和路径，推动行业党建工作从有形覆盖向有效覆盖转变，在全国律师行业党建工作中形成北京特色。

（一）实现律师行业党组织全覆盖

2018 年 2 月，按照全国律师行业党委要求，报经市委组织部同意，北京市司法局党委批准，北京市律师行业党委于 3 月正式成立。两个月后，北京市 16 个区全部成立区级律师行业党组织，党建工作体制进一步理顺，形成了市委组织部门牵头抓总、司法行政部门组织领导、律师行业分级管理的党建工作新格局。截至 2018 年 5 月，全市律师事务所已发展至 2454 家，律师事务所党组织 646 个，其中独立党组织 551 个，联合党支部 95 个，覆盖 1075 家律师事务所，实现"应建尽建"。对全市 828 家无党员律师事务所均指派党建联络员，实现党建联络员"应派尽派"（见图 1）。

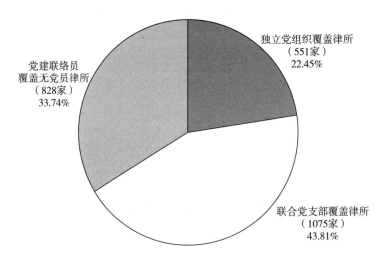

图 1　党组织覆盖律师事务所情况

（二）党组织班子建设成效明显

党组织班子建设是律师行业党建工作的前提和基础。在市级层面，按照"两结合"管理体制的要求，由市司法局相关领导干部和协会班子中的党员律师一起共同组成协会党委班子。2013 年 9 月，经市司法局党委批准，市律师协会党委成员实行席位制，即党委书记由市司法局主管律师工作的副局长担任，党委副书记由市律协会长、市律协秘书长、市司法局律师综合指导处党员处长担任，其中市律协秘书长为常务副书记，党委其他委员由市律协党员副会长、党员监事长、市司法局律师许可处党员处长、市司法局律师监管处党员处长、市律师协会业余党校负责人组成。每次市律协换届后均及时调整党委组成人员，确保党的领导不缺位。

在区级层面，2010 年各区相继建立律师协会后，市司法局党委和市律师协会党委着力推动区律协同步建立党组织。区律协党委（总支）书记一般由区司法局主管副局长兼任，党委（总支）班子成员比照市律师协会的构成进行配备，并且党员律师在各区协会领导班子中的比例达到三分之二以上。

在支部层面，为使党建工作与律师事务所建设紧密结合，近年来，市司法局党委和市律师协会党委一直倡导党支部书记由事务所主任或管理合伙人担任，或者将现任支部书记增补为党务工作专职副主任。2017 年前，全市律师事务所党组织书记 90% 以上达到了上述标准要求。"党政一肩挑"明显增强了党支部在律师事务所的重要性和影响力，也更有利于支部作用的发挥，进一步增强了党组织的吸引力。

为切实加强市区两级协会班子建设，市律协党委近年来连续制定下发组织建设、理论中心组学习、党风廉政建设以及基层联系点等制度。两级律协党组织密切结合律师行业特点及律师工作需求，积极深入探索开展形式多样的特色培训及学习活动，注重提升律师事务所党组织的管理水平和凝聚力，取得了显著成效。每年通过组织书记骨干示范班、支部书记培训班、参观实践活动等形式，不断提升律师事务所党组织负责人的工作能力和水平。

（三）党组织制度建设全面进步

一是班子履职考核制度进一步完善。市律协党委不断完善对市律协理事监事任期履职考核制度，2016 年建立会长班子考核制度并坚持至今，班子成员履职意识和能力显著提升。各区律协党组织也相继建立律师事务所党支部书记述职制度。

二是市区两级律协党组织均建立了党委会议制度、中心组学习制度。市律协党委通过党委会、党委扩大会等形式，对行业重要工作进行研究部署，指导协会在服务中心工作、参与依法治国建设、提升行业自律管理水平等方面积极发挥作用，充分发挥促进行业发展的政治核心作用。朝阳区、西城区、丰台区律协党委还建立健全了党建联席会制度、书记述职制度。大部分律师事务所制定了党组织参与律师事务所管理的制度，党组织建设进一步规范。

三是党组织参与决策管理的制度建设取得长足进步。2010 年 1 月，市律协党委发布《北京市律师协会党委议事规则》，明确指出：北京市律师协会党委是北京市律师行业的领导核心和政治核心，对全行业具有决策引领、政治保证和统揽全局、协调各方的职能作用。市律协党委通过党委会、党委扩大会、党委书记会、专题会等形式，对行业重要事项进行研究，指导协会在服务中心大局、参与依法治国建设、提升行业自治管理水平、加强行业思想道德教育、保障律师权益、申请执业、规范执业纪律、推进行业文化建设等方面积极发挥作用，各区律协党组织也基本按照市律协党委的工作模式开展区域党建工作。市区两级律协党组织积极引导律师事务所党组织发挥政治引领作用，扩大党组织在事务所合伙人中的影响力，积极参与律师事务所各项重大事务的决策和讨论，推进党的发展与律师事务所、律师行业、社会的发展有机统一。目前，全市大部分律师事务所都制定并实施了党组织参与律师事务所管理等方面的工作制度。如德恒所党委，把党支部和党小组建在专业委员会上，建在"急难险重"项目团队上，使党建与业务工作一体开展。同时，健全总分所管理体制，形成了总部党委联系、属地党组织负责、协同推进的层级党建工作格局。中同律师事务所坚持对于重大复杂及群体性敏感案件经党支部评估把关后才能受理，受理后指派党员律师主办或者参与办理的做法，坚持工作方案及律师意见要经集体讨论，律师在办案中遇到问题及案件进展要随时汇报的做法，既保证了办案质量和专业水准，又发挥了党员律师的示范和政治引领作用。

此外，多数律师事务所党组织能够围绕事务所发展，把党建工作与业务工作、与律师事务所文化建设和队伍建设相结合，通过党组织带领广大党员、团结全所律师，共同促进事务所各项工作的开展，特别是在服务重点任务、承担公益法律服务、维护社会和谐稳定等方面律师事务所党组织发挥了比较突出的作用。

（四）党组织作用凸显

党建对律师事务所发展的助推作用日益凸显。目前，行业基本形成以下共识，即党建工作对律师事务所的发展不是负担，而是非常好的助推力量。从实际情况看，发展好的律师事务所往往党建工作也非常好，党建工作好的律师事务所往往业务开展得也非常好。如大成、德恒、金杜等知名大所，都在建所初期就成立了党组织，建立党组织时间都已超过 20 年；都在律师事务所合伙性质的框架下，在党组织参与律师事务所重大发展战略、重要制度建设、分支机构管理、风控与品牌文化建设等方面，积极探索创新，实现了党组织与律师事务所同步发展，为行业党建工作创造了许多好经验好做法。如大成所党委创新"535 党建工作模式"，即突出"五个找准"，夯实党建工作根基；探索"三个一"机制，实现总部与分支机构党组织同频共振；确立"五种方式"，把党员律师培养成品牌律师，将品牌律师培养成党员，将品牌党员律师培养成高级合伙人，让党组织成为助推事务所发展的坚强核心。德恒所党委牵头召开律师事务所战略会，分析形势、确定目标，管委会制订实施计划，分头部署推进。管委会内核风控委员会由党委纪律委员兼任主任，重大疑难敏感案件都要经过"两委会"即党委、管委会共同讨论把关。金杜所党委各个党支部建立在业务部门（分所）基础上，党支部书记由业务部门（分所）负责合伙人或者主要合伙人担任。事务所最高管理机构——管理委员会 16 名成员中有 9 人为中共党员，约占 56%。事务所三位管理合伙人全部为党员，各业务部门主要负责人均为党员，保证了党员在事务所日常管理中发挥政治引领和政治核心作用。金诚同达所在党支部带领下，将"党员的党心、党外人士的同心、做人的良心、全所的人心"有力凝聚，并将这股巨大的精神力量辐射到事务所发展的方方面面，取得了骄人

的工作业绩和突出的社会效益。这些大型律师事务所都十分注重发挥党组织的政治核心和引领作用，都走出了合伙制律师事务所党的基层组织建设的新路子。

据2016年全市律师事务所收入情况统计，总收入排在前50名的律师事务所全部设有党组织，其中党委4个、党总支8个。这50家律师事务所共有律师8597人，占行业律师总人数的32%；共有党员4485名，占全市律师行业党员总人数的44%。党员在各律师事务所总人数（含律师和非律师）中的占比最高为61.7%（天同所），最低为11.8%（中银所），平均占比为32.6%。各所党员占全员比例分布情况见图2。

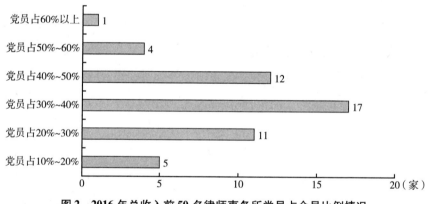

图2　2016年总收入前50名律师事务所党员占全员比例情况

2015～2016年度，这50家律师事务所及其人员有较大比例受市律协党委表彰。具体在2015年的表彰中，有17个被市律协党委评为"2013～2015年度北京市律师行业先进党组织"，占全部获奖党组织的35%；获评"2013～2015年度北京市律师行业优秀共产党员"的有20人，占获奖人数的20%；受表彰党员共计覆盖律师事务所25家。在2016年的表彰中，有18个被市律协党委评为"2015～2016年度北京市律师行业先进党组织"，占全部获奖党组织的37.5%；有29人被评为优秀共产党员，占获奖人数的29%；17人被评为优秀党务工作者，占获奖人数的34%；4人被评为"党建之友"；受表彰党员共计覆盖律师事务所34家，超过三分之二。连续两年获评市律协党委先进党组织的有 13 个，占全部获奖党组织的 27%。

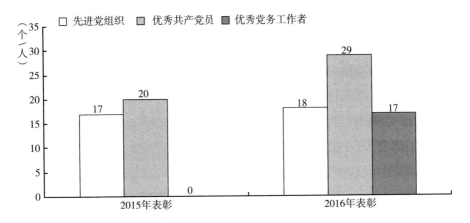

图 3　2016 年总收入前 50 名律师事务所近两年受市律协党委表彰情况

（五）党组织阵地建设得到进一步加强

行业各级党组织注重运用传统和新媒体手段，加强党组织阵地建设，积极宣传党的路线方针政策，充分展示党建工作成果。

市律协设有专门的党建活动室、《北京律师党建》专刊，在首都律师网上设有党建队建专栏，建立了全行业党组织负责人微信群，积极开展宣传学习活动。行业党委将首都律师支部书记群作为日常党建宣传学习主阵地，开展"每日一学"，每个工作日在微信群内发布党章党规、习近平总书记系列重要讲话特别是法治建设重要思想理论及最新党建资讯等党建信息。东城、西城、朝阳、海淀、大兴、昌平等区均在区律协网站上开设了律师党建或律协党建专栏。除律师党建栏目外，朝阳区律协还开设"两学一做"学习教育专栏；昌平区律协还开设了"昌平先锋"党建微信平台。而在线下，西城区拿出 27 万余元专项经费，为每个支部配发了党建工作工具书、党旗、党徽等，建立了党建工作图书角，全力支持律师事务所党支部开展活动，确保党员参加组织活动有场所、有平台、有内容。

大部分先进党组织都根据本所的实际情况，因地制宜建立了各种形式的党员活动阵地，规模较大的建立了党建活动室或者党员之家，规模较小的建立了党员活动角，通过网站、党建刊物、长廊、展板、专题片等形式广泛开展党建工作，推行党员通过佩戴党徽、放置党员桌牌等方式明示身份。如金杜所、天元所设立了"党员之家"活动室，配备党刊杂志、党史书籍资料和党员活动信息栏；天正所设立了"律师园地"展板；中伦所党总支于2008年编办《中伦党建快讯》，并在律师事务所网站上开辟《党员之家》栏目和聊天室；大成所、德恒所在律师事务所网站《社会责任》栏目中设有党建工作栏；盈科所、京师所在律师事务所介绍中设有党建专题；等等。

三　北京市律师行业党员发展情况

（一）律师行业党员数量不断增长

截至2017年，北京市律师行业党员从2010年的5223人发展到10187人，党员占比从1/4增长到1/3。另据统计，在北京律师行业近万名律师事务所合伙人中，40%左右是共产党员律师，在核心合伙人中，60%以上是共产党员律师，这从一个侧面说明党员律师是律师事务所的中坚力量。

（二）党员的先锋模范作用得到有效发挥

我国律师行业近40年的发展历程说明，行业之所以能够始终保持政治大局稳定，最重要的原因是拥有一支党员队伍。全市1万多名党员律师，无论是在服务中心大局、承担社会责任上还是在律师事务所管理中，都发挥了相当重要的先锋模范作用。

多年来，无论是服务党委、政府中心工作重点任务，还是提供公益服务，冲在第一线的大都是党员律师，他们以高度的政治觉悟、大局观、责任感和精湛的业务能力赢得了各方信任，为国家经济发展、社会和谐稳定做出了突出贡献。

律师党员的先锋模范作用具体体现在多个方面：在律师体制改革全过程中，党员律师始终发挥着带头人和骨干力量的作用；在协会自治管理中，担任行业核心领导职务的会长、监事长都是党员律师，历届市律协70%以上的副会长、60%以上的代表都是党员律师；在市、区两级评选出的各类律师先进人物中，65%以上是党员律师；在律师事务所的管理和发展中，党员律师的模范带头作用无处不在，几乎所有的艰难险重任务带头人都是党员律师；在投身公益法律服务、承担社会责任方面，党员律师也起到了带头人的作用。

（三）树立了党员律师的榜样

行业各级党组织积极搭建平台，带领广大党员律师积极投身社会公益活动，党建公益品牌效应日益凸显。金杜、中伦、康达等律师事务所在上级党组织的倡导下纷纷设立了基金会，确保公益项目长期有效运行。致诚律师事务所的公益团队已经发展成为全国最大的公益法律服务团队，党员律师时福茂已成为服务农民工群体的杰出代表。

马航MH370事件发生后，市律协在第一时间抽调以党员为骨干的"马航客机失联事件应急法律咨询小组"，其工作赢得了谈判对手和家属的高度评价。在天安门前金水桥暴力恐怖袭击案件、疏解非首都功能以及首都新机场建设、"E租宝"专项工作服务团队、涉法涉诉法律服务团、村居法律服务以及首都律师"以案释法"工作中，带头人和骨干成员也大都是党员律师，他们以实际行动化解社会矛盾，在义行善举中彰显自身价值。

北京市赵晓鲁律师事务所老党员律师赵小鲁，带领七人律师组，在反击历史虚无主义的关键时刻，敢于亮剑、勇于担当，为捍卫以狼牙山五壮士为代表的革命英雄的名誉，历经一年多连续奋战，梳理证据资料百万字，仅代理词就写了22万字，代理意见的主要观点全部被审判机关采纳，有力地遏阻了历史虚无主义诋毁抹黑否定革命英雄和革命历史的猖狂势头。

康达所党支部副书记孟丽娜，热爱公益事业，一是捐赠西部"母亲水窖"工程，参与"天使妈妈"慈善捐款，多次捐资助学，在汶川地震中积

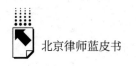

极捐款上万元；二是为扶持优秀青年教师和生活困难的大学生，2010年出资50万元在中国政法大学设立"丽娜奖助学金"。

诺恒所林悟江律师，发扬全心全意为人民服务精神，在担任朝外地区律师联合党支部书记期间，发起成立了朝外地区党员律师志愿服务团。该项志愿活动不仅有效满足了基层居民最基本的法律服务需求，也有效化解了一批社会矛盾，体现了共产党人为人民服务的本质。

百瑞所党员律师张志伟，被誉为北京律师行业"打拐"（打击拐卖儿童）第一人。张志伟律师热心公益事业，救助被拐儿童妇女，向国务院提出严厉打击拐卖犯罪十大建议，直接推动中央综治委决定开展全国打拐专项行动。他义务为拐卖受害人及其家属提供法律咨询2万余次，指导受害人参与诉讼500余件，开展"反拐"宣传培训100多场，并制定了《全国打拐志愿者行为准则》，指引志愿者依法开展打拐志愿活动，受到社会各界的高度评价。张志伟律师先后受到孟建柱等领导人的亲切接见和肯定，2012年被中央电视台评为"中国十大法治人物"。

四　北京市律师行业党建活动开展情况

律师行业党建必须结合律师行业特点和北京市律师事业发展实际，将党建活动与律师事业紧密结合，加强党对律师行业发展的全面领导。

（一）党建与律师职业道德建设相结合

北京市律师行业在全国律师行业首创设立思想道德建设工作委员会，专门负责研究和制定协会有关加强思想政治建设和职业道德建设的制度和措施，开展行业思想政治教育和职业道德培训，推动行业思想政治工作向纵深发展。委员会先后组织召开了"周边安全环境与软实力建设"名家大讲堂与学习贯彻市十二次党代会专题报告会，邀请著名军事专家与市十二次党代会律师代表作报告，举办网络意识形态专题教育，通过这些活动增强了意识形态工作的主动性。

（二）党建与教育培训相结合

2011 年 5 月，北京市在全国率先成立律师业余党校，做出加强律师行业党建工作的新探索。律师业余党校自成立以来，先后开展了律师党建培训、专题党务培训、党务工作实务培训、党中央会议精神宣讲、党建理论征稿等一系列专题讲座，充分利用业务党校这个平台开展了卓有成效的党建教育工作。

2015 年 9 月，海淀区律师党校成立。律师党校一方面坚持"按需培训"和"分类培训"相结合，做到因地制宜、因材施教；另一方面坚持"课堂教学"与"实地调研"相结合，取得了良好的教学效果。几年来，共组织开展集中培训 24 期，累计培训 6500 多人次。

（三）党建与品牌打造相结合

北京市律师行业党建十分注重律师党建品牌建设，区级律师协会及部分律师事务所在党建品牌建设方面探索出很多经验。例如，北京市海淀区一些律所结合律师行业工作实际，着眼打造"特色党建、品牌党建"，突出特色，树立区域党建优秀品牌，发挥示范带动作用。其中，百瑞律师事务所党支部成立了 67 名党员律师组成的"法之声"公益宣讲团，深入 29 个街镇、300 多个社区开展培训讲座 507 场次。炜衡律师事务所党委组织青年律师党员赴山西省吕梁市临县开展精准扶贫，与延安老区农村党组织开展对口帮扶。忠慧律师事务所党支部打造"智慧党建工程"，为海淀北下关街道 15 万名群众提供便捷化网上家庭法律顾问服务。

北京市律师行业党建品牌建设工作取得了优异的成绩。2018 年 6 月 27 日，市委社工委召开社会领域纪念中国共产党成立 97 周年暨党建重点任务推进会，会议对全市社会领域先进党组织、优秀共产党员、优秀党务工作者和优秀党建活动品牌进行了表彰，北京市律师行业共有 2 个党委、4 名个人和 3 个项目获奖。其中，君合律师事务所党委、西城区律师行业党委荣获"北京市社会领域先进党组织"称号，市律协周凯、东城区律协王辉、易和

律师事务所牛琳娜、方正律师事务所邵浩荣获"北京市社会领域优秀党务工作者"称号，市律师行业党委"思想道德建设委员会"、京师律师事务所党总支"京师千百万·法律促和谐"、奥援律师事务所党支部"党建服务疏解非首都功能提升首都核心价值"被评为"北京市社会领域优秀党建活动品牌"。

（四）党建与律师业务相结合

近年来，北京市律师行业认真贯彻落实习近平总书记2010年视察北京德恒律师事务所提出的"要做到业务好、党建好"的工作要求，始终注重加强对律师行业的政治引领，坚持以党建带队建促业务，积极为律师发挥职能作用搭建平台、创造条件、营造环境，首都律师在服务国家经济社会发展、推进民主法治建设、维护国家安全和社会和谐稳定方面发挥了重要作用。

在律师办理诉讼法律事务中，注重发挥律师事务所党组织的战斗堡垒作用和党员律师的先锋模范作用，引导广大律师正确理解和运用法律，努力维护法律的正确实施；在律师办理非诉讼法律事务中，注重引导律师依法、客观、公正出具法律意见，有效防范法律风险，预防和减少矛盾纠纷。近三年来，全市律师共办理诉讼案件50多万件，办理非诉讼法律事务30多万件，办案数量一直在全国省级行政区中位居前列。

在组织引导律师积极服务国家重大发展战略和全市中心工作、重点任务中，注重发挥党员律师的作用，以党员律师为主体的律师服务团队在服务疏解整治促提升专项行动、雄安新区建设、2022年冬奥会筹办以及马航MH370失联事件、大兴"11·18"重大火灾事故等突发事件应急处置工作中，发挥了不可替代的重要作用。

在组织引导律师开展公益法律服务和法律援助工作中，号召和鼓励党员律师带头挑重担，引导和带动非党员律师积极投身公益法律服务和法律援助事业。目前，全市有7000余名律师参与矛盾纠纷调解，有3000余名律师参与信访接待，有2000余名律师参与村居公益法律服务，这些公益法律服务为促进法治社会建设、服务基层社会治理发挥了积极作用。

（五）党建与社会公益活动相结合

北京律协于 2009 年 10 月 26 日正式成立"公益法律咨询中心"，开通运行公益法律咨询热线，开辟专用会议室提供现场免费法律咨询服务，选派执业三年以上、品行良好、志愿服务社会的执业律师定期值班，为市民解答法律疑惑，提供解决矛盾和纠纷的法律途径。"公益法律咨询中心"已经成为北京律师行业的公益品牌。党员律师积极参加值班活动，发挥先锋带头作用。2015 年 9 月，北京市公益法律服务促进会成立，将北京市律师协会 57 个专业委员会和 2100 家律师事务所的 2.6 万名律师以及北京市社会心理工作联合会、专业性行业调解组织、心理咨询机构等法律服务机构统筹整合。促进会自成立以来共有 60 家会员单位，其中 30 家律师事务所党组织隶属于北京市律师协会，在行业党委领导下，充分发挥党建引领和党员先锋模范作用，提供公益法律服务。

各区级律师协会组织党员律师进社区，针对继承、赡养、婚姻等方面法律问题为社区居民开班讲座。讲座后，还进行了现场咨询，党员律师就社区居民最关心的物权、劳动保障、财产继承等民生问题进行了悉心的解答，帮助居民解决法律疑惑，也使从法律渠道解决问题这一观点深入社区居民内心，得到了社区广大居民的一致好评。党员律师服务百姓活动，将法律服务送到居民家门口，满足了群众的法律需求，帮助社区居民解决了生活中的实际困难，也为今后与社区共同举办相关活动奠定了合作的基础。

与此同时，北京市部分律师事务所十分重视通过开展公益活动增强律师党员的宗旨意识。例如，北京市金杜律师事务所以开展公益活动强化党员宗旨意识，积极履行社会责任。该所公益志愿者人才库中 90% 是党员律师，党员律师是事务所开展各项公益活动的主力军。以党员律师为主的志愿者每年定期赴延庆开展培训和现场指导，他们还积极参加北京市法律援助基金会组织发起的"西部律师研修计划"，为西部律师行业发展提供有力支持。

又如，北京市京师律师事务所将"党建＋公益"作为律师事务所发展的重要基础，通过"党建＋公益"的党建模式，创新了党建载体，增强了

党建活力，增添了行善动力。该所开展律师进社区、进学校、进军营、进机关、进街道、进地铁的"六进"活动；组织开展"法治进乡村（社区），和谐建家园"送法下乡活动；成立京师张丽芳家事调解中心等多个工作平台，开展多元调解工作。这一系列活动将公益融入党建工作，把党组织的政治功能寓于服务功能之中，逐步形成了"党政主导、各方协同、群众参与、共建共享"的良好格局。2018年4月，北京市公益法律服务促进会京师工作委员会正式成立，目前入库律师达120名。通过"党建+公益"的模式，让党建进一步走进基层，使党组织和党员律师在服务群众、贴近群众、团结群众、引导群众中更好地发挥战斗堡垒和先锋模范作用，为促进社会和谐善治提供了坚强的组织保证。

扎实的公益党建活动，不但给党员律师带来身份的认同感，而且传导了履职担当的责任感，激发了党员律师履行义务、服务群众、奉献社会的自觉意识。广泛开展的公益党建活动将引导广大首都律师在社会管理工作中以实际行动发挥作用，做到心中有党、心中有民、心中有责、心中有戒，在党组织领导下有计划、有组织、有针对性地为群众办实事、解难题，为社会公益事业做出贡献。

（六）党建与群团统战工作相结合

当前，律师队伍正在不断发展壮大，人员政治面貌的构成呈现多元化趋势，民主党派、无党派律师所占比例和社会影响力逐渐扩大，目前全市加入民主党派的律师共有762名。行业各级党组织在做好党建工作的同时，也密切关注在全行业中占三分之二的非党员律师。

市律协党委非常重视发挥非党员律师的积极作用，并积极服务广大党外律师，成效显著。2016年5月，市律协党委召开行业统战工作座谈会，来自民革、民盟、民建、民进、致公党、九三学社等民主党派及无党派的律师代表共10余人参加了会议。2016年11月，市律协党委举办党外律师培训，全市50余名党外律师参加了培训。全国政协委员、北京市人大代表刘红宇，协会副会长、北京市社会阶层联谊会理事高警兵，海淀区政协常委沈腾，市政协委员、市律协人大代表与政协委员联络委员会主任刘子华等业内资深律师受邀参与培训，他们结合自己多年的参政议政经历，分别从参政议政的平台和方式、律师作为新社会阶层人士面临的机遇、如何提出高质量的提案以有效建言献策等方面与大家分享了心得体会。2016年12月，市委统战部副部长到市律协调研行业统战工作时指出，加强社会组织统战工作是党委的重要责任，市律协依托行业党建开展统战工作，涌现出许多行业代表性人物，特色鲜明，走在了社会组织的前列。

各区律协、律师事务所党组织在日常工作中也非常重视统战工作，注重发挥党外律师的积极作用。如朝阳区律协党委出台了《关于在朝阳区律师行业开展多元化党建工作的意见》，通过组织民主党派律师赴爱国主义教育基地学习、民主党派律师座谈会等方式加强统战工作。一些大型律师事务所党组织也非常重视统战工作。例如竞天公诚所党总支专门设置了2名统战委员，强化本所青年律师培养和统战工作。又如，金诚同达所成立了统战工作小组，由党支部书记庞正忠任组长，著名无党派人士刘红宇律师和民主党派代表王朝晖律师为副组长，并在党支部内设置专人负责沟通、协调事宜，形成有针对性的"层层负责、上下沟通、整体推进"的管理机制。为了加强和规范统战工作，金诚同达所制定颁发了《北京金诚同达律师事务所统战工作站管理办法》《归国律师联谊会活动办法》《青年律师联谊会章程》等一系列规范性文件。与此同时，律所还建立了完备的统战对象人士档案库，开展了"党外人员思想动态与现状"问卷调研。金诚同达所作为中央统战部、司法部共同主办的"同心律师服务团"的首批和第二批成员，前往贵州省黔南自治州罗甸县开展法律咨询等对口帮扶活动，展示了首都律师的良好风貌。

（七）党建与文化建设、宣传表彰相结合

文化建设是开展律师行业党建工作的重要载体，北京市律师行业十分重视律师文化建设。

为更好地学习宣传贯彻党的十九大精神，大力宣传和表彰在首都法律服

务领域做出突出业绩和重要贡献的优秀律师，发挥引领和示范作用，推动形成律师行业创先争优的浓厚氛围，2018 年 2 月 11 日晚，由北京市司法局、首都文明办主办，北京市律师协会承办的"2017 北京榜样·寻找律师楷模"主题活动揭晓仪式在北京电视台演播厅隆重举行。司法部、全国律协、市委政法委、市委宣传部、市委统战部、市委社会工委、市公安局、市检察院、市高院、市安全局、市民政局、首都文明办、市司法局、市律协、各区司法局、区律协及律师代表等 200 余人参加了仪式。

揭晓仪式在《四十载改革征程首都律师铸辉煌》的回顾片中拉开了序幕，分为"化解矛盾定分止争"、"引领时代走向世界"、"法治中国改革发展"、"公益普法　服务民生"、"大爱无疆　奉献社会"和"律师团队"六个篇章。北京市潮阳律师事务所杨晓虹等 10 位"律师楷模"和北京义联劳动法援助与研究中心等 3 个"特别推荐奖"获奖团队代表分别登台，通过短片介绍和现场访谈等形式，生动讲述了职业生涯中的感人故事。最后，原北京市司法局副局长、"北京终身荣誉律师"周纳新，原中华全国律师协会会长高宗泽和现任北京市律师协会会长高子程为 10 名"律师楷模"、20 名"律师楷模提名奖"和 3 个"特别推荐奖"（团队）代表颁发奖杯和证书。揭晓仪式在首都律师代表庄严的宣誓中落下帷幕。

揭晓仪式的成功举办，集中展示了全市律师行业深入学习贯彻党的十九大精神的丰硕成果，展示了北京律师在全面推进依法治国伟大实践、加快法治中国建设进程中的积极作用和突出贡献，唤起了社会公众对法治建设的关注，增进了社会公众对首都律师行业的理解、信任和支持，激励首都广大律师坚定信念、勇于担当、立足职能、发挥作用，形成律师行业创先争优的浓厚氛围，为打造"平安北京"、建设国际一流的和谐宜居之都做出新的、更大贡献。

（八）党建与对律师的关爱相结合

坚持党对律师工作的全面领导，是充分履行律师职能的重要保障。北京市律师行业紧紧依靠党的领导，争取党和政府对律师工作的大力支持。2018

年上半年，围绕保障律师充分履行职能作用，市司法局和市律师协会共同努力，推动实现了六项新突破，包括：落实中央和北京市供给侧结构性改革要求，及时调整行业人才引进政策，适度放宽了外地律师进京执业的存档限制；贯彻落实中央和市委、市政府"放管服"改革要求，积极与市发改委沟通，自 2018 年 4 月 1 日起，取消律师诉讼代理服务收费政府指导价，全市律师法律服务收费全面实行市场调节价；与市人社部门反复沟通协调，北京市律师行业被纳入《北京市工作居住证》的办理范围，北京律师事务所被纳入"高精尖"人才引进范围，符合条件的外地户籍在京执业律师可以申请积分落户；与市公检法机关联合制定《关于依法保障律师执业权利实施细则》等系列制度，推进保障律师执业权利规定的有效落实，北京律师有权到有关部门查询人口、房产、企业、股权、婚姻等信息，可以向法院申请调查令；与组织、统战部门深入沟通，积极推荐优秀律师参政议政，全市律师当选本届市人大代表和政协委员的人数分别为 14 人和 16 人，相比上一届分别增加了 75% 和 78%，北京律师当选全国人大代表 4 人、全国政协委员 3 人，当选人数在全国省级行政区中排名第一。

五　经验总结、问题分析、发展趋势与对策建议

（一）北京市律师行业党建工作的经验

1. 紧紧依靠党委、政府开展律师党建工作，积极争取党委、政府的关心和支持

近年来，北京市律师行业党建得到了司法部和北京市委、市政府的高度重视和关心。中央政治局委员、北京市委书记蔡奇和北京市市长陈吉宁多次听取司法行政工作汇报并对律师工作做出批示。2017 年，市委常委会和市政府常务会审议通过了《北京市深化律师制度改革的实施意见》。2018 年，市委全面深化改革领导小组和市政府常务会又审议通过了《北京市关于全面深化司法行政改革的实施意见》。这两个实施意见都把坚持党的领导和中国特色社会主义法治道路作为推进律师工作和深化律师制度改革的指导思

想，都把加强律师行业党的建设、健全完善行业党建工作管理体制作为重要内容，为首都律师事业持续健康发展指明了方向。2017 年，市委政法委张延昆书记和市政府王小洪副市长还专门就律师行业党建工作进行调研并提出明确指示要求。北京市在全国率先建立了以主管市领导为组长、市委组织部等 14 个单位为成员的律师工作领导小组，为加强律师行业党建工作，推动律师工作不断向纵深发展奠定了坚实的组织基础。

2018 年 5 月 29 日，司法部部长傅政华专程到北京调研律师行业党建工作。强调要旗帜鲜明地坚持党对律师工作的绝对领导，把律师行业党的建设作为首要政治任务，引领广大律师牢固树立"四个意识"，坚定"四个自信"，坚持"两拥护"基本要求，坚决维护习近平总书记党中央的核心、全党的核心地位，始终同以习近平同志为核心的党中央保持高度一致。要大力加强律师行业党的基层组织建设，做到哪里有律师，哪里需要做工作，党的基层组织就跟进到哪里，使党的组织成为律师行业的坚强战斗堡垒。要通过加强党的建设推动实现律师事业经济效益和社会效益的双丰收。

2018 年 6 月 20 日，司法部党组书记袁曙宏在河北调研律师行业党建工作时，专门听取了北京市律师行业党委书记王群同志关于北京市律师行业党建工作情况的汇报。

2. 坚持强化北京市司法局党委对律师行业党建工作的领导

近年来，北京市司法局党委坚持强化党建工作的领导作用，准确把握律师事业发展的正确方向，注重发挥党委统揽北京市律师党建工作全局的作用。

市司法局党委定期研究律师行业党建工作，2017 年共研究律师工作议题 21 个，其中与律师党建工作相关的议题有 7 个，占三分之一；制定出台了《中共北京市司法局委员会关于新形势下加强律师行业党的建设的工作意见》，为全面推进律师行业党建工作提供了制度机制保障。2017 年以来，市司法局党委还分别听取了市律师协会党委年度工作汇报和市律师行业党委书记的述职汇报，对相关工作提出了明确要求。

北京市司法局注重建立和完善律师行业党建推进机制。由律师行业综合指导处统筹指导和推进律师行业党建工作，在全国首创直辖市区县级行政区域全部建立律师协会（律师工作联席会），并同步建立党组织，实现了行业党建与行业管理的有机结合。坚持并不断完善司法行政机关行政管理和律师协会行业自律管理相结合的"两结合"管理体制，市、区律师协会党组织由司法局分管律师工作的副局长（局长）任党委（党总支）书记，加强对律师协会整体工作的统筹指导。2017 年，市司法局还指导市律协在全国律师行业率先成立了思想道德建设委员会以及律师行业党建工作研究会，有效扩大了律师行业党建工作的覆盖面和影响力。

3. 坚持问题导向，注重调查研究

准确把握律师行业党建工作的特点和规律是开展党建工作的前提。为全面了解掌握北京市律师行业党建工作情况，进一步完善行业党建工作管理体制和工作机制，2017 年，市司法局政治部与市律协党委共同组织开展了为期 5 个月的律师党建工作系列调研活动，形成了《北京市律师行业党建工作调研报告》。调研报告梳理了市律师行业党建工作在"管理体制、基础工作、组织建设、党员发展与教育管理"等四个方面 11 个具体问题，提出了 13 项加强和改进工作的意见，为市司法局党委决策提供了重要参考依据。

针对调研报告指出的"部分律师事务所党组织有效作用发挥不明显，重业务、轻党务，重所建、轻党建"的问题，市司法局、市律师协会党委于 2017 年 6 月底联合召开了北京市律师行业党建工作会议，就全面加强律师行业党的思想建设、组织建设、作风建设、制度建设进行了全面部署，并明确提出了"切实发挥律师行业党组织的政治核心作用、着力巩固和扩大律师行业党的组织和党的工作全覆盖成果、注重加强党组织领导班子建设和党务工作者队伍建设"等三个方面的重点任务和要求。

针对调研报告指出的"党组织关系接转衔接有漏洞，存在个别'口袋党员'和失联党员"的问题，市司法局、市律师协会党委建立了党员律师组织关系接转与律师执业同步办理制度，严格组织关系管理，实现党员管理

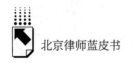

无缝对接；全面开展党员信息摸底，将律师党组织和党员信息全部纳入市委组织部党建信息系统，实现了党员动态管理的全覆盖。

针对调研报告指出的"各区律师党建工作管理体制不统一，在一定程度上存在具体工作沟通不畅、政策把握标准不统一"的问题，市司法局按照司法部的统一部署和要求，积极争取市委组织部和市委政法委的支持，于2018年上半年成立了市区两级律师行业党组织，为形成行业党建一盘棋的工作格局奠定了基础。目前，市律师行业全面建立了市、区、律师事务所三级党组织，进一步织严织密了行业党建工作网络，实现了党的组织从有形覆盖到有效覆盖的转变。

4. 不断创新党建工作思路，倡导打造党建工作品牌

北京市律师行业鼓励各区根据自身实际情况开展党建工作，创新党建工作思路，倡导打造区级党建工作品牌。例如，北京市朝阳区律师行业党委秉承"创先争优跟党走、服务社会做贡献"的工作理念，初步形成了"146"工作思路，创建了朝阳区律师行业党建品牌，并荣获2017年北京市社会组织党建优秀创新品牌一等奖。"1"，即瞄准一个目标，打造思想先进、行动先行、工作融合、服务为民的"法治先锋集群"；"4"，即紧扣"法治先锋集群"目标，搭建组织、工作、服务和保障四位一体党建网络；"6"，即依托总的目标和工作体系，抓好思想政治引导、基层党组织规范化建设、党员意识提升、法律人才培育、智慧党建和法治清风六项党建工程。通过狠抓党建工作，律师队伍实现了三个"进一步"，即各级党组织的凝聚力、向心力进一步增强，律师党员的党员意识、宗旨意识进一步提升，广大律师的价值取向、职业操守进一步端正，正能量在朝阳区律师行业得到广泛弘扬。

又如，2018年3月，北京市海淀区在全市率先成立海淀区律师行业党委，现有党员1490名，占律师总数的33%，下辖律师事务所党委1个，党支部103个，实现了律师行业党组织全覆盖。近年来，海淀区结合本区律师行业党建工作实际，努力构筑起具有海淀特色的"六个着力"党建工作路径，即着力构筑行业党委统筹协调的工作模式，着力打造"海淀区律师党

校"金字招牌，着力塑造区域党建优秀品牌，着力健全党员主导的"团站岗"服务体系，着力完善以党建带统战的工作机制，着力健全人财物配套的保障体系。

此外，一些律师事务所将党组织成员和管委会成员高度重合，实施把业务骨干培养成党员、把党员培养成中高层管理人员的"双培工程"。2018年5月，司法部傅政华部长调研北京市律师党建工作时对这类做法给予充分肯定。

（二）当前北京市律师行业党建存在的主要问题

1. 基础工作方面

第一，行业党建基础数据欠缺。市律协会员系统党建方面的基础数据不全，更新信息不及时；现有的统计表格内容设计落后，党员组织关系所属分类与行业现实差距较大。大部分数据靠人工统计，容易产生偏差。多数区律协人员变动频繁，由于交接工作不规范导致基础数据缺失的现象时有发生。

第二，党务工作力量不足。当前，律师党建工作越来越受到各级党委的重视，任务越来越重，要求也越来越高，但党务工作力量明显与之不匹配。从人员设置看，目前，市律协设有党委办公室，配备有专职党务工作人员。但各区律协党务工作人员力量薄弱，专职党务工作人员数量难以满足党建工作现实需求。而各律师事务所党组织也少有专职人员，只有大成、金杜、君合、中伦、德恒、卓纬等极少数大型律师事务所设有专职党务工作人员，绝大多数律师事务所的党务工作人员由律师、行政人员兼任，而这些兼职党务工作人员的主要精力都放在日常业务工作上，且人员更换频繁，难以有效开展党建工作。

第三，先进典型宣传力度不够。多年来，北京市律师行业1万余名党员律师在服务中心服务大局、推动国家法治建设、履行社会责任、推动社会公平正义、维护社会和谐稳定等方面做出了突出贡献，涌现出一大批先进典型。但总体看，当前对先进事迹的宣传力度明显不够，与之形成鲜明对比的

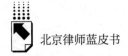

是，律师行业的不良个例借助各种媒体过度渲染，严重影响了律师的社会形象。

2. 党组织建设方面

第一，部分律师事务所党组织的有效作用发挥不明显。虽然北京市律师行业实现了党的组织和党的工作全覆盖，但有效覆盖、动态覆盖明显不足，部分律师事务所党组织在律师事务所的作用发挥不明显，"重业务，轻党务""重所建，轻党建"的现象依然存在。部分党组织负责人党建工作意识、组织观念淡薄，对党建工作的理解和把握不到位，致使党建业务与律师业务"两张皮"。律师事务所没有党支部参与决策的相应制度，党支部自身也没有支部建设的相关制度，党员教育管理松散，缺乏有效手段，有的甚至以开展文体活动来替代党组织的活动。

第二，联合党支部开展工作困难。全市现有律师联合党支部基本按地域划分，具体形式有两种：一种是以一家律师事务所党组织为主，加入附近其他律师事务所的零散党员，党支部书记为律师；另一种是依托司法所，由司法所将辖区内律师事务所的党员组成联合党支部，书记为司法所工作人员。从实际情况看，无论哪种形式的联合，由于工作地点分散、律师业务繁忙、出差频繁、相互之间不熟悉等，导致学习教育、发展党员、组织活动都很难落实。有的联合党支部总人数超过 50 人，连开支部会都难以召集。曾有联合党支部的预备党员因支部难以集合半数的党员开会，致使不能按期转正，只好转入其他具有独立党支部的律师事务所。另外，由于联合党支部没有固定账户，不仅支部收党费时只能收取现金，造成收缴周期较长，不能按时缴纳党费，同时也造成上级无法返还党费。

3. 党员发展与教育管理方面

第一，律师党员发展依然受到制约。律师行业党员发展工作一直比较缓慢。近年来，在市委组织部、市委社工委和市司法局党委的支持下，律师党员发展问题有了一定程度的缓解，但在发展数量、积极分子培训等环节依然存在问题。2014 年至 2016 年，北京律师行业党员人数增加了 3204 人，但行业内新发展的党员只有 105 人（见表 1）。

表1 2014~2016年各区律师协会发展党员数量统计

单位：人

所在区	近3年发展党员人数	所在区	近3年发展党员人数
东 城	18	西 城	14
朝 阳	29	海 淀	5
丰 台	14	石景山	2
大 兴	3	昌 平	7
通 州	3	顺 义	5
房 山	4	门头沟	1

导致这些问题的主要原因包括三个方面。一是入党考验期长而律师的流动性大。目前对于党员律师的发展流程与体制内积极分子入党的考察一致，考验期比较长，但是律师行业的分散性、流动性和变动性比较大，致使很多年轻律师不能在一个工作单位经历一个完整的考验期，工作变动后考验期不易连续计算。有的年轻入党积极分子，因工作变动先后经过五次脱产培训，仍然不能解决入党问题。二是入党指标和积极分子培训指标受限。由于区律协党组织隶属于各区相关部门，相关部门每年发展党员和培训积极分子均有指标限制，而指标又往往优先考虑体制内人员，导致实际分配给律师群体的指标较少。三是部分律师入党热情不够持久。从实际情况看，年轻律师的入党热情在入行后有一个衰减期，一般在两三年之后，就会衰减一半以上，五年之后政治热情就逐渐淡漠。这样的事例在实际中屡见不鲜。

第二，部分党员律师党员意识淡薄。经过多年持续抓行业党建工作，绝大部分党员律师能够以党员的标准要求自己，注重起表率带头作用，但仍有少部分党员律师党员意识淡薄，重律师身份、轻党员身份，重经济效益、轻政治效果和社会效果。此外，有的党员律师无正当理由不及时接转组织关系，有的党员律师甚至不仅体现不出党员先进性，还带头违法违规。

第三，党组织关系接转衔接有漏洞。按照党章规定，党组织关系要随人走。目前，全市律师行业党员基本能做到人与组织关系不分离。但在实际工

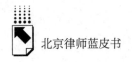

作中，因组织关系接转开出方和最终落地方没有联系，层层接转中存在漏洞，中间有 10～30 天的有效期，甚至极个别介绍信的有效期为 3 个月。有人因工作忙或者嫌麻烦而最终没有接转组织关系成为口袋党员，也有人因此丢失组织关系，造成党员管理不到位。虽然经过几次排查，但终因力量不足以及律师人事档案分散且有一半左右不在北京而难以确认。在 2016 年市委组织部开展的组织关系排查中，全行业仍有失联党员 150 多人。在北京市内接转的，尚能通过各种途径找到线索；涉及跨省转移的，有的连线索也找不到。

第四，党员律师党纪处分机制缺失。目前，律师受到的惩戒主要是刑事制裁、行政处罚和行业纪律处分，鲜有党员律师受到相应党纪处分。据查，2014～2016 年受到党纪处分的党员律师只有 3 人，均是因刑事制裁而被开除党籍。这从另一个角度反映出，律师行业党组织对党员律师违反党纪问责不够，与中央全面从严治党的要求明显不符。

（三）北京市律师行业党建的发展方向

党的十九大确立了习近平新时代中国特色社会主义思想为党的指导思想，确定了坚持和加强党的全面领导，坚持党要管党、全面从严治党，对新时代全面加强党的建设新的伟大工程做出总体部署。党的十九大审议通过《中国共产党章程（修正案）》，把坚持党对一切工作的领导写入了党章，将坚持全面从严治党作为习近平新时代中国特色社会主义思想的重要内容，作为新时代坚持和发展中国特色社会主义的基本方略。习近平总书记明确指出，律师行业的政治性很强，律师要把拥护中国共产党的领导、拥护社会主义法治作为从业的基本要求，要推动实现党的组织和党的工作对律师行业的全覆盖。总书记的这一重要论述，为北京市律师行业做好新时代的律师工作规划了根本路径、指明了政治方向。

第一，不断强化党对律师行业的领导。律师队伍是全面依法治国的重要力量，加强党对律师工作的领导，是坚持律师工作正确方向的根本保证，是推动律师事业全面发展进步的坚实基础。要旗帜鲜明讲政治，坚决维护习近平总书记党中央的核心、全党的核心地位，坚决维护党中央权威和集中统一领导，不断增强首都广大律师走中国特色社会主义法治道路的自觉性和坚定性。

第二，不断强化首都律师党建创新。坚持理念创新、制度创新、工作创新，探索"互联网＋党建"工作，推动首都律师行业党建工作实现新突破。

第三，不断强化首都律师基层党建工作，提升律师党员的责任意识。2018 年 7 月 8 日，北京市第十届律师代表大会第六次会议修改的《北京市律师协会章程》增加了"个人会员是中国共产党党员的，应当履行党员义务，享有党员权利，自觉接受党组织的监督；符合设立党组织条件的团体会员应当根据中国共产党章程的规定，设立党的组织，开展党的活动，加强党的建设"和"个人会员是中国共产党党员的，或者团体会员设立党的组织的，本会应当建议其所属党组织依纪依规处理"的表述，充分体现了进一步明确对党员律师和律师事务所党建工作的基本要求，有利于强化党员律师和律师事务所党组织的党性观念和纪律意识。

第四，注重体现律师党建的北京特色和首善标准。新修订的《北京市律师协会章程》增加了"在落实全面从严治党主体责任、切实履行党建职责方面成绩突出的"可以分别给予通报表扬、嘉奖、授予荣誉称号，并酌情给予物质奖励的情形，旨在引领和激励广大会员新时代新担当新作为，努力建设一支党和人民信赖的高素质首都律师队伍，充分体现北京特色和首善标准。

（四）加强北京市律师行业党建的建议

1. 在思想上要充分认识律师行业党建的重要性

第一，坚持党对律师工作的全面领导，是确保律师事业正确政治方向的必然要求。政治方向问题至关重要，它是决定律师工作向何处去的一个根本性问题。能否坚持正确的政治方向，是做好律师工作的基本前提。中央政法委郭声琨书记强调，要准确把握政法机关的政治属性、人民属性、法治属性和社会属性这"四大基本属性"。我国律师制度是中国特色社会主义司法制

度的重要组成部分，律师是社会主义法律工作者，律师工作是政法工作的重要组成部分，理所当然地要把握和坚持政法机关的基本属性。我国律师制度的本质属性，决定了必须始终坚持党对律师工作的领导。律师作为专业的法律工作者，承担着维护当事人合法权益、维护法律正确实施、维护社会公平正义的职责使命，在办理案件的过程中，既要看经济效益，又要注重政治效果和社会效果。只有始终加强党对律师工作的领导，才能确保律师事业沿着正确的方向发展。

第二，坚持党对律师工作的全面领导，是落实全面从严治党要求的应有之义。全面从严治党，是我们党的优良传统和治党之基，是我们党在新形势下面临严峻挑战的积极应对，是加强党的自身建设的内在要求。在我们党内，不存在特殊的党组织，也不存在特殊的党员。全面从严治党，律师行业绝对不能搞例外，不存在所谓体制内和体制外两个标准；相反，由于以往存在的模糊认识对律师行业党建工作造成了一定的不利影响，现在我们就更要反复强调坚持党对律师工作的全面领导，更要按照全面从严治党的要求谋划和推进律师行业党的建设。律师协会和广大律师要自觉坚持和拥护党的领导，坚决抵制和克服律师行业党建工作"虚无论、包袱论、特殊论"的错误认识，切实增强政治意识、大局意识、核心意识、看齐意识，自觉在思想上、政治上、行动上同以习近平同志为核心的党中央保持高度一致，坚定维护党中央权威和集中统一领导，做到思想上清醒、政治上坚定、行动上一致。

第三，坚持党对律师工作的全面领导，是全面加强律师队伍建设的客观需要。当前，北京市律师队伍的主流是好的，已经成为建设社会主义法治国家的一支重要力量，是党和人民可以信赖的一支队伍。但是，个别律师还存在理想信念动摇、职业道德水平不高、诚信观念不强等问题；极个别律师甚至与西方反华势力相勾结，站在了党和人民的对立面。实践证明，只有坚持党对律师工作的全面领导，不断加强律师行业党的建设，充分发挥党组织和党员的作用，把广大律师团结、凝聚在党组织周围，才能建设一支高素质的律师队伍。

第四，坚持党对律师工作的全面领导，是充分履行律师职能的重要保障。随着全面建成小康社会、全面深化改革、全面依法治国和全面从严治党战略的深入推进，律师法律服务已经融入经济社会建设的各个领域，律师参与社会治理创新的广度和深度不断拓展。实践证明，律师行业党的组织和广大律师党员不仅是行业自身建设的中坚力量，也是服务国家经济社会发展的骨干力量。坚持党对律师工作的全面领导，更好地发挥各级党组织的战斗堡垒作用和律师党员的先锋模范作用，必将有力地促进律师行业在服务"四个全面"战略布局中发挥更大的作用、做出更大的贡献。

2. 大力强化律师行业党建基础工作

第一，大力加强律师行业党建工作信息化建设。建立健全动态的党组织和党员信息库，完善党建信息报送的全面性和及时性。加强与属地党委组织部门的沟通，实现律师党员信息数据的互通共享。

第二，充实行业党建工作力量。各区律协应设立党务专职工作岗位，市律协党委定期组织区律协党务工作者开展专题培训。定期对律师事务所党支部书记进行系统培训，切实提升基层党支部书记的党务工作能力。进一步壮大党建工作指导员队伍，完善对党建工作指导员的日常管理、教育培训、绩效考核制度，进一步提升党建指导员工作水平。

第三，切实改进宣传工作。要逐级建立信息报送制度，及时掌握行业动态，及时发现先进典型。积极创新工作方法手段，充分运用各种渠道媒体，广泛宣传律师行业先进党组织、优秀共产党员的事迹，切实提高他们的社会认知度和美誉度；通过典型的示范带动作用，大力弘扬主旋律，广泛传播正能量，促进律师行业持续健康发展。

3. 不断加强律师行业党组织建设

第一，建立健全党组织参与律师事务所决策管理制度。推行党组织班子成员和律师事务所党员管理层人员双向进入、交叉任职。党组织书记应参加或列席管理层有关会议，党组织开展的有关活动可邀请非党员律师事务所负责人参加。倡导合伙制律师事务所建立合伙人和党组织联席会议制度，建立

健全律师事务所听取律师事务所党组织对律师事务所重大决策意见的工作机制。

第二，规范基层党组织建设。强化首都首善意识，牢固树立党的一切工作到支部的鲜明导向，加强目标管理，着力提升行业各级党组织服务保障中心工作和重大任务的能力，推进律师事务所党组织与首都中心任务的深度融合。一是规范党组织设置。鉴于律师行业流动性较强，为保证组织稳定，建议在全市将党组织最低党员数量统一设置为 5 人，最大限度减少因党员转所造成的党组织撤销、无法正常开展组织生活的情况。二是严肃基层党组织生活。严格落实主题党日活动、"三会一课"、专题组织生活会、民主评议党员等组织生活制度，使律师事务所党支部建设逐步走向规范化、制度化的轨道。三是规范党组织换届工作，切实解决长时间不按规定换届的问题，并以此为契机整顿软弱涣散党组织。四是对联合支部进行重新整合，科学设置联合支部规模，切实做到党建工作的"有效覆盖"。

第三，探索适合律师行业特点的党组织活动形式。党组织传统活动形式主要是"三会一课"，集中学习文件精神。但是由于律师行业具有群体知识水平高、工作分散、流动性强等特点，很难集中开展活动。要积极探索符合律师行业特色的组织活动方式和党建工作的方式方法，灵活多样地开展党的活动。以"小型、多样"为主，创新开展"三会一课"活动，实现党组织生活多样化，推动基层党组织管理精细化。推进党建工作与现代信息技术融合，开发建立"北京律师党建"微信公众号，开展党员在线学习，促进学习常态化。

4. 提升党员发展与党员教育管理工作效能

第一，协调推动解决律师入党难问题。律师入党难问题在各区分布很不均衡，如在东城区、朝阳区不是特别突出，而在西城区、海淀区等地较为突出。建议在入党程序的前置环节如积极分子培训上放宽政策，授予北京律师业余党校和区律师党校入党积极分子的培训权限，并适当增加律师党员发展指标。目前这一问题已引起市委组织部和市委社工委的关注，两部门正在试点单独给社会组织党员发展指标，大成、德恒、金杜 3 家律师事务所已经成为律师行业的试点单位。

第二，强化党员律师教育工作。以市、区两级协会律师党校为平台，健全完善律师长效教育机制，加强党员思想政治教育。一是强化"四个意识"教育，组织全市律师事务所党组织、律师党员深入学习贯彻党的政策文件，深刻理解政策文件与律师工作、律师业务发展的关系，将政策文件的任务要求与法律服务逐项对标、与律师事务所律师法律服务资源能力逐个对表，切实增强党员律师将个人利益与国家荣辱一体化的自觉性；二是以红色基因、理想信念和党员宗旨为主要内容，强化党性教育和社会主义法律工作者教育，引导党员律师树立正确的价值观和职业观；三是举办"名家大讲堂"，深化国情教育，增强党员律师的使命感和责任感。

第三，进一步规范党员组织关系接转工作。一是严格执行组织关系跟人走的规定，没有组织关系的党员必须及时将组织关系转移到工作单位或者上级党组织指定的党组织；二是明确要求，转出方必须在与接收方进行有效联络后方可开具介绍信，并在介绍信上明确注明双方联系信息，双方保持联络畅通，转出方要及时回收相关回执，实现无缝衔接，保证党组织对党员的有效管理和动态管理。

第四，健全党员律师党纪处分机制。市、区两级司法行政机关与律师协会党组织，应共同研究健全律师行业党员违反党纪的处分意见或规定。市律协党委要承担起指导、监督责任，各区律协和基层律师事务所党组织要切实履行直接管理责任。对违法违规违纪的党员律师，不论是律师执业行为还是非执业行为，律师行业的基层党组织都要严格按照《中国共产党纪律处分条例》进行处理。

第五，建立完善律师事务所党支部书记考核激励机制。一是加大表彰力度，定期评选表彰先进党组织、优秀党员律师、优秀党务工作者，并通过首都律师网、《北京律师党建》刊物等渠道广泛宣传律师事务所党组织、党员律师的先进事迹，提升党员律师的荣誉感；二是举办党委法律顾问培训班，提升党员律师责任感，为各级党委法律服务储备人才；三是积极向有关部门

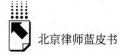

推荐优秀党员律师担任党代表、人大代表、政协委员、各级党委法律顾问、社会监督员和司法监督员等,进一步拓宽律师参政议政的渠道;四是每年定期进行党组织书记党建述职考评,明确述职内容,规范考核程序,科学运用考核结果,依据《中共北京市委实施〈中国共产党问责条例〉办法》及时调整不称职的党组织负责人,切实增强基层党组织负责人的履职意识和责任意识。

B.5
关于《律师法》"律师工作管理体制"的修改建议

北京律师工作管理体制研究课题组*

摘　要： 律师工作管理体制是指一个国家对律师行业进行管理的体制机制。从现代各国的立法体例看，律师工作管理体制的差异主要体现在行业自治和国家监管之间的关系上。我国现行《律师法》所确定的律师工作管理体制，理论上一般概括为"两结合"体制。所谓"两结合"体制，就是司法行政机关的行政管理和律师协会的行业自律性管理相结合的管理模式。近年来的理论思考和实践探索表明，一方面，我国当前的律师工作"两结合"管理体制基本符合我国的社会性质和政治要求，基本满足律师行业管理的实际需要；另一方面，"两结合"管理体制的具体内容仍然存在诸多不足，需要通过《律师法》的修订予以改革和完善。而具体如何改革和完善，则应当总结近年来律师工作的实践经验，借鉴世界各国的立法体例，针对现行律师工作管理体制存在的问题，适度扩大律师协会自律管理的权限，明确司法行政机关保障和支持律师执业的职能定位，进一步规定司法行政机关和律师协会之间的相互关系，完善律师协会的机构设置，建立和健全律师维权协调机制。

---

* 执笔人：冉井富。

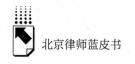

关键词： 《律师法》 律师工作管理体制 "两结合" 律师协会
司法行政机关

当前，国家有关部门正在对《律师法》的进一步修改完善进行相关的调研工作。北京和山西律师行业主管机构接受上级安排的课题任务，对《律师法》中"律师工作管理体制"相关内容的修改完善进行调查和研讨，形成关于《律师法》"律师工作管理体制"的修改建议。本报告作为立法建议辑录刊发于此，旨在为国家有关方面的立法工作提供参考，也希望借以推动社会各界关注和讨论律师工作管理体制的修改和完善。

一 律师工作管理体制的内涵

律师工作管理体制是指一个国家对律师行业进行管理的体制机制。在现代国家，律师工作的管理一般由不同性质的机构和权力共同实施，而不同机构之间律师管理权力的分工与配合方式，形成不同的律师工作管理模式。

在现代各国，参与律师工作管理的机构一般有三种类型，三种机构分别行使着三种权力，形成三种管理：（1）行业管理，即由律师行业组织，通常称为律师协会，通过行业自治性的权力对律师工作进行管理；（2）行政管理，即由行政机关通过行政权力对律师工作进行的管理；（3）司法管理，即由法院或法官承担的对律师工作的管理。

我国现行《律师法》所确定的律师工作管理体制，理论上一般概括为"两结合"体制。所谓"两结合"体制，就是司法行政机关的行政管理和律师协会的行业自律性管理相结合的管理模式。"两结合"管理体制是我国《律师法》的重要内容，也是我国律师工作管理模式的重要特色。

二 我国律师工作管理体制的历史沿革

改革开放以后,我国律师行业步入恢复、重建与稳步发展的历史进程,而律师工作管理体制的建立和完善是其重要组成部分。

《中华人民共和国律师暂行条例》于 1980 年 8 月 26 日第五届全国人民代表大会常务委员会第十五次会议通过,自 1982 年 1 月 1 日起施行,自此,我国有了较为正式的律师工作管理体制。无论从律师工作管理的实际情况看,还是从该暂行条例的规定看,当时律师执行职务的工作机构是法律顾问处,法律顾问处是事业单位,受国家司法行政机关的组织领导和业务监督,由此可知,当时的律师工作尚未发展成为一个相对独立的行业,律师工作实行司法行政机关一元化管理的体制。

1993 年 12 月 26 日,国务院批复司法部《关于深化律师工作改革的方案》(以下简称《方案》),开启了我国律师工作管理"两结合"体制的改革进程。《方案》提出:"从我国的国情和律师工作的实际出发,建立司法行政机关的行政管理与律师协会行业管理相结合的管理体制。经过一个时期的实践后,逐步向司法行政机关宏观管理下的律师协会行业管理体制过渡。"《方案》还具体规定了该体制中司法行政机关的职责和律师协会的职责,从而奠定了我国律师工作"两结合"管理体制的雏形。

1996 年 5 月 15 日,我国第一部《律师法》制定和公布,在立法层面正式确立了"两结合"管理体制,确立了律师协会作为行业管理机构的法律地位。从《律师法》的具体规定来看,当时的"两结合"体制的特征是"行政管理为主行业管理为辅"。其具体内容是:(1)明确"律师协会是社会团体法人,是律师的自律性组织",并规定"全国设立中华全国律师协会,省、自治区、直辖市设立地方律师协会,设区的市根据需要可以设立地方律师协会";(2)明确律师协会的职责,包括"(一)保障律师依法执业,维护律师的合法权益;(二)总结、交流律师工作经验;(三)组织律师业务培训;(四)进行律师职业道德和执业纪律的教育、检查和监督;(五)组织律师开展对外交流;(六)

调解律师执业活动中发生的纠纷；（七）法律规定的其他职责"；（3）明确规定律师事务所年检、律师执业准入、律师事务所的设立、律师和律师事务所的行政处罚等权力，仍由司法行政机关行使。

2007年修订后的《律师法》延续"两结合"管理体制，但做了一定的调整，将律师工作管理体制从"行政管理为主行业管理为辅的模式"逐步改革为"司法机关宏观管理下的律师协会行业管理制度"。具体来说，修改内容包括：（1）扩大了律师协会的管理权限，明确将考核律师的执业活动、组织管理实习活动、考核实习人员、制定行业规范和惩戒规则、受理对律师的投诉和举报等权力赋予律师协会；（2）对律师协会的会员关系、章程制定等方面做了调整和补充。2007年之后，虽然《律师法》又经历了多次修改，但是律师工作管理体制方面未做调整，所以，2007年《律师法》规定的律师工作管理体制一直沿用至今。

三　我国律师工作管理制度的现行规定和基本情况

（一）我国律师工作管理制度的现行规定

按照现行《律师法》的规定，我国实行的是律师工作行政管理和行业管理相结合的体制，理论上一般概括为"两结合"管理体制。从制度规定层面看，该体制的具体内容包括以下方面。

1. 律师行政管理

《律师法》第四条规定："司法行政部门依照本法对律师、律师事务所和律师协会进行监督、指导。"该规定确定了司法行政机关在律师管理工作中的法律地位。

司法行政机关共分四级：中央设司法部，省、自治区、直辖市设司法厅（局），地区、省辖市设司法局（处），县、县级市、市辖区设司法局。其中，司法部是中央司法行政机关，负责对全国的律师工作进行宏观管理，通过制定方针、政策和规章等对律师工作实行间接管理。省、市、县三级司法行政机关负责实施、执行司法部和上级司法行政机关制定的政策和做出的决定，对律师工作实行直接管理。

按照《律师法》的规定，司法行政机关对律师工作的行政管理具体包括以下内容：（1）对符合律师法规定条件的人，授予律师资格，颁发律师执业证书，并对律师进行执业注册；（2）批准律师事务所的设立并颁发律师事务所执业证书，审核律师事务所分所的设立和律师事务所名称、住所、章程、合伙人的变更或律师事务所的解散；（3）任命国资律师事务所的主任；（4）接受律师协会章程的备案；（5）制定法律援助的具体办法，并报国务院批准；（6）会同有关部门制定律师服务收费管理办法；（7）制定各类律师事务所的管理办法和律师、律师事务所违法行为处罚办法；（8）加强律师宣传工作、改善律师和律师事务所的执业环境；（9）对律师和律师事务所的违法行为进行处罚；（10）对没有取得律师执业证书的人违法从事律师业务的行为进行处罚。

2. 律师行业管理

《律师法》第四十三条第一款规定："律师协会是社会团体法人，是律师的自律性组织。"该规定确定了律师协会在律师管理工作中的法律地位。

律师协会的设置和司法行政机关并不完全对应。《律师法》第四十三条第二款规定："全国设立中华全国律师协会，省、自治区、直辖市设立地方律师协会，设区的市根据需要可以设立地方律师协会。"

律师协会实行会员制，律师、律师事务所是律师协会的会员。《律师法》第四十五条规定："律师、律师事务所应当加入所在地的地方律师协会。加入地方律师协会的律师、律师事务所，同时是全国律师协会的会员。律师协会会员享有律师协会章程规定的权利，履行律师协会章程规定的义务。"

律师协会通过章程组建机构和开展活动。《律师法》第四十四条规定："全国律师协会章程由全国会员代表大会制定，报国务院司法行政部门备案。地方律师协会章程由地方会员代表大会制定，报同级司法行政部门备案。地方律师协会章程不得与全国律师协会章程相抵触。"

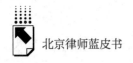

律师协会根据《律师法》的规定，行使行业管理权限，承担行业管理职责。这些权限和职责包括：（1）保障律师依法执业，维护律师的合法权益；（2）总结、交流律师工作经验；（3）制定行业规范和惩戒规则；（4）组织律师业务培训和职业道德、执业纪律教育，对律师的执业活动进行考核；（5）组织管理申请律师执业人员的实习活动，对实习人员进行考核；（6）对律师、律师事务所实施奖励和惩戒；（7）受理对律师的投诉或者举报，调解律师执业活动中发生的纠纷，受理律师的申诉；（8）法律、行政法规、规章以及律师协会章程规定的其他职责。

3. 律师行政管理和律师行业管理之间的关系

《律师法》对律师行政管理和律师行业管理之间的关系做了规定，但是相对来说，规定较为笼统。《律师法》第四条规定："司法行政部门依照本法对律师、律师事务所和律师协会进行监督、指导。"根据该规定，律师行政管理和律师行业管理是监督与被监督、指导与被指导的关系。

作为这种监督指导关系的体现，《律师法》规定，律师协会制定的行业规范和惩戒规则不得与有关法律、行政法规、规章相抵触，司法部可以通过规章赋予律师协会一定的权限和职责，律师协会章程要报司法行政部门备案。

（二）"两结合"管理体制的实施情况

在《律师法》规定的框架下，律师工作管理有关方面立足律师行业发展实际，采取一些具体的措施加强律师工作管理，从而丰富和充实了"两结合"管理体制的实际内容。

第一，司法行政机关和律师协会的人员关系较为密切。在实践中，这种密切关系具体体现在两个方面。一是在许多地方，司法行政机关和律师协会之间，尤其是司法局律管处（科）和律师协会秘书处之间，存在共用或部分共用一套人马情形，例如，律协的会长由司法局副局长兼任或转任，律协秘书长由司法局律师管理部门负责人兼任或转任。这种情形被称为"两块牌子，一套人马"。二是从党建的角度说，律师协会党委或党总支是同级司法行政机关党组或党委的下级，律师协会的书记通常也由司法行政机关分管副职兼任。由于人员和组织上的这种联系，司法行政机关和律师协会虽然分属性质不同的两类机构，但是实质上具有较强的一体化办公的特色。

第二，一些地方的司法行政机关尝试将更多的管理职能委托律师协会行使。这种委托可能是固定的事项，也可能是临时事项。例如，在湘潭市，司法局作为司法行政机关，根据"两结合"管理体制的改革需要，将对律师行业的管理从直接的、日常性的管理转变为间接的、宏观性的管理，切实下放行业的日常管理权，将律师对外交流、律师奖惩、律师培训、律师年度考核等管理权限交给市律师协会，明确了今后主要负责宏观行政管理职责。

第三，北京等直辖市探索设置区（县）律师协会。自2009年以来，北京市根据律师行业发展实际，探索设置区（县）律师协会，先后在东城、西城、海淀、朝阳、丰台、石景山、通州、顺义、房山、大兴、昌平等地成立了区（县）律师协会。2011年北京市司法局制定了《关于加强区县律师协会建设的若干意见》（京司发〔2011〕148号），明确了区县协会的职能定位、机构设置、运行机制、党的建设等内容。各区县协会成立以来，通过市区（县）两级协会及全体会员的共同努力，区（县）律协各项工作成绩显著，取得了积极的社会效果。截至2018年12月，随着延庆区律师协会的成立，北京市16个区全部成立了律师协会，实现了全市区级律师协会设立全覆盖，使北京市律师行业整体发展迈上新的台阶。

第四，北京等地有关部门积极协调改善律师执业环境。在实践中，律师工作管理涉及审判、检察、公安、税务、社保等许多部门，律师执业环境的改善往往需要多个部门沟通和协调。一些地方在多部门协调解决律师工作难题方面先行先试，取得了显著成效。例如，在北京，市律师协会与市高院、市检察院、市公安局建立了长效机制，为加强沟通交流、研究解决律师执业中涉及的具体问题搭建了制度化的平台，并利用该平台协调取得了一些具体成果。此外，北京市律师协会还积极和有关部门沟通和协调，解决非京籍律师进京存档问题，反映律师行业税收实践中的特殊情形等。近年来，北京市

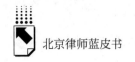
律师协会在这方面多方活动，积极努力，为加强和改善律师管理工作做出了有益的探索。

四 国外律师管理制度可资借鉴的规定

世界各国基于各自的历史传统和政治法律体制，建立了不同的律师工作管理模式。考察这些模式，对于改革和完善我国律师工作管理体制具有重要的参考意义。

（一）世界上主要国家的律师工作管理模式

1.美国

美国的律师管理实行律师协会行业管理与司法监督相结合的管理模式。《美国律师协会职业行为示范规则》在其序言第11条规定："就律师应当遵循其职业上的义务而言，受政府规制的需要被排除了。自我规制也有助于不受政府的控制而保持职业上的独立性。一个独立的法律职业是保证政府依法办事的一支重要力量，因为法律权力的滥用更容易受到一个其成员的执业权利并不仰赖于政府的职业的挑战。"该条款显示，美国基本上实行的是律师协会的行业管理，行政机关不参与对律师的管理。

美国的律师协会很多，其中最主要的是美国律师协会和州律师协会，两类机构共同管理律师，皆有行业管理权限。美国律师协会的宗旨是"促进法理学发展，提高司法水平，维护律师界声誉，促进成员间的事业和感情交流"。相对来说，美国律师协会的行业管理权限主要集中在行业规范的制定、职业道德的建设以及律师行业发展的制度设计等方面，不涉及具体的事务管理。美国律师协会不行使实质性的行业管理，与州律师协会相比，其行业管理权限较小。美国律师协会是自愿加入，而各州律师必须加入各地的州律师协会，这是强制性的。州律师协会之所以享有如此大的自治权，这是由美国的政治体制决定的，体现了美国联邦和州的政治关系。在美国，联邦政府只在涉及国家安全以及国家整体利益的有关方面享有权力，各州则有自己的宪法和法律，享有很大的自治权。美国律师协会与各州律师协会之间、州律师协会与州律师协会之间不存在隶属关系，他们各自都是独立的个体，行使自己的独立权限，相互之间不受干扰和监管。

除了美国律师协会和州律师协会之外，美国还存在其他的律师协会，比如国家律师协会、联邦律师协会、海关律师协会、全国妇女律师协会、美国诉讼律师协会等，它们都是基于特定的目的和要求成立的自治性团体。这类律师协会成立的功能和作用主要是：一是促进律师之间的交流和合作，形成一个强有力的职业团体，提高律师在社会中的地位；二是组织会员学习，为学员的再教育提供便利，提高学员的整体素质；三是层层把关，对律师行业进行监督和管理，促进律师行业的健康发展。

在美国，虽然行政机关不参与对律师的管理，但律师协会并不是唯一的管理主体，法院在该项管理中也发挥着较大的作用。概括地说，美国的律师协会和法院是相互配合和制衡的关系：美国的法院给律师颁发开业执照、决定违纪的律师最后将受到何种具体的处罚，但是这些权力主要依照律协制定的律师行为规则行使，而且批准从业和对违纪律师惩戒前的大量工作都是由律协完成的。任何一个州律协、任何一个法院都不能单独决定对某个律师从业资格的授予或对某个违纪律师的处罚。换言之，颁发律师执照、对律师适用惩戒和制定律师规范等重大事项的权限都是由律师协会和法院共同来行使的。在具体的合作中，这些重要决定的前期准备工作以及处罚建议通常由律师协会完成，而关键性的最后决定权则由法院享有。

2. 英国

英国各地区的大律师公会和律师协会分别是大律师和事务律师的专业组织，它们分别依照法律授权管理大律师和事务律师。由于历史原因和法系差异，英国没有形成一个包括英格兰、威尔士、苏格兰、北爱尔兰等四个地区的全国性的律师组织，而只有地区或部分地区联合的律师组织；同时，又由于英国律师分为大律师（Barrister，亦称出庭律师）和律师（Solicitor，亦称事务律师）两大分支，两者互不隶属，于是英国便有地区或部分地区联合的律师组织共六个，即英格兰和威尔士大律师公会、英格兰和威尔士事务律

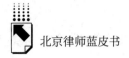

师协会、苏格兰大律师公会、苏格兰涉外律师协会、北爱尔兰大律师公会、北爱尔兰事务律师协会。

以英格兰和威尔士为例，成立于1895年的英格兰和威尔士大律师公会的主要职责是：（1）维护大律师公会的声誉和独立性；（2）维护大律师专业标准和制定职业行为的规定；（3）审议针对大律师公会会员有不正当职业行为的投诉；（4）保持与其他国家法律界的联系。特别值得一提的是，大律师公会委员会控制法制教育专业委员会的有关政策，并由后者实施大律师资格考试和管理林肯学院、内殿学院、中殿学院和格雷学院等四个律师学院，而所有大律师都必须是四大律师学院中某一学院的学员。大律师公会还掌握对大律师的纪律措施。

英格兰和威尔士事务律师协会成立于1825年，事务律师的资格和开业执照，都由事务律师协会负责认定和签发。为了不致因律师的过失使当事人利益受到损失，英国律师制度中建立了赔偿制度。事务律师协会规定每个律师每年要向律师协会交纳赔偿基金。据英格兰、威尔士律师协会介绍，对严重违反纪律的律师处罚包括：罚款5000英镑；警告；将处罚在律师报刊公布；取消律师执照；开除。

3. 法国

法国是实行律师公会行业管理的典型，其律师协会有着悠久的自治传统。法国律师公会不仅能够独立对违反行业规范的律师做出纪律处分，甚至能够做出剥夺其律师资格的决定。由此可见，法国律师公会有着极大的自治权，而且管理范围非常广泛。法国司法行政机关不直接参与律师的管理，但有权对律师公会进行监督。

法国律师公会是地域性的，是以上诉法院所在地为中心设立的。法国在法律上没有规定全国性的律师公会，但实际上存在全国律师协会、全国律师联合会、青年律师联合会等组织，这些组织是任意性团体。其中，全国律师协会是律师公会的联合体，不具有公法人的性质。每个律师被强制加入所在区域的律师公会，各个区域的律师公会对所在地律师实行行业管理，各个区域的律师公会地位平等，全国性的事项由各个律师公会推选代表召开会议协商解决。

法国律师公会是不是公法人在学术界一直存在争议。法国中央行政法院虽然认为法国律师公会不是公法人之中的公共服务机构，却以此类团体具有公共服务性质为理由而受理成员律师对此类团体提起的诉讼。

4. 德国

德国在 16 世纪末 17 世纪初就确立了较为成熟的律师制度。对律师行业的管理，德国实行行政管理和行业自治相结合的制度模式。德国律师协会由"律师协会"和联邦律师协会组成，法律明确规定二者均是公法上的团体法人，都属于行政法上的主体。根据德国法律的规定，州高等法院管辖区域范围内的律师组成州律师协会，州律师协会设在高等法院所在地，律师加入州律师协会是强制性的；州律师协会组成联邦律师协会，联邦律师协会不具有独立主体的地位，属于联合会性质，其成员是各个州律师协会。德国《联邦律师条例》规定，"州司法行政部门对律师协会行使国家监督职能"，"联邦司法部对联邦律师协会进行监督"，监督的范围限于律师协会对法律和章程的遵守情况，以及对各自被委托的职责的履行情况。

在德国，由律师名誉法院专门管理律师事务。具体来说，凡属于律师间的争端、对律师的惩戒等都由律师名誉法院裁决，有权对律师实施惩戒的法院分为地区律师名誉法院、州律师名誉法院和联邦律师名誉法院三级。其中，地区律师名誉法院设在各律师协会之下；州律师名誉法院设在各州的高等法院之内，是处理律师惩戒案件的上诉审法院；联邦律师名誉法院设于联邦法院之内，是处理律师惩戒案件的终审法院。

5. 日本

日本律师的法定组织是律师会（亦称"地方律师会"）和日本律师联合会。律师会和律师联合会实行行业自治。律师会原则上以地方法院管辖区为单位设立。日本律师联合会主要由审议机关、执行机关、事务机关以及若干委员会组成，其权限包括：律师名簿的登记和管理；对各律师会会则制定、变更的承认；对律师会大会的撤销；对被惩戒者请求审查的裁决；对违纪律师的惩戒；等等。

日本《律师法》第56条第1款规定："律师违反本法或所属律师协会或日本律师联合会会章，妨碍所属律师协会的秩序或信用，无论是在职务内或职务外，有足以丧失律师品格的不当行为时，应当受到惩戒。"在日本，对律师的惩戒权由地方律师协会和日本律师联合会行使。任何人都可以请求律师协会对某个律师进行惩戒。当律师协会接受惩戒请求或律师协会自己认为存在惩戒事由时，首先委托律师纲纪委员会对有关律师进行调查。在调查的基础上，如果律师协会认为律师应当受到惩戒，则移交惩戒委员会审查。地方律师协会根据惩戒委员会的审查做出决议，对律师行使惩戒处分权。受到惩戒处分的律师如果不服，可以在60天内向律师联合会请求审查，由其进行裁决。

6. 韩国

韩国律师协会拥有非常高的社会地位，对律师的管理实行律师协会和政府的二元管理。而协会和政府的关系，概括地说就是：政府对律师团体的管制和律师团体对政府的牵制。韩国《律师法》第二条规定，由于律师执业本身所具有的自律性特征，政府对律师、律师团体的管制只能且应当局限在最小的范围内。他们对律师协会的管制是一种间接的且非常宏观的监督。如果政府过度干涉，律师团体就很难起到牵制作用，因此他们又是通过律师团体的自律来提高自身的力量，抵制外来的影响和压力。

韩国律师团体之所以能够得到如此之高的地位，与他们严格的自律性是分不开的。在韩国的律师普遍认为，他们严格的自律性是通过引进惩戒制度而日益增强的。他们的自律性并不是完全自己管理自己。在韩国，同时设有律协惩戒委员会和法务部（相当于我国的司法部）惩戒委员会，实行二元惩戒体制。韩国法务部拥有对律师的许可、监督、登记、惩戒等决定权，严把入口关。地方法院辖区内设立法曹伦理协议机构，大韩律师协会和法务部各设注册审议委员会、惩戒委员会，委员由律师、法官、法学专家、市民团体组织和普通市民组成，负责对律师的监督惩戒，具有永久除名、除名、3年以下停职、3000万韩元以下罚款等处罚权限。律协的惩戒委员会为了增强公正性和公益性，法官、检察官、法学教授以及民间人士在惩戒委员会中占有相当大的比例。律师必须接受地方律师协会、大韩律师协会以及法务部长官的监督，律师协会发挥着重要的行业管理作用。

（二）对我国律师工作管理体制的借鉴意义

比较考察发达国家的律师工作管理模式，可以总结出一些特点，供我国借鉴和参考。

第一，各国律师工作管理模式都在很大程度上反映了本国的历史传统、法治理念和政治要求，因而都各有特色。例如，在英国，律师协会划分为大律师公会和事务律师协会，林肯学院、内殿学院、中殿学院和格雷学院等四大律师学院在大律师的管理方面具有重要权力；在美国，律师协会有联邦和州的划分，律师管理权力由律师协会和法院结合行使；在德国，律师协会存在联邦和州的划分，司法行政机关对律师协会有监督权，设有律师名誉法院；等等。这些特色表明，律师工作管理体制的设计要充分考虑本国国情和现实条件，合适的才是最好的。

第二，各国的律师管理模式有一些共同的要素，值得参考和借鉴。这些要素包括两方面。一是各国都有发达健全的律师协会，律师协会承担着律师管理的部分或全部职能。二是律师协会等自治组织的管理权在很大程度上得到尊重和保障。这种尊重和保障在英国、美国、法国和日本自不必说，即使在德国和韩国这种实行行政管理和行业管理二元制的国家也是十分明显的。例如在德国，"律师协会"和联邦律师协会皆是公法上的团体法人，司法行政机关的职责仅仅是监督律师协会，并不直接管理律师工作的具体事务；在韩国，政府对律师团体的管制和律师团体对政府的牵制是双向的而不是单向的，政府对律师、律师团体的管制只能且应当局限在最小的范围内，只是一种间接的且非常宏观的监督。

五　完善律师工作管理制度的必要性

2016年6月13日，中共中央办公厅、国务院办公厅印发了《关于深化

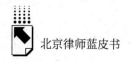

律师制度改革的意见》，提出要健全律师执业管理体制，坚持和完善司法行政机关行政管理和律师协会行业自律管理相结合的律师工作管理体制，司法行政机关要切实履行对律师、律师事务所和律师协会的监督、指导职责，律师协会要发挥好党和政府联系广大律师的桥梁纽带作用，依法依章程履行行业管理职责。为了贯彻该要求，有必要修改《律师法》，从最高立法层面改革和完善律师工作管理体制。

改革和完善律师工作管理体制，需要立足律师行业发展实际，针对当前体制中存在的问题和不足，有的放矢，稳步推进。总体来看，"两结合"的律师工作管理体制基本符合我国的社会性质和政治要求，基本满足律师行业管理的实际需要。然而，近年来的理论思考和实践探索表明，"两结合"管理体制的具体内容仍然存在诸多不足，仍然需要通过《律师法》的修订予以改革和完善。

第一，律师协会自治性不足。在当今世界上，律师行业实行自治性管理是比较普遍的做法，尤其是在英美法系国家，这种自治性管理有着悠久的历史，成为根深蒂固的传统。而之所以普遍授予律师行业自治权力，目的在于保证法律人在具体的案件具有相对独立的地位，而保证法律能够得到统一、公正的实施。

我国《律师法》规定了律师协会的设置，授予律师协会一些权力对律师行业进行自律性管理。而通过2007年的《律师法》的修订，这种权力略有扩大。但是，总体来说，在现行《律师法》中，律师协会行业自律性管理的权限仍然不足。

律师协会自治性的不足体现在多个方面。其一，《律师法》对律师协会的授权不足。例如，律师执业许可的权力，批准律师事务所成立的权力，对律师、律师事务所罚款以上的惩戒权力并不都在律师协会。其二，律师协会在机构设置上不够独立。这主要表现为有的地方律师协会的部门或负责人也在同级司法行政机关任职，或者由司法行政机关原干部转任，这种情况可能影响律师协会的自治性水平。其三，司法行政机关对律师协会的具体工作干预太多。这些干预体现在工作规划、工作开展和人事任免等方面。

第二，司法行政机关的保障和支持的职能定位不明晰。现行《律师法》规定，司法行政机关对律师、律师事务所和律师协会主要承担"监督、指导"职能，然而，在我国当前的律师行业发展中，无论是政策和信息方面，还是执业权利维护方面，司法行政机关都要承担一定的协调、保障和支持职能。然而，对于司法行政机关如何支持和保障律师、律师事务所和律师协会依法开展工作，现行《律师法》缺乏相应的规定。

第三，两种机构相互关系的规定不够完善。实行"两结合"，既要分别对司法行政机关和律师协会进行职能界定、权力配置和工作分工，又要在两个机构之间形成一定的配合与合作，实现两个机构之间监督与被监督、指导与被指导、支持与被支持、保障与被保障的关系。然而，对于后一方面，现行《律师法》缺乏具体的内容和措施。

第四，律师协会的设置有待完善。我国的直辖市实行市直管区和县，在直辖市之下，没有设区的市对应的行政区划。因此，按照现行《律师法》，直辖市只能设置市一级的律师协会。然而在现实中，我国的直辖市，尤其是北京和上海，律师人数较多，在直辖市之下如果不能再设立律师协会，不利于律师工作的行业自律管理。因此，应当允许直辖市的区（县）根据需要设立地方律师协会。

第五，律师维权协调机制有待建立和完善。维护律师权利、改善执业环境是律师工作管理的一项重要内容，但是，如何在审判、检察、公安、司法行政、税务、社保等部门之间建立联络和协调机制以加大力度维护律师权利和改善律师执业环境，现行的《律师法》没有相关规定。

六　有关方面对完善律师工作管理制度的意见、建议

近年来，法学理论界和法律实务部门对我国律师行业"两结合"管理体制所存在的问题进行了多方面的探索和总结，提出了一些改革和完善的意见。这些意见因为来自不同方面，所以相互之间在立场和观点上可能并不一致。归纳起来，主要的意见如下。

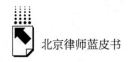

第一，调整司法行政机关在律师管理中的定位。较为普遍的观点认为，应当调整司法行政机关在律师管理中的定位，根据这种定位调整司法行政机关的职能职责。这方面比较具体的修改建议包括以下内容。

（1）鉴于司法行政机关在律师管理体制改革中的主动地位，可以由行政机关按照公共利益的原则界定自身行政职能，剩下的则交由律师协会履行，也即：对行政机关而言，"法不授权即禁止"；对律师协会而言，"法不禁止即权利"。①

（2）司法行政机关集中精力做好如下工作：制定律师行业发展政策，推动相关法律法规规章的出台以完善律师制度的法律体系，严格律师执业准入和退出机制，加强市场秩序监管，协调改善执业环境，调整法律服务供需关系等。②

（3）司法行政机关对律师业的宏观管理职能应包括以下几个方面：一是依法制定行业发展政策和法规、规章；二是指导性宏观管理；三是准入和退出管理；四是协调各方面关系，改善执业环境；五是调整法律服务供求关系，通过市场机制与政策调控手段的结合解决法律服务供需矛盾以及地区间的不平衡问题。③

（4）对司法部的有关规章进行清理、修订，废除有关"律师执业行为规范"的规定，从而将制定"律师执业行为规范"的权力交给律师协会，使律师行业组织的自主性和自律性均得到充分体现。④

（5）改善律师执业环境和增强权益保障。我国现有律师执业权益保障包括立法保障、行政保障、司法保障和行业保障。虽然《律师法》《刑事诉

---

① 周云涛：《论"两结合"律师管理体制的完善　以美、德两国为中心的考察（下）》，《中国律师》2010 年第 7 期。

② 周云涛：《论"两结合"律师管理体制的完善　以美、德两国为中心的考察（下）》，《中国律师》2010 年第 7 期。

③ 李乃东：《论如何建立和完善司法行政机关宏观管理下律师协会行业管理体制》，《企业导报》2012 年第 13 期。

④ 李乃东：《论如何建立和完善司法行政机关宏观管理下律师协会行业管理体制》，《企业导报》2012 年第 13 期。

讼法》《民事诉讼法》和《行政诉讼法》对此项内容有详细的规定，但在现实中，律师执业环境还不尽如人意。例如律师在办理案件需要调取工商行政管理、房屋管理、户籍管理、民政等部门保存的登记材料或证件材料时，由于部门利益或行业内部规定的阻碍而被拒绝。因此，作为承担宏观管理职能的司法行政机关应发挥协调功能，为律师权利的行使提供便利与支持，使律师执业环境得到改善，法定权益得以落实。[①]

第二，明确行政管理和行业管理相结合的具体方式。我国律师工作管理实行"两结合"体制，《律师法》第四条也规定司法行政机关对律师协会进行监督和指导，但是，具体如何"结合"，具体如何监督和指导，《律师法》并未明确。对此，有关方面提出了一些具体的意见。

（1）一种观点认为，司法行政机关对律师协会的监督指导应当包括三个方面：一是加强对律师协会章程的监督；二是加强对律师协会规则制定的监督；三是加强对律师协会执行规则情况的监督。[②]

（2）湘潭市司法局在具体工作中通过如下措施落实司法局对律协的支持、监督和指导工作：一是加强律师工作组织领导及政策支持；二是规范律协党总支的职责和工作；三是进一步加强市律协对市司法局的工作报告和信息沟通；四是市司法局定期对市律协实行相关法律法规规定及履职情况进行监督检查。[③]

（3）北京市司法局在具体工作中通过如下措施界定和落实行政管理和行业管理的相互关系，使"两结合"律师管理体制逐步规范化、制度化、程序化：一是建立律师协会行业规则和决定审查制度；二是建立律师协会重大事项备案制度；三是建立司法行政机关与律师协会的会商制度；四是建立司法行政机关行政建议和通报制度；五是建立司法行政机关委托事项总结报

---

① 李乃东：《论如何建立和完善司法行政机关宏观管理下律师协会行业管理体制》，《企业导报》2012 年第 13 期。
② 周云涛：《论"两结合"律师管理体制的完善 以美、德两国为中心的考察（下）》，《中国律师》2010 年第 7 期。
③ 《关于创新"两结合"律师管理体制的探索》，发布日期：2016 年 4 月 27 日，湖南律师网，http：//www.hnlx.org.cn/show_c.php? t = 1&id = 7132。

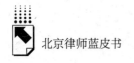

告制度。①

第三，加强和充实律师协会的行业管理权限。一种十分普遍的意见是当前应当加强和充实律师协会的行业管理权限，让律师协会的行业管理真正落到实处，认为在当前基础上，律师协会还应当加强和充实的管理权主要包括以下三项。

（1）律师执业资格审查权。一种观点认为，可以借鉴国外的经验，对于律师执业资格的审查权，主要由律师协会享有，对律师的准入也由律师协会进行操作。当律师协会通过之后，再提交相关的司法行政部门或者法院履行程序化的手续。由于律师行业的特殊性，对管理的专业性要求很高。只有律师协会对律师的行为、道德、守纪情况等了解得比较深入，对行业整体情况把握的全面性才会远远强于司法行政机关。另一种观点认为，可以把申请律师执业资格的初步审查权交给省级的律师协会，省级的律师协会进行初步审查后将申请材料报送省级政府司法行政部门，由省级政府的司法行政机关做最后的决定，从而更好地体现"两结合"的管理体制。②

（2）律师行业规范制定权。一种观点认为，我国目前的行业规范制定权应当全部划归律师协会行使，行业规范由律师协会制定后再由司法部进行审查并发布实施。还有一种观点认为，为了更好地保障律师协会行使制定行业规范的权力，应该限制司法行政机关制定行业规范的权力。为了调和司法行政机关制定的行业规范和行业协会制定的规范之间的矛盾，应该确定二者之间的分工与界限，如可将律师协会制定的规范报备司法行政机关，或者经过其批准，通过这种方式，使司法行政机关的意见和律师协会的管理工作达到最大程度的融合。③

（3）律师惩戒权。律师惩戒权是律师行业规范制定权的延伸，只有拥有了律师惩戒权才能够保证律师协会制定的行业规范得到遵守和实施。一种

---

① 信息来源：北京市司法局实地调研。
② 柳正晞：《我国律师管理体制的反思与重构》，《法制与社会》2017 年第 24 期；郭永盼：《浅谈我国的律师管理体制》，《商情》2013 年第 51 期。
③ 柳正晞：《我国律师管理体制的反思与重构》，《法制与社会》2017 年第 24 期；郭永盼：《浅谈我国的律师管理体制》，《商情》2013 年第 51 期。

观点认为，应当将我国律师协会的行业惩戒权扩展为：训诫、通报批评、公开谴责、警告、罚款、没收违法所得、一定时间的停止执业、一定时期的停业整顿、吊销律师执业证书调查建议权。司法行政机关只保留吊销律师执业证书的决定权，即除吊销律师执业证书的权力由律师协会和司法行政机关共同行使外，其他权力均归律师协会所有，这样能更好地促进律师行业的自治发展。还有一种观点认为，为了更好地对律师行业进行管理，应该将惩戒权全部划归律师协会，从而增加律协的权威性，减弱律师管理中的行政化色彩。[1]

第四，完善律师协会的设置。从当前的理论探索和律师管理实践来看，完善律师协会设置的观点主要在于增加律师协会设置的行政区划范围。在实地调研中，来自律师行业管理实践部门的一种观点认为，应当设立基层律师协会。目前律师协会的设立均在市级以上，在行使管理职能时，必然要和区县等基层司法行政机关发生这样那样的联系。两者之间的关系如果处理不好，会形成矛盾，直接影响到"两结合"效能的发挥。为此，现阶段既要积极推进律师制度改革，又应尊重和遵循两级行政管理的现状和规律，在基层可以考虑设立律师协会的基层组织，使"两结合"落实到基层。[2]

自2009年来，北京市进行了设置直辖市区（县）律师协会的探索，取得了显著的成效。考虑到我国当前有许多落后地区的县尚无律师或仅有极少数律师，而我国直辖市的区县律师人数相对较多，作为一种折中的意见，可以考虑将律师协会的设置延伸至直辖市的区和县。

七 修法建议及理由

根据上文的分析和介绍，对于现行《律师法》中有关律师工作管理体制的内容，我们特提出如下五个方面的修改建议。

---

[1] 柳正晞：《我国律师管理体制的反思与重构》，《法制与社会》2017年第24期；郭永盼：《浅谈我国的律师管理体制》，《商情》2013年第51期。
[2] 柳正晞：《我国律师管理体制的反思与重构》，《法制与社会》2017年第24期；郭永盼：《浅谈我国的律师管理体制》，《商情》2013年第51期。

（一）完善司法行政机关与律师协会在律师工作管理中的职能定位

我国的律师工作管理"两结合"体制首先需要界定司法行政机关和律师协会两类机构各自在律师工作管理中的职能定位，并明确二者在管理工作中的相互关系。而在现行《律师法》中，这方面的规定过于简略，有些必要的内容未予明确。针对这种情形，《律师法》应做四个方面的修改：一是在司法行政机关的职责中增加维护律师执业权利、支持律师执业活动、保障律师协会履行管理职责等方面的内容；二是在总则中明确律师协会作为行业自律性管理机构的法律地位；三是结合律师工作管理实际，明确两类机构在律师工作管理中的相互关系；四是对有关内容进行更加全面、更加完整的表述。建议根据上述四点意见对现行法律条文进行如下修改。

第一，建议修改《律师法》第四条，在总则中明确司法行政机关和律师协会的职能定位。修改后表述如下：

第四条　司法行政部门依照本法维护律师执业权利，规范律师执业活动，促进律师行业发展，支持、保障、监督、指导律师、律师事务所和律师协会的工作。

律师协会在同级司法行政机关的监督和指导之下，依照本法对律师行业进行自律性管理。

第二，建议增加一个单独的条文规定司法行政机关保障、支持律师执业活动的条文。现行《律师法》第三十三条至第三十七条规定了律师的执业权利，增加的这一条可以置于第三十七条之后，暂定为第三十八条。法条表述如下：

第三十八条　司法行政机关应当采取相应的措施，保障律师的执业活动，维护律师的执业权利。

司法行政机关可以采取相应的措施，宣扬和奖励律师行业的先进事迹，支持和鼓励律师、律师事务所从事公益事业。

第三，建议增加一个单独的条文规定司法行政机关和律师协会在律师工作管理中的相互关系。该条文置于第四十六条之后，暂定为第四十八条。法条表述如下：

第四十八条　律师协会的行业自律性管理工作应当接受同级司法行政机关的监督和指导，律师协会制定的行业规范和决议文件，应当报送同级司法行政机关审查和备案。

司法行政机关应当支持和保障律师协会的工作。

（二）完善律师协会的设置

考虑到我国律师人数近年来有了较大幅度的增长，也考虑到律师人数在不同地区的分布状况，同时结合一些地区的改革和探索实践，律师协会应当从四个方面完善设置：一是在直辖市的区和县设立地市级地方律师协会，行使地级市律师协会的职能；二是在一定的条件下，允许设立县级律师协会；三是在没有设立律师协会的县、市和市辖区，可以成立律师联络会；四是对应地调整直辖市的县司法行政机关在律师工作管理中的职责。建议根据上述四点意见对现行法律条文进行如下修改。

第一，建议修改《律师法》第四十三条，增设直辖市的区、县律师协会，规定县级律师协会设立的条件，规定在没有设立律师协会的县、市和市辖区可以成立律师联络会。修改后法条表述如下：

第四十三条　律师协会是社会团体法人，是律师行业实行自律性管理的组织。

全国设立中华全国律师协会，省、自治区、直辖市设立省级地方律师协会，设区的市、自治州、直辖市的区和县设立地市级地方律师

协会。

省、自治区的县、不设区的市、市辖区如果律师人数较多、同级司法行政机关和上级律师协会认为有必要的，可以设立县级地方律师协会。

省、自治区的县、不设区的市、市辖区如果律师达不到成立县级地方律师协会要求的人数，可以成立律师联络会。

第二，相应地修改《律师法》第六条和第十八条，赋予直辖市的县司法行政机关相当于地级市司法行政机关的管理职能。具体在第六条中，将"申请律师执业，应当向设区的市级或者直辖市的区人民政府司法行政部门提出申请"，修改为"申请律师执业，应当向设区的市级或者直辖市的区、县人民政府司法行政部门提出申请"；在第十八条中，将"设立律师事务所，应当向设区的市级或者直辖市的区人民政府司法行政部门提出申请"，修改为"设立律师事务所，应当向设区的市级或者直辖市的区、县人民政府司法行政部门提出申请"。

第三，明确省、自治区的县级律师协会的职权与职责。由于县级律师协会由各地根据具体情况自行决定是否设置，所以其职权和职责不宜由《律师法》做直接的规定。为了不失灵活性和一般性，《律师法》可以规定县级司法行政机关和地市级律师协会可以将部分职责委托县级律师协会行使，县级律师协会则根据这种委托和授权开展行业自律性管理工作。为此，建议在《律师法》第十六条后增加一条，暂定为第四十七条，规定这一内容。新增的法条表述如下：

第四十七条　县级司法行政机关可以将本部门的部分职责委托同级律师协会行使。地市级律师协会可以将本会的部分职责委托下级律师协会行使。

县级律师协会根据上级律师协会和同级司法行政机关的委托和授权，开展行业自律性管理工作。

（三）明确和加强律师协会的会员注册管理职能

律师协会要体现行业自律性管理组织的地位，切实发挥行业自律性管理作用，需要明确和加强协会的会员注册管理职能。为此，《律师法》在现有规定的基础上，需要做四方面的修改：一是将会员注册提升到执业证书的地位，作为律师身份认定和开展执业活动的前提条件；二是规定律师和律师事务所会员注册义务的具体内容；三是规定未履行会员注册义务的后果；四是明确规定律师协会对律师和律师事务所进行会员注册管理的职权和职责。建议根据上述四点意见对现行法律条文进行如下修改。

第一，修改《律师法》第二条，将会员注册作为律师身份认定和开展执业活动的前提条件。修改后法条表述如下：

第二条　本法所称律师，是指依法取得律师执业证书，在律师协会注册，接受委托或者指定，为当事人提供法律服务的执业人员。

律师应当维护当事人合法权益，维护法律正确实施，维护社会公平和正义。

第二，明确规定会员注册义务的具体内容。为此，建议在《律师法》第六条后增加一条，暂定为第七条，专门规定律师会员注册义务的含义和要求；在《律师法》第二十一条后增加一条，暂定为第二十二条，专门规定律师事务所会员注册义务的含义和要求。增加的法条表述如下：

第七条　申请人从司法行政机关领取律师执业证书后，应当在三个月内到律师所在地的省、自治区、直辖市律师协会进行会员注册，缴纳会费。

律师未按照前款规定进行会员注册并缴纳会费，不得执业。

第二十二条　律师事务所从司法行政机关领取律师事务所执业证书后，应当在三个月内到律师所在地省、自治区、直辖市律师协会进行会

员注册。

　　律师事务所未按照前款规定进行会员注册，不得营业。

　　第三，修改《律师法》，规定未履行会员注册义务的后果。基于《律师法》的现有规定，修改第九条，规定律师未履行会员注册义务应当承担的后果；修改第二十二条，规定律师事务所未履行会员注册义务应当承担的后果。修改后的法条表述如下：

　　第九条　有下列情形之一的，由省、自治区、直辖市人民政府司法行政部门撤销准予执业的决定，并注销被准予执业人员的律师执业证书：

　　（一）申请人以欺诈、贿赂等不正当手段取得律师执业证书的；

　　（二）对不符合本法规定条件的申请人准予执业的；

　　（三）超过三个月未到律师协会进行会员注册并缴纳会费的。

　　第二十二条　律师事务所有下列情形之一的，应当终止：

　　（一）不能保持法定设立条件，经限期整改仍不符合条件的；

　　（二）律师事务所执业证书被依法吊销的；

　　（三）自行决定解散的；

　　（四）超过三个月未到律师协会进行会员注册的；

　　（五）法律、行政法规规定应当终止的其他情形。

　　律师事务所终止的，由颁发执业证书的部门注销该律师事务所的执业证书。

　　第四，修改《律师法》，明确规定律师协会应当履行会员注册管理的职责。基于《律师法》的现有规定，建议修改第四十六条，在律师协会应当履行的职责列举中，规定会员注册事务。修改后的法条（部分）表述如下：

　　第四十六条　地市级以上的律师协会应当依照本法规定履行下列

职责：

（一）对律师和律师事务所进行会员注册；

（二）保障律师依法执业，维护律师的合法权益；

……

（四）赋予律师协会对违法行为的立案调查权和处罚建议权

为了加强律师协会行业自律性管理组织的地位，发挥律师协会在律师工作管理中的专业优势，需要赋予律师协会在律师和律师事务所违法行为的立案调查和处罚方面一定的职责和权限，为此建议《律师法》做三方面的修改：一是明确规定律师协会承担对涉嫌违法的律师、律师事务所进行立案调查，向司法行政机关提交调查报告和处罚建议书的职责，最后的处罚决定仍由司法行政机关做出；二是规定律师协会履行这种职责的具体程序；三是对司法行政机关办理律师和律师事务所违法案件的程序做相应的修改。

1. 明确规定律师协会在律师和律师事务所违法案件办理方面的职责

修改《律师法》，明确规定律师协会承担对涉嫌违法的律师、律师事务所立案调查和向司法行政机关提交调查报告和处罚建议书的职责。基于《律师法》的现有规定，建议修改第四十六条，在律师协会应当履行的职责中，规定该项职责。修改后的法条（部分）表述如下：

第四十六条　地市级以上的律师协会应当依照本法规定履行下列职责：

……

（八）对涉嫌违法的律师、律师事务所立案调查，向司法行政机关提交调查报告和处罚建议书。

2. 规定律师协会履行这种职责的具体程序

对于律师或律师事务所涉嫌违法的案件，律师协会如何进行立案调查、

如何提交调查报告和处罚建议书，现行《律师法》没有这方面的规定，所以需要新增条文。建议在第五十二条后增加八条，暂定为第五十三条、第五十四条、第五十五条、第五十六条、第五十七条、第五十八条、第五十九条和第六十条。新增的条文主要包括如下三个方面的内容。

第一，立案管辖。新增的第五十三条、第五十四条规定律师、律师事务所违法案件立案调查的管辖问题。案件管辖按照下列规则办理。所有案件原则上由地市级律师协会立案调查，但是如果案件存在下列情况之一的，由省、自治区、直辖市律师协会立案调查：（一）对律师可能处以停止执业三个月以上六个月以下、停止执业六个月以上一年以下或吊销执业证书的处罚的；（二）对律师事务所可能处以停业整顿、调查执业证书的处罚的；（三）具有重大社会影响的；（四）所在地地市级地方律师协会不具备公正调查条件的。

第二，调查终结。新增的第五十五条和第五十六条规定案件调查终结后的处理。

地市级律师协会对案件进行调查后，分别做出如下处理：（一）如果被调查律师或律师事务所没有违法行为，撤销案件；（二）如果被调查律师或律师事务所存在违法行为，应当处以警告或罚款的处罚，将调查报告、处罚建议书提交同级司法行政机关；（三）如果存在需要由省级律师协会立案调查调查的情形，将案件移交上级律师协会。

省级地方律师协会对案件进行调查后，分别做出如下处理：（一）被调查律师或律师事务所没有违法行为，撤销案件；（二）被调查律师或被调查律师事务所存在违法行为，应当承当法律责任，将调查报告、处罚建议书提交同级司法行政机关。

律师协会做出上述处理决定后，应当在五个工作日内将处理决定告知投诉人、被调查律师、被调查律师的单位和被调查律师事务所。投诉人如果对律师协会做出的"被调查律师或律师事务所没有违法行为，撤销案件"的决定不服，可以在收到处理决定通知后十五个工作日内向上级律协协会或同级司法行政机关申请复核。

第三，处罚决定。新增的第五十八条和第五十九条规定司法行政机关如何做出处罚决定。

地市级司法行政机关对同级律师协会提交的调查报告和处罚建议书进行审查，分别做出如下处理：（一）案件事实清楚，律师或律师事务所没有法律责任，做出不予处罚的决定；（二）案件事实清楚，律师或律师事务所应当承担警告或罚款的法律责任，做出处罚决定；（三）案件事实清楚，律师应当承担停止执业三个月以上六个月以下、停止执业六个月以上一年以下或吊销执业证书的法律责任，或者律师事务所应当承担停业整顿或吊销执业证书的法律责任，将案件移交省级司法行政机关审查决定，同时通知省级律师协会；（四）案件事实不清楚，可以自行补充调查，也可以要求同级律师协会补充调查。

省级司法行政机关对同级律师协会或下级司法行政机关提交的调查报告和处罚建议书进行审查，分别做出如下处理：（一）案件事实清楚，律师或律师事务所没有法律责任，做出不予处罚的决定；（二）案件事实清楚，律师或律师事务所应当承法律责任，做出处罚决定；（三）案件事实不清楚，可以自行补充调查，也可以要求同级律师协会补充调查。

司法行政机关做出决定后，应当在五个工作日内将处理决定告知投诉人、被调查律师、被调查律师的单位、被调查律师事务所、同级律师协会和下级司法行政机关。

如果投诉人对司法行政机关做出的不处罚决定或处罚决定不服，可以在收到决定通知后六十日内，向做出决定的司法行政机关的上级司法行政机关或同级人民政府申请行政复议。

如果被处罚的律师或律师事务所对司法行政机关做出的处罚决定不服，可以在收到决定通知后六十日内，向做出决定的司法行政机关的上级司法行政机关或同级人民政府申请行政复议，也可以向县人民法院报提起行政诉讼。

如果投诉人申请行政复议而被调查律师或被调查律师事务所提起行政诉讼，则全案先进入行政复议程序。对行政复议的决定不服，被调查律师或被

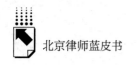
调查律师事务所可依据有关规定提起行政诉讼。

3. 修改规定司法行政机关查处违法案件的条文

由于《律师法》修改后，司法行政机关办理违法案件的程序已由新增的条文做出规定，所以现行《律师法》中规定司法行政机关查处律师和律师事务所违法案件的条文需要做相应的修改。修改的办法是现行《律师法》第四十七条至第五十一条只保留其中针对各种违法行为应当给予何种处罚的内容，而具体由何种层级的司法行政机关做出处罚的内容则予以删除。

（五）规定司法行政机关可以将特定事项委托同级律师协会行使

逐步扩大律师协会行业自律性管理的职责和权限，是律师工作管理体制改革的一个基本方向，然而，由于各地律师行业的发展水平、各地律师协会的完善程度等存在较大的差异，到底赋予律师协会多大范围的管理职责，很难确定一个符合全国各地特殊情况的标准。针对这种情形，一个具有灵活性的解决办法是，允许各地司法行政机关根据具体情况将特定事项委托同级律师协会行使。为此，建议《律师法》做两点修改：一是在"律师协会"一章中列专条规定地市级以上律师协会行使行业自律性管理职权的依据，并将同级司法行政机关的委托作为依据之一列入其中；二是修改《律师法》第四十六条，将接受同级司法行政机关的委托明确为律师协会的一项职责。

按照上述意见，新增的法条置于第四十三条之后，暂定为第四十四条。该条文表述如下：

第四十四条　中华全国律师协会根据法律和行政法规的规定、律师协会的章程、司法部的委托与授权开展行业自律性管理工作。

地方律师协会根据法律和行政规定的规定、律师协会的章程、上级律师协会和同级司法行政机关的委托与授权开展行业自律性管理工作。

《律师法》第四十六条修改后（部分）表述如下：

第四十六条　地市级以上的律师协会应当依照本法规定履行下列职责：

……

（十）完成同级司法行政机关和上级律师协会的委托事项；

（十一）法律、行政法规、规章以及律师协会章程规定的其他职责。

八　其他相关问题及建议

按照现行《行政许可法》和《行政处罚法》的规定，司法行政机关是否可以将行政许可权和行政处罚权委托律师协会行使？分析如下。

第一，律师协会是否属于《行政许可法》《行政处罚法》规定的"具有管理公共事务职能的组织"？《行政许可法》第二十三条规定："法律、法规授权的具有管理公共事务职能的组织，在法定授权范围内，以自己的名义实施行政许可。被授权的组织适用本法有关行政机关的规定。"《行政处罚法》第十七条规定："法律、法规授权的具有管理公共事务职能的组织可以在法定授权范围内实施行政处罚。"在我国当前，许多行政机关、企业组织都因为对一个行业进行管理而被认定为"具有管理公共事务职能"，例如银监会、保监会、中国石化总公司等，依此逻辑，律师协会对律师行业进行管理，当然属于"具有管理公共事务职能"的组织。

第二，特别法优于一般法。即便不属于《行政许可法》《行政处罚法》规定的情形，按照特别法优于一般法的原则，《律师法》对此可以做出不同的规定。

第三，《律师法》先行修改。《律师法》修改之后，将来修改《行政许可法》和《行政处罚法》时可以做相应的调整，借以保证法律之间的一致性。

大 事 记

B.6
2016～2017年北京律师行业大事记

整理人：赵 汀*

2016年

1月（7）

1月19日　北京市律师协会申请律师执业人员管理考核工作委员会召开第十届申请律师执业面试考官成立会。

1月20日　北京市人民检察院代检察长敬大力、副检察长高祥阳一行四人访问北京市律师协会并座谈，双方围绕检察官与律师双向互动交流与合作、北京市律师协会的组织构架和北京律师队伍发展现状、北京市检察院在依法保障律师执业权利方面的主要工作、新型检律关系以及法律职业共同体

---

* 赵汀，北京市金杜律师事务所律师。

建设等问题进行了交流。

1月21～22日　第十届北京市律师协会执业纪律与执业调处委员会召开工作总结暨表彰大会，总结了北京市律师协会纪处委2015年度工作，介绍了2016年度工作安排，同时评选出21名优秀委员。

1月22日　第十届北京市律师协会外事委员会召开2016年第一次工作会议，审议通过了《2015年外事委员会工作总结》和《2016年外事委员会工作计划与预算草案》。

1月26日　北京市律师协会权益保障委员会及相关专业委员会与国家知识产权局条法司进行了座谈，双方围绕行业协会在律师行业事中事后如何监管、律师行业自律和执业人员培训等方面进行了深入交流。

1月27日　中华全国律师协会会长王俊峰在北京市律师协会副会长殷杰、副秘书长刘军、会员事务委员会主任孙晓洋的陪同下前往北京市世纪律师事务所看望慰问患病律师。

1月29日　第十届北京市律师协会理事会召开第六次会议，选举和推举出第九次全国律师代表大会北京地区代表和理事候选人。

2月（4）

2月24日　北京市司法局副局长、北京市律师协会党委书记李公田对京悦律师事务所工作进行实地检查，详细询问了律师事务所的组织架构、业务发展、律师执业、内部管理、风险防控以及"两会"安保工作等情况。

2月25日　北京市律师协会区县联络工作委员会召开主任扩大会议，围绕区县联络工作委员会的职能定位、市区两级律师协会的关系、区县联络工作委员会2016年度工作计划的落实等进行了讨论。

2月26日　为进一步学习贯彻习近平总书记的重要讲话精神，北京市律师协会组织召开宣传工作座谈会。

2月29日　全国妇联纪念"三八"国际劳动妇女节暨全国三八红旗手（集体）表彰大会在人民大会堂召开。北京律师马兰荣获"全国三八红旗手"荣誉称号。

3月（14）

3月3～4日　北京市律师协会先后与中国人民大学法学院、北京大学法学院签署战略合作协议。

3月8日　北京市律师协会与海淀区律师协会联合举办"书香丽人　芬芳京城——北京女律师庆'三八'活动"。

3月16日　为表彰武丽君律师荣获中国共产党北京市委员会、北京市政府颁发的"首都拥军优属拥政爱民模范个人"荣誉称号，北京市律师协会召开了"双拥工作"座谈会。

3月17日　第十届北京市律师协会理事会召开第七次会议，审议通过了北京市律师协会理事会2015年工作报告、2015年度会费预算执行情况报告、2016年工作计划、2016年度会费预算草案的议案。

3月18日　第十届北京市律师协会监事会召开第五次全体会议，审议通过了第十届北京市律师协会监事会2015年工作报告、2016年度工作预算安排的议案。

3月22日　北京市律师协会副会长张巍应邀参加了由中国人民大学法学院、普通法中心及律师学院主办，英中协会、英格兰与威尔士律师公会协办的以"法律服务市场国际化与合作"为主题的研讨会。

3月22日　李公田副局长主持召开知识管理在促进律师事务所科学发展中的作用座谈会，北京市律师协会会长高子程以及北京市律师协会部分专业委员会主任和律师事务所主任代表参加会议。

3月25日　北京市律师工作会议召开，贯彻落实了中央和市委政法工作会议、全国律师工作会议精神，研究部署了新形势下加强全市律师工作的重点任务。

3月25日　第十届北京市律师协会专业委员会（研究会）召开第一次主任联席会议。

3月26日　北京市第十届律师代表大会第三次会议召开，审议通过了北京市律师协会2015年理事会报告、2015年监事会报告、2015年会费预算执行情况报告、2016年工作计划和2016年会费预算草案。

3月28日　北京市律师协会宣传联络与表彰工作委员会召开工作会，总结了2015年度工作情况，讨论了2016年度工作计划。

3月29日　北京市司法局和北京市律师协会举办2016年第一期首都律师宣誓仪式，共有100余名新执业律师参加宣誓仪式。

春节前后　北京市律师协会开展了走访慰问律师活动。

3月30日至4月1日　第九次全国律师代表大会召开，授予包括北京市兰台律师事务所等7家北京律师事务所在内的100家律师事务所"2011～2014年度全国优秀律师事务所"荣誉称号，授予包括郝春莉等16名北京律师在内的200名律师"2011～2014年度全国优秀律师"荣誉称号。

4月（13）

4月7日　李公田副局长主持召开"互联网＋"律师管理与服务座谈会。北京市律师协会会长高子程，北京市司法局律师综合处、许可处负责人等参加座谈。

4月7日　北京市律师协会青年工作委员会召开2016年第一次全体委员工作会，总结了2015年度工作情况，讨论了2016年度工作计划。

4月9日　第五届律师协会监事会论坛发起人会议召开，北京市律师协会监事长张卫华一行代表北京市律师协会参加会议。

4月11日　北京市律师协会与中国政法大学法学院签署战略合作协议。

4月11日　北京市律师协会外事工作委员会召开2016年第一次主任工作会议，审议通过了外事委员会2016年工作计划以及经费预算。

4月12日　第十届北京市律师协会行业规则委员会召开全体会议，总结了2015年度工作情况，介绍了2016年度预算安排，并讨论了2016年度工作计划。

4月14～15日　由北京市律师协会和北京市检察院联合主办，海淀区律师协会协办的"法庭语言的规范与技巧"系列培训成功举办。

4月17日　由北京市律师协会主办，北京市律师协会会员事务委员会

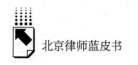

承办，东城、西城、朝阳、海淀、丰台、昌平区律师协会协办的"春韵律声——2016年北京律师文艺汇演"成功举行。

4月18~22日　由高子程会长带队的北京市律师协会一行赴新疆考察交流。北京市律师协会与新疆维吾尔自治区律师协会和新疆生产建设兵团律师协会分别签订了跨省（市、区）维护律师执业合法权益合作协议。

4月19日　北京市律师协会权益保障委员会召开2016年度第一次市区两级权保工作会，重点讨论了2016年度工作计划。

4月20日　山东省律师协会党委专职副书记张良庆，副秘书长李鹏一行4人拜访北京市律师协会，就秘书处机构设置、人员管理、律师学院建设及培训等话题进行了交流。

4月23日　北京市律师协会老律师工作委员会在延庆区松山国家森林公园举办"老律师健康徒步走"活动。

4月28日　由北京市律师协会女律师工作委员会主办，北京市朝阳区律师协会女律师工作委员会承办的"律媛说"启动仪式暨第一期演讲能力培训班成功举行。

5月（18）

5月4日　北京市律师协会青年律师工作委员会举办"五·四"青年节庆祝活动。

5月5日　北京市律师协会青年律师工作委员会召开青年律师发展研讨工作座谈会，听取青年律师对北京市律师协会青年律师工作的意见和建议。

5月5日　第十届北京市律师协会律师行业发展研究委员会召开主任工作会议，介绍了2015年度工作开展情况以及2016年度工作计划任务。

5月6日　北京市律师协会召开2016年度区律师协会及律师工作联席会年度经费拨付工作会议，听取了各区律师协会、律师工作联席会2015年度经费使用情况的通报，部署了专项审计工作。

5月6日　北京市律师协会党委召开加强律师行业统战工作座谈会，各方就积极推动律师参政议政工作，充分发挥律师人大代表、政协委员的作用以及加强律师行业党的建设和统战工作等问题充分发表了意见。

5月7日　在北京市律师协会和新疆维吾尔自治区律师协会的共同安排下，两名北京律师为全疆400余位律师讲授了律师业务实务课程。

5月7～8日　北京、上海、广州、深圳四地律师协会举办的首届竞争与反垄断实务论坛召开。

5月9日　由中央党校政法部经济法室副主任、副教授王伟带队的课题组一行到北京市律师协会进行调研，就企业信用信息公示制度的主要内容、国内外法例、实施中的问题及建议进行了讨论。

5月10日　北京市律师协会一行赴银川拜访了宁夏回族自治区律师协会，双方签订《跨省（市、区）维护律师执业合法权益合作协议》。

5月12日　北京市律师协会副会长张峥带队一行5人赴宁夏隆德县张程乡桃园，回访北京市律师协会捐助的第一所"北京律师希望小学"。

5月20日　北京市律师协会人大代表与政协委员联络委员会召开主任工作会议，介绍并讨论了人大代表与政协委员联络委2016年度工作安排。

5月20日　第十届北京市律师协会监事会召开2016年第一次工作会议，就参加考核测评人员范围、《考核测评表》内容及考核流程等事项进行了深入讨论。

5月20日　由北京市律师协会副会长高警兵带队的北京市律师协会执业纪律与执业调处委员会一行7人到丰台区律师协会就市区两级律师协会纪处工作进行调研。

5月24日　北京市律师协会与北京市检察院召开2016年度第一次联席会议，围绕新型检律关系建设的重点难点问题，检察机关、律师协会建立健全沟通联络机制，新形势下如何进一步发挥律师作用及规范执业行为等主题展开座谈。

5月26日　第十届北京市律师协会监事会召开首次会长、副会长年度履职考核测评会议。

5月27日　北京市律师协会举办了"司法行政在身边——北京市律师协会开放日"活动暨北京市律师协会陈列室揭牌仪式。

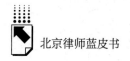
5月29日 为让女律师们能够在百忙之中为孩子庆祝"六·一"儿童节，北京市律师协会女律师工作委员会举办庆"六·一"女律师亲子活动。

5月31日 共有2031家律师事务所的25201名律师参加北京律协律师执业年度考核。

6月（16）

6月3日 北京市律师协会医药卫生法律专业委员会联合会员事务工作委员会、老律师工作委员会举办北京市律师协会"健康驿站"项目启动会暨第一期健康驿站大讲堂。

6月7日 由北京市人大常委会副主任刘伟同志带队的北京市人大常委会律师法执法检查组一行到北京市律师协会检查调研律师法贯彻实施情况。

6月16日 香港律师会会长苏绍聪、中联办法律部副部长刘春华、中国法律服务（香港）有限公司总经理杜春一行3人拜访北京市律师协会，着重就两地业务培训、律所人力资源管理等话题进行了交流。

6月17~18日 北京市律师协会女律师工作委员会举办第四季"首都女律师向日葵发展计划"培训班。

6月17日 北京市律师协会与北京市工商局档案中心召开座谈会，就便捷北京律师查询工商企业档案事宜签署会议纪要。

6月17日 北京市公安局公安交通管理局政委王立、政治处副主任郝鑫平、法制处副处长王世峰一行3人到北京市律师协会就加强工作联系事宜进行座谈。

6月21日 北京市律师协会副会长高警兵、副秘书长周凯及工作人员一行3人赴青海省乐都市芦花乡，回访"北京律师希望小学"。

6月22日 北京市律师协会和北京市工商局召开《北京市实施〈中华人民共和国消费者权益保护法〉办法》修订调研座谈会。

6月22日 北京市律师协会执业纪律与执业调处委员会举办律师职业道德与执业纪律培训。

6月23日　北京市律师协会举办2016年度律师事务所行政主管培训，就律师执业申请、律师异地变更执业申请、律师事务所名称、律师事务所地址变更及律师事务所组织形式变更等问题进行了介绍。

6月24～25日　北京市律师协会业务指导与继续教育委员会召开专业委员会（研究会）阶段性工作总结暨主任联席会，主要总结了2016年上半年的工作情况并提出了2016年下半年的工作思路与工作建议。

6月26日　北京市律师协会女律师工作委员会举办"律政佳人·缘分天空"单身律师交友联谊会。

6月26日　第十届北京市律师协会律师事务所管理指导委员会召开主任工作会议，围绕2016年分管工作的开展情况、影响律师事务所管理指导委员会工作开展的原因及下一步的具体工作计划进行了深入讨论。

6月28日　第十届北京市律师协会理事会召开第八次会议，审议通过了女律师联谊会和青年律师联谊会换届方案，原则通过了《北京律师诚信执业公约》（修订草案），并对《北京市律师协会互助金管理办法》（征求意见稿）、《北京市律师协会会员表彰奖励规则》（征求意见稿）及《北京市律师协会会员诚信信息管理办法》（征求意见稿）进行了讨论。

6月29日　北京市律师协会党委召开"七一"表彰大会，表彰2015～2016年度北京市律师行业先进党组织、优秀共产党员、优秀党务工作者和党建之友。

6月29日　由北京市律师协会、北京仲裁委员会主办，北京市律师协会业务拓展与创新工作委员会承办，朝阳区律师协会、海淀区律师协会协办的"第十届北京市律师协会首次模拟仲裁庭"成功举办。

7月（14）

7月1日　北京市律师协会公司与公职律师工作委员会前往北京职工服务中心进行了参观座谈，就两公律师的队伍建设和法律服务问题进行了交流。

7月8日　中联办法律部张艳和香港律师范凯杰带领42名海外香港法

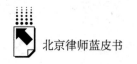

律生拜访北京市律师协会。

7月8日　北京市律师协会执业纪律与执业调处委员会一行到朝阳区律师协会就市区两级律师协会纪处工作进行调研并座谈。

7月13日　北京市律师协会召开2016年"1+1"中国法律援助志愿者行动北京地区志愿律师座谈会。北京地区2016年"1+1"志愿律师分别为马兰（高通所）、迟占亚（瀛和所）、刘士永（擎天所）、张祎（天津益清北京分所）、薛新强（长济所）、师红宇（义博所）、章从兰（京师所）、王月辉（中同所）、康力泽（嘉安所）、王晓明（一格所）、叶红梅（中闻所）、李抒桀（中淇所）。

7月14～15日　由北京市律师协会老律师工作委员会主任梁建光带队的北京市律师协会老律师工作委员会一行赴石家庄考察交流，与河北省律师协会和石家庄市律师协会分别就律师协会老律师工作开展状况、如何更好地为老律师提供服务等内容进行了交流。

7月14日　北京市律师协会一行赴北京市高级法院参观、座谈，围绕"推动落实法官与律师双向互评工作，促进法官与律师之间形成彼此尊重、相互监督的良性互动关系"，以及"完善业务交流机制，搭建联合培养平台，增强彼此的尊重和认同"等议题进行了深入交流。

7月15日　"1+1"中国法律援助志愿者行动2015年总结暨2016年启动仪式成功举行。北京市司法局律师行业综合指导处、北京市律师协会被授予"'1+1'中国法律援助志愿者行动2015年度先进单位"称号，马兰、孙安、叶红梅、李抒桀、康力泽、迟占亚、薛新强、郑学滨、张祎、黄志雄、谷宝成、王冠华、王静、赵静等14名北京律师荣获"'1+1'中国法律援助志愿者行动2015年度优秀法律援助律师"称号。

7月15～16日　由北京市律师协会外事委员会主办的"扬帆计划"之千人培训计划第一期"涉外法律实务培训"成功举行。

7月16日　北京市律师协会太极拳队应邀参加了"王其和杯"2016年第三届北京国际武术文化节暨第十一届北京国际武术邀请赛，并获得了集体项目太极拳类（国内组）第三名。

7月18日　青海省司法厅副厅长刘伯林一行4人拜访北京市律师协会，着重就法律援助基金会组织架构和工作开展以及如何开展公职律师积极参与法律援助案件等话题进行了交流。

7月21日　北京市律师协会会长高子程，北京市公安局公安交通管理局党委副书记、政委王立带队的一行人分别到雍和宫、南长安街交通岗点慰问交通干警。双方签订《北京市公安局公安交通管理局与北京市律师协会合作协议》。

7月24日　北京市律师协会青年律师工作委员会举办"客户的维护与培养"青年律师合伙人沙龙。

7月26~30日　由北京市律师协会副会长高警兵带队的北京市律师协会执业纪律与执业调处委员会主任、副主任、秘书长等一行10人赴湖北交流考察。两地律师协会分别就律师行业纪律处分工作开展情况及经验做法、纪处委与秘书处工作对接程序以及纪处工作面临的新情况、律师在敏感及大要案件的纪处工作中的作用、律师事务所在投诉案件中的作用等进行了深入的探讨。

7月28日　中国共产党北京市委员会常委、政法委书记张延昆，政法委副书记鲁为、秘书长李中水一行到北京市律师协会就律师管理与服务工作进行调研。

8月（14）

8月2日　北京市律师协会律师事务所管理与指导委员会召开"财税专家顾问团成立暨行业税制研讨会"。

8月4日　北京市法学会专职副会长、党组书记苗林，专职副会长兼秘书长谢超一行5人到北京市律师协会就北京市律师协会管理、服务、引导会员等情况进行调研并座谈。

8月4~11日　北京市司法局和北京市律师协会党委在井冈山江西干部学院联合举办律师行业党组织负责人培训班。

8月10日　北京市律师协会执业纪律与执业调处委员会和北京市司法

鉴定业协会惩戒委员会召开行业惩戒工作交流座谈会，就行业纪律及惩戒机制运行情况，以及案件处理工作程序和受理案件范围等具体问题进行了深入的交流。

8月12日　北京市司法局和北京市律师协会举办2016年第二期首都律师宣誓仪式，共有110余名新执业律师参加宣誓仪式。

8月13日　北京市律师协会主办、北京外国语大学承办、北京市律师协会外事委员会负责的"扬帆计划"之百人涉外法律培训计划第一期"亚投行律师业务高级培训班"举行开班仪式。

8月18日　四川省律师协会副会长李正国一行11人拜访北京市律师协会，着重就律师权益保障等话题进行了交流。

8月19日　北京市律师协会执业纪律与执业调处委员会一行9人赴西城区律师协会，就市区两级律师协会纪处工作进行调研并座谈。

8月20～21日　由北京市律师协会主办、东城区律师协会承办的第三届北京律师乒乓球赛成功举行，共有10个区律师协会、律师工作联席会组队参加。

8月24日　河北省律师协会会长李益民、天津市律师协会会长杨玉芙、重庆市律师协会会长韩德云等一行8人到北京市律师协会座谈交流，就首届京津冀沪渝城市治理与法律服务研讨会相关事宜、京津冀沪渝律师协会常态化交流沟通机制、律师协会在行业自律管理、律师业务创新等方面的探索和经验等进行了充分交流。

8月25日　北京市律师协会公司与公职律师工作委员会前往北京首都旅游集团有限责任公司参观座谈，就首旅集团法律部门建设、律师工作内容、法律工作体系建设、商标注册类法律实务等工作进行了交流。

8月25～31日　北京市司法局、北京市律师协会团工委联合举办青年律师井冈山专题培训班。

8月26日　由北京市律师协会、天津市律师协会与河北省律师协会共同主办，北京市律师协会外事委员会承办，"一带一路"法律服务研究会协办的"一带一路·中国律师——涉外律师业务机遇与发展"研讨会成功召开。

8月26日　第二届京台法律实务研讨会台湾代表团一行13人在北京市法学会副会长杜石平和北京市台办副处长冯永涛的陪同下拜访北京市律师协会。

9月（20）

9月2日　以河昌佑会长为团长的韩国律师协会代表团一行11人在中华全国律师协会人员陪同下到访北京市律师协会并座谈，就律师行业发展、业务领域开拓、律师事务所管理及如何培养青年律师国际化等话题展开讨论。

9月7日　由湖北省律师协会监事长曹亦农带队的湖北省律师协会监事会考察团一行访问北京市律师协会，就律师协会监事会组织架构、工作模式、工作方法，各项规章制度、年度计划和工作安排，以及监事会工作建议等内容进行了交流。

9月7日　北京市律师协会召开专项会议，对《北京市律师协会预算、决算编制暂行规定》修订稿进行讨论。

9月7日　北京电视台科教频道主任杜研一行7人到访北京市律师协会，就加强公益法律服务合作事宜进行了交流。

9月8日　北京市司法局与北京市律师协会召开了权保、纪处工作联席会，就权益保障委员会、执业纪律与执业调处委员会两个委员会相关工作开展情况以及工作中遇到的难点、问题等进行了交流。

9月9～10日　北京市律师协会执业纪律与执业调处委员会召开市区两级纪处工作研讨会，就纪处工作的开展情况、意见及建议等进行了讨论。

9月12日　北京市律师协会与北京大学法学院合作举办青年律师《刑事辩护实务》第二期开课仪式。

9月18日　北京市律师协会副会长赵曾海带队赴丹东参加辽宁省律师协会承办的首届"北方律师发展"论坛。北京律师为论坛提交论文28篇，其中，赵曾海、杨矿生获一等奖，任建芝、闫凤翥、赵辉、郭聪获二等奖，

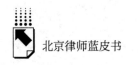

朴金花、王传巍、王文杰、陈苏、杨景欣、姚克枫、孟祥辉获三等奖。

9月19日　由湖南省律师协会监事长杨建伟带队的湖南省律师协会监事会考察团一行访问北京市律师协会座谈交流，就律师协会监事会的职能和职责、监督的范围、方式和途径、对监督对象履职考评的方法、联络律师代表的方法和措施、运行机制的创新、内设机构的职能分工以及监事会的工作制度等内容进行了广泛交流。

9月21日　广州市律师协会会长邢益强一行8人拜访北京市律师协会，着重就行业发展、会员服务及律师评优工作等话题进行了交流。

9月21~22日　北京市律师协会业务拓展与创新工作委员会召开"新形势、新思路、新领域、新发展"研讨会。

9月22~23日　由中国证监会北京监管局、北京市司法局和北京市律师协会主办，北京市朝阳区律师协会协办的"北京辖区资本市场法律业务系列培训"第一期"私募基金法律实务"专题培训班成功举办。

9月24日　中国共产党北京市委员会政法委、北京市人力社保局、北京市法学会联合主办的第二届"首都十大杰出青年法学家"及提名奖获得者表彰大会举行。北京市律师协会合同法专业委员会主任、法学博士后李学辉律师荣获"第二届首都十大杰出青年法学家提名奖"。

9月25日　北京市律师协会女律师工作委员会举办2016年第二期"律政佳人·缘分天空"单身女律师交友联谊活动。

9月28日　北京市律师协会党委举办全市律所党支部书记、优秀律师党员培训班。

9月28日　杭州市律师协会副会长朱虹一行13人拜访北京市律师协会，着重就中小律所管理和区县律所工作等话题进行了交流。

9月28日　第十届北京市律师协会理事会召开第九次会议，审议通过了《北京市律师协会互助金管理办法》（修订草案），并对《北京市律师协会预算、决算编制暂行规定》（修订稿）进行了讨论。

9月28日　第十届北京市律师协会监事会召开第六次全体会议，对《北京市律师协会互助金管理办法》（修订草案）、《北京市律师协会预算、决算编制暂行规定》（修订稿）以及《北京市律师协会会员诚信信息管理办法》（修订草案）初稿进行了讨论。

9月29日　澳门法律工作者访京团团长邱庭彪一行23人在澳门中联办法律部副部长王恒的陪同下拜访北京市律师协会，围绕两地律师工作等话题进行了交流。

9月29日　北京市律师协会老律师工作委员会在平谷区挂甲峪景区举办"老律师重阳健身徒步走"活动。

10月（16）

10月　司法部在北京召开完善法律援助制度推进会，授予包括北京市国联律师事务所等3家北京律师事务所在内的400个单位"全国法律援助工作先进集体"荣誉称号，授予包括顾永忠等6名北京律师在内的599名同志"全国法律援助工作先进个人"荣誉称号。

10月10日　第十届北京市律师协会青年律师联谊会成立大会暨青年律师培训成功举办，通报了第十届北京市律师协会青年律师联谊会组成人员，总结了第九届北京市律师协会青年律师联谊会的工作，并对新一届青年律师联谊会的工作进行了规划展望。

10月10日　北京市律师协会召开座谈会，为赴西藏志愿律师送行。2016年赴西藏无律师县志愿律师为李静（东卫所）、王森武（蓝鹏所）、张智（中银所）、史玉梅（中银所）、姚丽波（中银所）、黄志雄（智舟所）、朱爽（两高所）、项德成（倡衡所）、张秋新（冠和权所）、刘慧敏（智深所）、余锦兵（智深所）、翟玉梅（智深所）、渠苏腾（国度所）、焦阳（中剑所）、张黎（张黎所）。

10月12日　香港青年律师内地培训团一行10人拜访北京市律师协会，围绕两地律师工作等话题进行了交流。

10月13日　北京市社会建设工作领导小组办公室发布第三届北京市社会组织公益服务品牌评选结果，北京律师行业开展的"法律服务村居行"活动获得银奖。

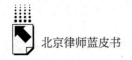

10月13日 《北京市律师协会会员重大疾病互助金管理办法》（修订草案）经第十届北京市律师协会理事会第九次会议审议通过，正式公布实施。

10月13~14日 第五届律师协会监事会论坛在上海市举行。北京市律师协会监事会张卫华监事长带队参加会议。

10月17日 中华全国律师协会召开"2016年度赴青海、西藏无律师县志愿律师派遣工作会议"，总结2015年度志愿律师服务工作，发布《援藏志愿律师》纪录片，动员和部署第三批志愿律师赴青海、西藏无律师县开展法律服务工作。

10月18~20日 由北京市律师协会副会长刘卫东带队的北京市律师协会青年工作委员会一行10人赴广东考察交流，先后与广东省律师协会、广州市律师协会、深圳市律师协会就青年律师培养发展、律所管理、专业团队管理、律师品牌建设、特色法律服务及"互联网＋"法律服务等内容进行了交流和探讨。

10月18日 北京市律师协会行业规则委员会召开全体会议，部署了《北京市律师诚信信息系统管理办法》（修订稿）修订工作安排，并讨论了《北京市律师协会行业规范性文件制定规则》及《北京市律师协会行业规则委员会规则》（修订稿）。

10月19日 北京市律师协会召开"所刊、微信公众号及会刊优秀撰稿人等颁奖座谈会"，公布了2016年度北京市律师事务所优秀所刊、微信公众号评选结果和2015年度《北京律师》优秀撰稿人、优秀特约联络员及优秀文艺作品、特殊贡献奖获奖名单并颁奖。金杜所《金杜》、君合所《君合法律评论》、君合所《君合》（人文版）分别荣获所刊综合类、专业类和人文类金奖；君合所"君合法律评论"、金杜所"金杜说法"和天同所"天同诉讼圈"分别荣获微信公众号一等奖。毕文胜等15位律师荣获《北京律师》优秀撰稿人奖，王勇等5位律师荣获《北京律师》优秀文艺作品奖，经德才和柴青海2位律师荣获特殊贡献奖，韩焕霞等2位律所工作人员荣获优秀联络员奖。

10月22~23日 第八届"京津沪渝粤琼"律师羽毛球赛成功举行，共有来自北京、天津、上海、重庆、广东、海南六个省市的60余名律师参赛。

10月24日　深圳市律师协会副会长黄思周一行7人拜访北京市律师协会，着重就申请律师执业人员集中培训、实务训练和面试考核等话题进行了交流。

10月27日　北京市律师协会公司与公职律师工作委员会前往北京市法律援助中心参观座谈，就法援中心工作情况及所属公职律师队伍现状、公司与公职律师工作委员会基本情况和工作内容、法律援助制度的完善、长效沟通机制的建立等进行了充分交流。

10月28日　北京市律师协会对公益法律咨询中心第八批入选的65家律所近200名志愿律师进行了岗前培训。本次会议还表彰了在2015～2016年度公益法律咨询活动中表现突出的志愿律师事务所、志愿律师以及联系人。

10月28日　由京、津、冀、沪、渝五省市律师协会主办，北京市律师协会承办的首届京、津、冀、沪、渝五省市律师协会"城市治理与律师服务"研讨会召开。

11月（20）

11月1日　第十届北京市律师协会女律师联谊会成立大会召开，会议通报了第十届北京市律师协会女律师联谊会组成人员，总结了第九届北京市律师协会女律师联谊会的工作，并对新一届女律师联谊会的工作进行了规划展望。

11月3～4日　北京市律师协会公司与公职律师工作委员会举办"两公"律师业务培训。

11月6日　由北京市律师协会青年律师工作委员会主办、海淀区律师协会青年律师工作委员会承办的"书香涵泳　润泽心灵——2016年青年律师读书会"成功举办。

11月8日　由中华全国律师协会秘书长何勇带队的律师行业信息化建设调研组到北京市律师协会调研，就信息化建设中如何为律师协会、会员、社会公众提供规范、有效、可靠的服务进行了深入的探讨，并对全国律师协

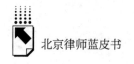

会信息化建设提出了意见和建议。

11 月 9 ～ 11 日　由北京市律师协会老律师工作委员会主任梁建光带队的老律师工作委员会委员一行 8 人赴浙江、江苏考察交流，与杭州市律师协会和南京市律师协会分别就如何更好地为老律师提供服务进行了交流和探讨。

11 月 10 日　天津市律师协会副会长温志胜一行 4 人拜访北京市律师协会，着重就纪律处分等相关工作进行了交流。

11 月 11 日　丹东市律师协会会长周克剑一行 17 人拜访北京市律师协会，着重就律师事务所管理等话题进行了交流。

11 月 12 日　北京市律师协会"青年律师阳光成长计划培训班"一阶段第十二期开班。

11 月 14 日　北京市律师协会副会长邱宝昌、区县联络工作委员会主任吴晓刚一行赴海淀区律师协会进行调研并座谈，就律师协会机制建设、会费科学管理和使用、律师参政议政、会员文体活动等进行了充分的交流。

11 月 16 日　北京市律师协会召开市区两级监事会工作座谈会，就监事会市区两级监事会相关工作情况、区两级律师协会监事会合作机制、完善监事会工作等问题进行了讨论。

11 月 18 日　北京市律师协会执业纪律与执业调处委员会一行 11 人赴东城区律师协会，就市区两级律师协会纪处工作进行调研并座谈。

11 月 18 日　北京律师行业各级人大代表、政协委员召开座谈会，就工作经验及成果、律师业务拓展、行业人才政策、律师执业权益的保障和执业环境的改善等问题进行了热烈的交流。

11 月 21 ～ 24 日　由北京市律师协会监事长张卫华带队的北京市律师协会监事会一行 6 人赴河南、湖北两地考察交流，先后与河南省律师协会监事会、湖北省律师协会监事会分别就律师协会监事会的历史沿革与经验、监事会职能作用发挥和制度创新、监事会发展面临的问题和解决的方向等内容进行了交流。

11 月 24 日　司法部副部长熊选国一行到北京市调研北京律师工作。北京市律师协会高子程会长就第十届北京市律师协会开展工作情况及下步工作思路进行了汇报。

11月26～27日　北京市律师协会召开市区两级权益保障委员会2016年度工作总结会，总结了2016年度工作完成情况，并集中讨论了2017年的工作计划和预算。

11月29日至12月3日　北京市律师协会副会长高警兵率业务拓展与创新工作委员会主任、副主任等成员一行10人赴粤进行交流考察，先后与广东省律师协会、广州市律师协会、深圳市律师协会围绕律师协会如何在律师业务拓展与创新工作方面发挥作用、如何发挥互联网在律师业务拓展与创新工作方面的作用、如何建立两地律师协会在律师业务拓展与创新工作方面的联动机制等主题进行了深入的探讨。

11月30日　湖南省律师协会副会长贺晓辉一行9人拜访北京市律师协会，着重就行业管理与律师培训等话题进行了交流。

11月30日至12月3日　北京市律师协会人大代表与政协委员联络委主任刘子华一行7人赴上海、浙江省律师协会交流考察，先后与上海市律师协会和浙江省律师协会就如何推动律师行业人大代表和政协委员提高参政议政水平，切实履行社会责任，更好的服务法治社会建设等方面的问题进行了充分的交流。

11月30日　北京市律师协会女律师联谊会与北京市女警察协会举行《共建协议》签约仪式。

11月30日　北京市律师协会公司与公职律师工作委员会举办"公职律师在依法治国中的作用和地位"研讨会。

12月（18）

12月1日　由北京市律师协会京津冀协同发展法律服务研究会组织，北京市律师协会刑事诉讼法专业委员会与河北省、天津市律师协会刑事诉讼法专业委员会进行座谈交流，重点讨论了探索建立刑事领域京津冀律师的交流平台，在刑事律师业务领域率先开展协作交流。

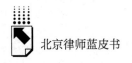
12月2日　北京市律师协会青年律师工作委员会召开2016年年终总结会，总结了2016年度工作情况，通报了2017年度工作计划，并讨论了《青年律师职业指引》的编写工作。与会律师还围绕"差异化背景下青年律师的合伙人晋升之路"进行了主题沙龙活动。

12月2日　为搭建警律良性互动平台，建立长效沟通联络机制，北京市公安局与北京市律师协会召开联席会议。

12月5日　青海省律师协会副会长黄大泽、李海宁一行11人拜访北京市律师协会，着重就加强双方业务交流与业务培训等话题进行了交流。

12月6日　北京市委统战部严卫群副部长一行到北京市律师协会，专题调研律师行业统战工作。

12月7~9日　北京市律师协会副会长邱宝昌，公司与公职律师工作委员会主任付朝晖一行前往上海市、江苏省进行考察调研，先后与上海市律师协会、江苏省司法厅、江苏省律师协会分别就"两公"律师工作的开展情况进行了交流。

12月8~9日　北京市司法局与北京市律师协会党委联合举办"党外律师培训"。

12月9日　北京市律师协会人大代表与政协委员联络委员会召开律师及律师代表座谈会，就如何更好地保障律师执业权益、拓展律师业务以及引进行业人才等共同关心的内容进行了交流。

12月13日　湘西土家族苗族自治州司法局副局长杨再武，州律师协会会长杨志远一行3人拜访北京市律师协会，双方着重就加强帮扶合作等话题进行了交流。

12月14日　北京市司法局党委书记、局长苗林到北京市律师协会调研并座谈，重点就律师行业存在的重点、难点问题以及发挥律师协会职能的建议和意见等进行了探讨。

12月14日　北京市律师协会举办"老律师光荣执业三十年授牌仪式"，共有89名老律师被授予光荣执业30年纪念牌。

12月15日　北京市律师协会公司与公职律师工作委员会与北京市国有

资产经营有限责任公司座谈交流，就公司律师的队伍建设、业务开展状况以及工作中遇到的问题以及公司律师的地位和作用、公司律师和外聘法律顾问的协作等话题进行了深入交流。

12月20日　北京市律师协会市区两级权益保障委员会与北京市公安局监所管理总队召开座谈会，就2016年度各区监所会见管理情况进行了充分交流。

12月22～23日　北京市律师协会召开"专业委员会（研究会）主任、秘书长联席会"，主要讨论了各专业委员会（研究会）2016年工作开展情况及2017年工作思路。

12月23日　第十届北京市律师协会监事会召开第七次全体会议，主要就《北京市律师协会监事会工作规则（讨论稿）》《北京市律师协会会费支出预算、决算管理办法（修订稿）》《北京市律师和律师事务所诚信信息管理办法（试行）》《北京市律师协会章程（修订征求意见稿）》进行了讨论。

12月26日　北京市律师协会执业纪律与执业调处委员会一行10人赴海淀区律师协会，就市区两级律师协会纪处工作进行调研并座谈。

12月28日　第十届北京市律师协会理事会召开第十次会议，审议通过了《北京市律师协会会费支出预算、决算管理办法（修订草案）》，原则通过了《北京市律师和律师事务所诚信信息管理办法（试行）》，并就《北京市律师协会章程修订草案（征求意见稿）》进行了讨论。

12月29日　北京市律师协会举办"律媛说"女律师演讲比赛决赛。经过评委评分，赛事决出了前三名及优秀奖获得者。

北京市律师协会2016年度处理的处分、投诉、宣传、公益、考核、培训等情况

2016年，北京市律师协会共受理当事人投诉157件，立案68件，审结71件（含历年积案），对15家律师事务所、32名律师做出了纪律处分，为会员查询提示信息及出具执业表现证明5000余件。

2016年，北京市律师协会共召开听证会18次，审议投诉案件58件。

2016年，北京市律师协会共受理6件复查申请，结案2件（含上年度

立案未审结案件）。

2016年，北京市律师协会在报纸、杂志、电台、电视台刊发宣传稿件近600件。

2016年，参与北京市律师协会公益法律服务中心咨询工作志愿律师达832人次；累计值班260天，共接听市民咨询电话3452次、接待来访2263人次。

2016年，北京市律师协会组织女律师参加全国妇联信访接待，共有24名女律师值班24天，接待信访110余人次；为女子监狱服刑人员做义务法律咨询，共有11人次律师参与，为88人次咨询解答案件120件。

2016年，共有2718名实习律师向北京市律师协会递交《实习律师备案申请表》，北京市律师协会为符合申报条件的2308人发放了《实习律师证》。

2016年，北京市律师协会共组织7期实习律师集中培训。共有2258人参加，2239人考核合格。

2016年，北京市律师协会共组织实习期满申请律师执业人员面试考核63期，共有1890名实习律师参加，考核合格人员1625名。

2016年，北京市律师协会共组织12期重新申请律师执业人员和异地变更执业机构人员面试考核。共有354人参加，296人考核合格。

2016年，北京市律师协会专业委员会共举办律师业务大型培训33期，全市共11450名律师参加了培训活动；共举办律师业务小型培训68期，全市共8990名律师参加了培训活动；专业委员会共举办律师业务研讨会87期，专业委员会中共4891名委员参加了研讨活动。

2016年，北京律师学院举办律师业务专题培训班共39期，共有6450名律师参加。

2017年

1月（6）

1月6～7日　北京市律师协会业务拓展与创新工作委员会召开2016年

度工作总结会。

1月6～7日　北京市律师协会执业纪律与执业调处委员会召开工作总结暨表彰会议。

1月8日　北京市律师协会传媒与新闻出版法律专业委员会与中国传媒大学媒体法规政策研究中心、文法学部网络法与知识产权研究中心联合举办"2016中国传媒法治发展年度研讨会暨首届中国传媒法影响力人物颁奖典礼及十大传媒法事例发布会"。

1月13日　北京市律师协会外事委员会召开2017年第一次全体工作会议暨2016年度工作总结。

1月16日　由团中央办公厅、团中央网络影视中心联合主办的团中央"青年之声"服务体系举行2016总结表彰会暨2017工作动员大会。北京市律师协会作为"青年之声"维权服务联盟发起人之一荣获团中央"青年之声"服务体系2016年度优秀组织奖。余昌明、郝春莉、安翔、韩映辉等4名北京律师荣获团中央"青年之声"服务体系2016年度优秀个人奖。

1月24日　北京市律师协会召开新闻通报会，向记者们通报2016年北京市律师协会十大亮点工作情况。

2月（4）

2月13日　北京市律师协会第一、第二党支部与北京市司法局律师综合处党支部，联合召开"两学一做"专题组织生活会。

2月14日　北京市民政局公布2016年度市级社会组织评估等级结果，北京市律师协会荣获北京市5A级社会组织称号。

2月17日　宁夏回族自治区律师协会青年律师工作委员会主任王树忠律师一行3人拜访北京市律师协会，着重就青年律师培训和律所青年律师培养的话题进行了交流。

2月20日　为积极落实《北京市司法局服务保障"疏解整治促提升"专项行动实施方案》，北京市律师协会组织相关专业委员会召开"疏解整治

促提升相关法律书籍编写工作会"，拟编写《"疏解整治促提升"相关法律法规汇编》（暂定名）和《"疏解整治促提升"相关案例汇编》（暂定名）。

3月（17）

3月1日　北京市律师协会组织"疏解整治促提升"十大专项行动法律服务团成员毕文胜、陈猛、温新明、王文杰四位律师召开"专项行动相关法律问题研讨会"，就北京市严厉打击违法用地违法建设指挥部办公室提出的法律问题进行研究讨论。

3月1日　司法部在京召开学习贯彻《关于发展涉外法律服务业的意见》座谈会。张巍副会长代表北京市律师协会在会上做了主题为"'扬帆计划'培养国际化律师人才"的发言。

3月2日　北京市律师协会举行"维护律师执业权利中心和投诉受理查处中心揭牌仪式"。

3月3日　北京市律师协会会长高子程与北京城市学院校长刘林签署了战略合作协议。

3月3日　北京市司法局召开服务保障"疏解整治促提升"专项行动法律服务需求对接工作座谈会。高子程会长在座谈会上介绍了律师法律服务团的组成情况。

3月7日　北京市律师协会召开会长会，学习讨论北京市司法局苗林局长在2017年度全市律师工作会议上的讲话精神。

3月8日　截至3月8日，北京市现有的12个区律师协会已经全部完成"两个中心"的组建工作，在全国率先实现了律师协会"两个中心"建设的全覆盖。

3月9日　北京市律师协会召开新闻通报会，向记者们通报了北京市实现市区两级律师协会"两个中心"建设工作情况以及"疏解整治促提升"十大专项行动律师法律服务团情况。

3月9日　中国国际经济贸易仲裁委员会副主任兼秘书长王承杰一行7人到北京市律师协会调研并座谈，听取律师对中国国际经济贸易仲裁委员工作的意见和建议。

3月9日　北京市律师协会外事委员会专门组织召开贯彻落实《关于发展涉外法律服务业的意见》座谈会。

3月9日　北京市司法局政治部主任谢尚河一行3人到北京市律师协会调研律师行业党建工作，就行业党建工作现状、现阶段面临的瓶颈问题及对策进行了深入的交流。

3月20～21日　北京市律师协会监事会分别组织召开各区律师协会监事长、区律师工作联席会主任和北京市律师协会理事、律师代表参加的两个专题会议，向与会代表征求《北京市律师协会监事会工作规则》修订稿的意见和建议。

3月23日　由北京市律师协会主办，津、沪、冀、辽、吉、黑、苏、闽、云、陕、甘、桂、宁、新等十四个省区市律师协会协办，北京市律师协会"一带一路"法律服务研究会、外事委员会具体承办的律师服务"一带一路"高峰研讨会成功召开，正式发布《"一带一路"沿线国家中国企业海外投资法律环境分析报告》。

3月24～25日　北京市律师协会会长高子程，北京市司法局律师行业综合指导处处长兼北京市律师协会秘书长高鹏，监事长张卫华，副会长张巍、殷杰、赵曾海、高警兵一行赴天津市律师协会学习考察，北京市律师协会、天津市律师协会、河北省律师协会召开京津冀律师服务深化国企改革研讨会预备会。

3月27日　第十届北京市律师协会监事会召开第八次全体会议，审议通过了第十届北京市律师协会监事会2016年工作报告（草案）、2017年度工作安排（草案）的议案，并就《北京市律师协会监事会工作规则》（修订稿）、北京律师协会理事会2016年工作报告、2016年度会费预算执行情况报告、2017年工作计划和预算、《北京市律师协会章程》（修订草案）等进行了讨论。

3月29日　北京市律师协会与北京尤迈医学诊所签署北京律师"大病再诊断"保障战略合作协议。

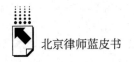

3月30日 北京市司法局"服务保障'疏解整治促提升'"专项行动工作领导小组办公室组织召开工作会议，通报了近期参与"疏解整治促提升"相关法律服务工作的情况。

4月（18）

4月6日 北京市人大常委会牛有成副主任到北京市律师协会就律师参与城市治理有关情况进行调研。高子程会长汇报了北京律师行业的基本概况，近年来北京律师行业参与北京市中心工作、重点工作及突发应急事件处理等工作情况。

4月7日 安徽省律师协会副会长音邦定一行4人拜访北京市律师协会，就如何加强会员福利包括执业责任保险、人身意外及健康保险和互助金发放等话题进行了交流。

4月13日 北京市律师协会召开市区两级服务保障"疏解整治促提升"律师法律服务团工作交流座谈会。

4月14日 北京市律师协会秘书处召开"党徽闪耀践忠诚 党旗飘扬保平安"主题活动部署会。

4月14日 南京市司法局党组成员、副局长，律师协会党委书记陈宣东一行7人到北京市律师协会交流律师党建工作，着重就党建队建、律师执业申请、业务培训及市区两级律师协会工作衔接等话题进行了交流。

4月15日 第十届北京市律师协会监事会召开会长、副会长2016年度履职考核测评会议。

4月15日 第十届北京市律师协会理事会召开第十一次会议，审议通过了《北京市律师协会章程（修订草案）》、《北京市律师协会理事会2016年工作报告》、《北京市律师协会2016年度会费预算执行情况报告》、《北京市律师协会2017年工作计划（草案）》、《北京市律师协会2017年度会费预算（草案）》、关于增设北京市律师协会思想道德建设专门工作委员会的议案、关于北京市律师协会人大代表与政协委员联络委员会更名的议案、关于召开第十届北京市律师代表大会第四次会议的议案。

4月20日　杭州市司法局副局长徐前、会长沈田丰一行6人拜访北京市律师协会，就如何做好为大型活动提供法律服务等话题进行了交流。

4月21日　云南省律师协会副会长刘凌一行3人拜访北京市律师协会，就纪处工作和投诉受理查处中心工作等话题进行了交流。

4月21日　北京市司法局副局长李公田同志召开专题会，听取了北京市律师协会新成立的思想道德建设委员会的工作汇报。

4月21日　北京市司法局党委委员、副局长，北京市律师协会党委书记李公田同志主持召开第十届北京市律师协会党员代表会议。

4月21日　京津冀律师协会座谈会成功召开，围绕京津冀律师协会协作机制的建立以及三地律师如何为雄安新区提供法律服务推动京津冀协同发展等主题进行了深入的探讨。

4月22日　北京市第十届律师代表大会第四次会议隆重举行，审议通过了北京市律师协会2016年理事会报告、2016年监事会报告、2016年会费预算执行情况报告、2017年工作计划、2017年会费预算草案、北京市律师协会章程修订草案和北京市律师协会监事会工作规则修订草案。

4月24日　重庆市司法局副局长蒋继华、重庆市律师协会会长韩德云一行拜访北京市律师协会，就律师管理与服务工作、律师协会建设等问题进行了交流。

4月25日　重庆市律师协会会长韩德云一行7人拜访北京市律师协会，就加强区级律师协会管理等话题进行了交流。

4月27日　全国司法行政系统先进集体、先进工作者和劳动模范表彰电视电话会议在京召开。北京市君合律师事务所白涛律师荣获全国司法行政系统劳动模范称号。

4月27～28日　北京市律师协会举办"传承、创新、融合——青年律师发展座谈会"暨"五·四"青年节活动。

4月28日　北京市律师协会业务拓展与创新工作委员会召开民事模拟法庭工作联席会，围绕民事模拟法庭各项具体工作的落实与分工进行了深入细致的讨论。

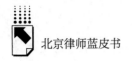

5月（16）

5月3日　由北京市律师协会团工委、青年律师工作委员会和青年律师联谊会主办，东城区律师协会党委、青年律师工作委员会承办的"弘传统文化　扬法治精神——2017年青年律师读书会"在孔庙和国子监博物馆成功举行。

5月4日　北京市律师协会与对外经济贸易大学法学院签署战略合作协议。

5月4日　北京市律师协会副会长、思想道德建设委员会主任赵曾海率队赴金诚同达律师事务所开展党建工作调研。

5月8日　北京市律师协会思想道德建设委员会成立大会召开，围绕如何发挥思想道德建设委员会在提升律师行业思想道德水平、促进行业队伍建设、加强执业道德教育、严格党员管理教育和树立行业良好社会形象等方面的问题进行了充分的交流。

5月11日　北京市司法局、北京市律师协会党建调研组赴竞天公诚律师事务所调研党建工作。

5月12日　中华全国律师协会表彰了2015年度服务青海、西藏无律师县工作中做出突出贡献的单位和个人，其中，昌玺律师事务所、一法律师事务所、京师律师事务所、亚东律师事务所、东卫律师事务所、中伦律师事务所、合川律师事务所、长安律师事务所、博圣律师事务所、万博律师事务所、蓝鹏律师事务所等11家律师事务所和苏兮、石悦鸿、文蔚冰、郭宏、赵玉峰、郑亚东、梁艳艳、李静、王晓彤、施峰、肖琦、张璋、李雪峰、吕珂、王淼武15名律师获得嘉奖。

5月17日　北京市政府法制办副局级高级法律专务魏力一行5人到北京市律师协会调研并座谈，围绕立法征求意见机制、政府法律顾问制度等相关工作进行了深入的沟通。

5月18日　第十届北京市律师协会监事会召开第九次全体会议，讨论了2017年监事会工作计划的落实等事宜。

5月18～19日　北京市律师协会召开市区两级律师协会会长联席会，围绕律师积极参与诉前调解工作、提高刑事案件辩护率、拓宽参政议政渠道以及律师业务的开拓与创新等主题进行了热烈的讨论。

5月21日　北京市律师协会副会长张峥一行4人赴湖南省湘西土家族苗族自治州为当地律师举办业务培训。

5月25～26日　北京市律师协会权益保障委员会召开2017年度市区两级权保工作会，对《律师协会维护律师执业权利规则（试行）》《北京律师协会权益保障委员会维权律师志愿团管理办法》进行了讨论。

5月26日　北京市律师协会副会长赵曾海带队赴天津参加由京津冀三地律师协会联合主办、天津市律师协会承办的"律师服务京津冀协同发展及深化国企改革"研讨会。

5月26日　由京、皖、豫、鄂、陕等五个省市律师协会共同举办的"传承·创新·发展——首届京皖豫鄂陕法治建设与律师服务研讨会各省市会长圆桌会议"召开，各方代表共同签署了"京皖豫鄂陕法治建设与律师服务"研讨会备忘录。

5月27日　由北京市律师协会主办，安徽、河南、湖北、陕西等四个省律师协会协办的"传承·创新·发展——首届京皖豫鄂陕法治建设与律师服务研讨会"成功召开。

5月31日　共有2211家律师事务所的22803名律师参加北京律协律师执业年度考核。

5月　北京市律师协会圆满完成《北京市"疏解整治促提升"十大专项行动相关案例汇编》编印工作。

6月（20）

6月5日　北京市律师协会外事委员会由副会长张巍带队分别走访了竞天公诚律师事务所与君合律师事务所，调研涉外法律服务的发展。

6月5日　以林定国主席为团长的香港大律师公会代表团一行8人到访北京市律师协会并座谈，就京港两地青年律师的职业发展、青年律师职业培

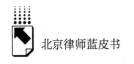
训规划、如何加强两地律师在国际仲裁等领域的合作、如何增进两地律师间的交流等话题展开讨论。

6月7日 北京市律师协会党委委员、副会长张巍，副秘书长刘军赴大兴区律师协会调研党建工作。

6月9日 北京市律师协会举办"司法行政在身边——北京市律师协会开放日"活动。50余名首都高校法学院在校学生和20余名普通市民参加活动。

6月9日 律师协会（全国）监事会论坛监事长2017年度会议召开，就2018年第六届律师协会监事会论坛主题内容进行了讨论。

6月12日 北京市律师协会申请律师执业人员管理考核工作委员会召开全体工作会，总结了申请律师执业人员管理考核工作委员会2017年上半年的工作内容，并对2017年下半年的工作安排进行了部署与讨论。

6月14~15日 北京市律师协会副会长赵曾海，副秘书长陈强一行3人前往辽宁省律师协会进行调研考察，就第二届"北方律师发展论坛"的主题及议程设置、论文征集的主题和方向、优秀论文评选的程序和标准、会议成果的应用等相关工作事宜进行了交流。

6月16日 北京市律师协会执业纪律与执业调处委员会召开落实全国律协纪律处分规则市区两级调研座谈会。

6月19~21日 北京市律师协会组织服务保障"疏解整治促提升"专项行动律师服务团部分法律服务工作组组长走访了东城、西城、朝阳、海淀、丰台、石景山、通州、延庆等区律师协会（律师工作联席会），与各区服务保障"疏解整治促提升"专项行动相关工作负责同志及各区律师服务团负责人进行了座谈。

6月21日 北京市司法局和北京市律师协会获悉北京在明律师事务所刘勇进律师于6月21日下午在江苏省扬州市江都法院开庭后被对方当事人殴打导致骨折情况后，高子程会长立即与江苏省律师协会沟通，请求江苏省司法厅和律师协会协助开展调查。

6月22日 北京市律师协会副会长庞正忠一行受北京市司法局和北京市律师协会指派，专程赶赴江苏省扬州市看望慰问刘勇进律师，并与扬州市司法局、扬州市律师协会有关同志进行了座谈。

6月22～23日　北京市律师协会与团中央网络影视中心、中央电视台社会与法频道共同举办"青年之声"维权机制培训会议。团中央向北京市律师协会颁发了"团中央'青年之声'服务体系2016年度优秀组织奖"，并为30余名律师颁发了"青年之声"维权服务联盟专家聘书。

6月23日　北京市律师协会思想道德建设委员会举办"名家大讲堂"第一期，邀请著名军事专家罗援将军作题为"周边安全环境与软实力建设"的专题讲座。

6月23日　由北京市律师协会副会长殷杰带队的北京市律师协会访问团一行4人赴黑龙江省哈尔滨市木兰县吉兴乡永胜村，回访"北京律师希望小学"。

6月27日　北京市律师协会参政议政促进工作委员会召开主任会议，主要介绍了参政议政促进工作委员会2017年的具体工作安排。

6月27日　为使律师更好地在服务保障"疏解整治促提升"十大专项行动中发挥作用，北京市司法局、北京市律师协会共同召开"律师承办房屋征收和征地拆迁业务座谈会"。

6月28日　北京市司法局、北京市律师协会党委联合召开北京市律师行业党建工作会议。

6月28日　由北京市律师协会副会长庞正忠带队的北京市律师协会访问团一行4人赴安徽省阜阳市于集乡，回访"北京律师希望小学"。

6月28日　第十届北京市律师协会理事会召开第十二次会议，审议通过了关于增设北京市律师协会会员处分复查专门工作委员会的议案、《北京市律师协会会议费管理办法（暂行）（修订草案）》及《北京市律师协会差旅费管理办法（暂行）（修订草案）》。

6月29日　北京市司法局和北京市律师协会举办2017年第一期首都律师宣誓仪式，共有110名新执业律师参加宣誓仪式。

7月（21）

7月4日　北京市律师协会召开2017年度区律师协会、律师工作联席

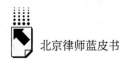

会经费划拨工作会议，通报了北京市律师协会组织的各区律师协会和律师工作联席会2014~2015年度经费收支审计的总体情况，并对经费使用提出了明确要求。

7月11日　北京市律师协会召开2017年"1+1"中国法律援助志愿者行动北京地区志愿律师座谈会。北京地区2017年"1+1"志愿律师为康力泽（嘉安所）、谷宝成（浩东所）、章从兰（京师所）、张祎（天津益清北京分所）、薛新强（长济所）、杨志刚（重光所）、党莹（华德莱所）、杨桂明（求法所）。

7月10~15日　北京市律师协会副会长张峥、副秘书长陈强等一行6人前往西藏看望慰问北京援藏志愿律师。

7月11日　北京市律师协会党委组织召开学习贯彻北京市第十二次党代会专题报告会。

7月12日　北京市律师协会公司与公职律师工作委员会前往北京市民政局参观座谈，针对两公律师和社会律师如何协作进行了深入探讨。

7月12日　北京市律师协会参政议政促进工作委员会组织召开《中华人民共和国看守所法（公开征求意见稿）》专题研讨会。

7月13日　北京市司法局联合13家"疏解整治促提升"专项行动牵头部门召开北京市司法行政系统服务保障"疏解整治促提升"专项行动推进会。北京市律师协会荣获北京市司法局服务保障"疏解整治促提升"专项行动精品项目奖项。

7月13日　北京市律师协会和北京市检察官协会签署协商互助协议。

7月13日　北京市律师协会外事委员会由张巍副会长带队进行2017年第二次实地调研，走访金杜律师事务所和方达律师事务所，就涉外法律服务如何与"一带一路"倡议相衔接、涉外青年律师培养、律所涉外业务面临的困境与出路、全球化布局对涉外业务的影响等问题进行了深入的探讨。

7月17日　北京市司法局、北京市律师协会与北京市高级人民法院召开座谈会，对如何应用北京法院审判信息网的相关功能，进一步推进、完善诉讼文书的电子送达，为当事人提供更高效便捷的诉讼服务以及律师代理民事案件调解等议题进行了深入探讨。

7月18日　北京市律师协会执业纪律与执业调处委员会与北京市司法局律师监管处召开2017年度第一次联席会议，就北京市律师协会纪处规则的修订工作及当前纪处工作中遇到的相关问题进行了讨论。

7月18日　北京市律师协会执业纪律与执业调处委员会召开纪处工作培训会议。

7月19日　正在北京参加第四期省级律师协会会长、副会长培训班的20余个省、直辖市、自治区的律师协会会长、副会长近50人到北京市律师协会参观交流，就近年来律师业的发展规模，各省、自治区、直辖市律师行业的沟通交流，特别就如何创新法律服务方式，拓展法律服务领域等话题进行了探讨。

7月20日　北京市律师协会举办"律所所刊、微信公众号及会刊优秀撰稿人等颁奖座谈会暨律所品牌建设培训"，公布了"2016～2017年度北京市律师事务所优秀所刊评选结果"、"2016～2017年度北京市律师事务所优秀微信公众号评选结果"和"2016年度《北京律师》'优秀撰稿人''优秀联络员''优秀文艺作品'及'特殊贡献奖'获奖名单"，同时开展了"提高行业宣传的有效性"培训讲座。

7月21日　由北京市律师协会与中国法学会联合主办、北京市律师协会外事委员会负责的"扬帆计划"之百人涉外法律培训计划第二期"国际投资与并购法律实务培训班"举行开班仪式。

7月21～22日　北京市律师协会女律师工作委员会举办第二季"律媛说"女律师谈判能力培训班和第五季"首都女律师向日葵发展计划"培训班。

7月21～22日　北京市律师协会召开会员处分复查专门工作委员会成立大会暨工作会议。

7月24日　中国法律咨询中心任伊珊副主任带领中国法学会"社会第三方化解涉诉信访实证研究"调研组一行8人到访北京市律师协会，围绕第三方化解涉诉信访工作进行了深入交流。

7月25日　北京市律师协会委派法律顾问事务专业委员会主任卢子明

律师前往乌鲁木齐，为新疆维吾尔自治区律师协会举办的"律师担任党政机关法律顾问示范性培训班"授课。

7月26日　北京市律师协会思想道德建设委员会召开主任会议，主要就落实2017年工作计划进行了详细讨论。

7月28～29日　北京市律师协会召开"专业委员会（研究会）负责人联席会"，总结了2017年上半年度专业委员会（研究会）工作整体情况及存在的具体问题，部署了2017年下半年工作安排，并就如何执行和落实《北京市律师协会专业委员会工作规则》展开讨论。

8月（10）

8月1日　中华全国律师协会会长王俊峰、秘书长韩秀桃一行3人到北京市律师协会调研律师党建工作。

8月1日　北京市律师协会权益保障委员会与北京市司法局律师监管处召开2017年度第一次联席会议，对《关于建立健全维护律师执业权利快速联动处置机制的通知》等文件进行了深入学习，就进一步加强市区两级权保工作联动提出了意见和建议。

8月3日　北京市律师协会智库党建研究专家组召开第一次工作会议。

8月11日　北京市律师协会参政议政促进工作委员会邀请北京市人大常委会委员、北京市人大法制工作委员会主任李小娟为律师人大代表、政协委员会进行培训。

8月15日　北京市律师协会与北京市高级人民法院签订在律师中开展电子送达的合作协议。

8月16日　深圳市律师协会会长林昌炽一行5人拜访北京市律师协会，着重就落实"一带一路"建设和涉外法律服务业务拓展以及人才培养、律师行业信息化建设、推进政府购买法律服务、行业自律管理和协会自身建设等话题进行了深入交流。

8月17日　北京市律师协会和北京市法官协会签署合作协议。

8月17日　京、湘、粤、桂、琼五省区市律师协会共同召开"法治·

创新·规范·发展——首届京湘粤桂琼律师服务研讨会各省市区参会代表圆桌会议"。

8月18日　由北京市律师协会主办，湖南、广东、广西、海南、广州、深圳律师协会协办的"法治·创新·规范·发展——首届京湘粤桂琼律师服务研讨会"成功召开。

8月22日　北京市律师协会会员处分复查专门工作委员会召开复查规则修订工作会议。

9月（21）

9月2日　北京市律师协会举办第二届北京律师篮球赛开幕式并进行首轮比赛，共有七支区律师协会代表队参赛。

9月2日　北京市律师协会"青年律师阳光成长计划"第十三期培训班开课，本次培训的主题是"我和理事有约"。

9月6日　江苏省律师协会公职律师公司律师工作委员会主任李卫新一行4人拜访北京市律师协会，就公职律师公司律师工作委员会工作开展情况、落实《关于推行法律顾问制度和公职律师公司律师制度的意见》情况、组织开展"两公"律师培训的方式等话题进行了深入交流。

9月6日　安徽省律师协会监事长孙素明一行5人到访北京市律师协会，就律师协会监事会开展监督的工作模式和创新，对协会领导班子履职考核的方式方法，考核办法的制定和实施情况，监事会工作机构设置等议题进行了交流。

9月7日　北京市律师协会执业纪律与执业调处委员会、业务拓展与创新委员会班子成员及法律顾问事务、国有资产法律、交通管理与运输法律、物业管理法律、消费者权益法律、刑事诉讼法、行政法与行政诉讼法7个专业委员会主任、副主任和部分委员在主管副会长高警兵的带领下集中学习了司法部张军部长在中华全国律师协会举办的"刑事辩护与律师制度改革"专题研讨班和建立律师与司法机关良性互动关系座谈会上的讲话。

9月7日　司法部党组成员、副部长熊选国在中国共产党北京市委员会

常委、政法委书记张延昆的陪同下到北京调研律师行业党建工作，实地考察了安理、德恒、易和3家律师事务所。

9月12日　北京市律师协会召开区县联络工作委员会主任扩大会议，学习了司法部张军部长在"全国律协九届八次常务理事会""刑事辩护与律师制度改革专题研讨班"上的讲话精神，并且围绕委员会的职能定位，市区两级律师协会的工作对接，区县联络工作委员会2017年度的工作计划的落实等进行了深入讨论。

9月12日　北京市律师协会公司与公职律师工作委员会前往北京金融街投资（集团）有限公司参观座谈，针对公司律师制度的贯彻完善和公司律师申报审核、队伍建设等话题进行了深入的交流。

9月18日　北京市司法局和北京市律师协会举办2017年第二期首都律师宣誓仪式，共有90名新执业律师参加了宣誓仪式。

9月22日　由北京市法学会、台湾法曹协会、台北大学法学院共同主办的第三届京台法律实务专业研讨会成功举行。北京市律师协会副会长张峥赴台参加会议。

9月23日　由北京市、天津市、河北省律师协会联合举办，天津市律师协会承办的"首届京津冀刑事辩护研讨会"召开。

9月23日　北京市律师协会"青年律师阳光成长计划"第十三期培训班最后一次课程结束。

9月26日　北京市律师协会与北京市公安局举行律师法律顾问团的启动仪式，双方签署《北京市公安局北京市律师协会关于成立律师法律顾问团合作意向书》。

9月27～30日　世界城市律协领导人峰会（World City Bar Leaders Conference，简称"WCBL"）在日本东京召开。北京市律师协会会长高子程应邀出席会议，外事工作委员会主任王正志陪同参加会议。

9月28日　北京市律师协会党委召开扩大会议，专题传达"全国律协秘书长座谈会"精神。

9月28日　北京市律师协会思想道德建设委员会邀请中央网络安全和

信息化领导小组办公室网络新闻信息传播局副局长谢登科同志，为协会理事、监事、专门委员会主任以及专业委员会主任进行网络领域意识形态问题专题教育。

9月28日　第十届北京市律师协会监事会召开第十次全体会议，通报了2017年监事会工作计划落实情况，部署了下一阶段监事会重点工作安排，并就《北京市律师协会选任人员履职考核办法（草案）》进行了讨论。

9月28日　第十届北京市律师协会理事会召开第十三次会议，审议通过了关于北京市律师协会执业纪律与执业调处委员会更名的议案及《北京市律师协会执业纪律与执业调处委员会规则（修订草案）》《北京市律师协会会员纪律处分规则（修订草案）》《北京市律师协会投诉立案规则（修订草案）》《北京市律师协会执业纪律与执业调处委员会听证规则（修订草案）》《北京市律师协会纪律处分决定执行细则（修订草案）》《北京市律师协会会员处分复查专门工作委员会规则（修订草案）》。

9月28日　涉外法律服务拓展研讨会暨国际商会商法与惯例委员会2017年秋季会议成功召开。北京市律师协会副会长张巍及部分从事涉外业务的律师应邀出席会议。

9月29日　北京市司法局召开全市司法行政系统表彰暨十九大安保决胜阶段誓师大会。北京市君合律师事务所等26家单位被评为"北京市司法行政系统先进集体"，北京观韬中茂律师事务所合伙人吕立秋等15名律师被评为"北京市司法行政系统先进个人"。

9月29日　北京市律师协会举行第二届北京律师篮球赛决赛及闭幕式。朝阳区律师协会队取得胜利并获得本次比赛冠军。

10月（11）

10月12日　由中国法学会主办，中国法学会世界贸易组织法研究会、中国法学学术交流中心承办的"国际投资经贸法律风险及对策"研讨会成功举办。北京市律师协会会长高子程、外事委员会部分委员及"一带一路"

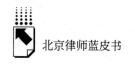

法律研究会部分委员等参加会议。

10 月 14～15 日　海南省律师协会会长廖辉一行 11 人到北京市律师协会考察交流，就律师事务所管理制度、青年律师的培养和业务团队建设等方面内容进行了深入交流。

10 月 16 日　第十届北京市律师协会举行律师合唱团成立仪式，共有 108 人入选合唱团。

10 月 17 日　北京市律师协会举办第九批公益法律服务中心志愿律师培训会。

10 月 18 日　北京市律师协会会长班子成员及秘书处全体工作人员集体收看十九大开幕式。

10 月 19～20 日　由香港律师会主办的"环球政经新格局　青年律师创未来"——"两岸四地"青年律师论坛成功举行。北京市律师协会青年律师工作委员会主任韩映辉、副主任王兆峰、副秘书长魏娟参加论坛。

10 月 26 日　北京市律师协会举办 2017 年"律协工作传承与发展"座谈会，邀请历届北京市律师协会会长、副会长进行探讨。

10 月 27 日　北京市律师协会与中国国际经济贸易仲裁委员会签署战略合作协议。

10 月 31 日　北京市律师协会召开市区两级律师协会会长联席会，集中学习党的十九大精神，研究贯彻落实的具体措施。

10 月 31 日至 11 月 4 日　由北京市律师协会副会长高警兵带队的北京市律师协会惩戒委员会、业务拓展与创新工作委员会一行赴重庆市律师协会考察交流，先后与重庆市律师协会、重庆市律师协会两江新区分会就执行全国律协纪律处分规范的情况、纪处工作经验及特点、为律师拓展业务及引导律师开拓业务领域提供支持的经验、律师管理工作中共同关注的问题等内容进行了交流。

10 月　北京市社会建设工作领导小组办公室发布第三届北京市社会组织公益服务品牌评选结果，北京律师行业开展的"法律服务村居行"活动获得银奖。

11月（21）

11月1～4日　北京市律师协会监事长张卫华，监事田燕刚、林悟江、宫秀文等一行5人赴辽宁、吉林两地就监事会工作进行交流考察，分别与辽宁省律师协会监事会、吉林省律师协会监事会就各自协会监事会制度建设情况，监事会在监督过程中的经验、体会和面临的问题，监事会监督工作的范围、内容和方法，对会长、副会长、理事等开展履职考核工作的情况等议题进行了交流。

11月2日　北京市律师协会召开第二届北方律师发展研讨会筹备会，着重就第二届北方律师发展研讨会的议题、组织形式和论文征集等进行交流。

11月2日　北京市律师协会申请律师执业人员管理考核工作委员会前往中国政法大学继续教育学院进行座谈交流，就如何进一步完善培训工作进行了深入讨论。

11月3日　京、云、贵、川四省市律师协会参会人员共同召开"律师行业发展与法律服务会长圆桌会议"。各方代表共同签署"首届京云贵川律师实务研讨会"备忘录。北京市律师协会与云南省律师协会、贵州省律师协会分别签署《跨省（市、区）维护律师执业合法权益合作协议》。

11月4日　由北京市律师协会主办，云南、贵州、四川等省律师协会协办的"首届京云贵川律师实务研讨会"隆重召开。

11月4日　北京市律师协会参政议政促进工作委员会参加"京粤苏浙四地律师参政议政经验交流研讨会"。

11月7日　北京市律师协会惩戒委员会召开纪处工作培训会议，主要介绍了北京市律师协会五个纪处规则的修订工作相关事宜。

11月7～11日　北京市司法局和北京市律师协会党委联合举办践行十九大精神骨干律师井冈山培训班。

11月11日　北京市律师协会举办《律师办理刑事案件规范》示范性讲座。

11月12日　由北京市律师协会主办、北京市律师协会会员事务委员会组织、朝阳区律师协会承办的"中国梦·律师情"2017年北京律师歌咏比赛成功举行。最终朝阳区律师协会合唱队获得一等奖，东城区、丰台区律师

协会合唱队获得二等奖，西城区、海淀区、通州区、密云区律师协会合唱队获得三等奖。

11月15日　北京市律师协会举办"2017年老律师光荣执业三十年授牌仪式"，为65岁以上、累计执业30年以上的36名老律师颁发纪念牌和荣誉徽章。

11月15日　北京市司法局和北京市律师协会举办2017年第三期首都律师宣誓仪式，共有82名新执业律师参加了宣誓仪式。

11月16日　北京市律师协会举办律所行政管理人员业务培训，系统介绍北京市律师协会秘书处的工作内容、工作流程。

11月19日　由北京市律师协会主办，天津市律师协会、河北省律师协会协办，西城区律师协会承办的"京津冀律师篮球友谊赛"成功举行。最终北京市律师协会代表队获得第一名，天津市律师协会和河北省律师协会代表队分列第二、三名。

11月20日　第十届北京市律师协会监事会召开临时会议，讨论了《北京市律师协会履职考核办法（征求意见稿）》，并研究决定了三份监事会意见书。

11月21日　第二届京、津、冀、沪、渝五省市律师协会"城市治理与律师服务"研讨会召开。北京市律师协会会长高子程、副会长刘卫东带队出席会议。

11月22～29日　以北京市律师协会副会长庞正忠为团长的北京市律师协会代表团一行10人访问了俄罗斯和白俄罗斯。北京市律师协会与俄罗斯司法部、联邦律师协会、莫斯科律师协会就两国的法律制度、律师行业管理、律师执业准入、律师执业奖惩等内容进行了充分深入的交流，并与莫斯科律师协会签订合作备忘录。北京市律师协会与白俄罗斯司法部、共和国律师协会、明斯克律师协会、明斯克经济法院、叶夫根尼·马利诺夫斯基律师事务所和明斯克市苏维埃区法律咨询处就法律制度、律师行业管理、法律文化环境、律师业务操作以及法院审判等工作进行了交流，并与明斯克律师协会签订合作备忘录。

11月23日　北京市律师协会与北京市法官协会在北京市第一中级人民法院首次联合举办民事模拟庭审活动。

11月23～29日　以北京市律师协会副会长张巍为团长的北京市律师协会考察团一行9人出访新加坡和日本。北京市律师协会与新加坡律师协会签署了合作协议。北京市律师协会与东京辩护士协会、东京第一辩护士协会、东京第二辩护士协会和日本辩护士联合会就律师会费的收取、律师惩戒与律师权益保障、律师业务培训制度的完善、律师养老以及律师参与法律援助等内容进行了深入交流。

11月29日　北京市律师协会党委委员、监事长张卫华赴房山区律师协会检查指导学习宣传贯彻党的十九大精神情况。

11月30日　安徽省政法委副巡视员张剑锋同志一行5人在中国共产党北京市委员会政法委秘书长李中水同志的陪同下到访北京市律师协会，围绕第三方涉法涉诉信访相关工作进行了探讨。

12月（23）

12月1日　北京市律师协会惩戒委员会举办律师职业道德与执业纪律培训。

12月2日　由中华全国律师协会作为指导单位，中华全国律师协会外事委员会、广东省律师协会、广东省"一带一路"法律服务研究中心联合举办的中国（广东）"一带一路"法律服务论坛暨中国涉外律师领军人才年会成功举行。北京市律师协会副会长张巍，外事工作委员会主任王正志等参加会议。

12月4日　北京市人民检察院第一分院举办"维护宪法权威　守望公平正义"主题公众开放日活动。北京市律师协会会长高子程、副会长高警兵等应邀参加活动。

12月5日　北京市律师协会党委委员、监事长张卫华一行3人赴石景山区律师协会检查指导学习宣传贯彻党的十九大精神情况。

12月6日　北京市律师协会获悉北京京平律师事务所律师顾冬庆、王

志伟在湖北省荆门市中级人民法院开庭后被多名不明身份人员围殴的情况后，北京市律师协会律师维权中心第一时间启动跨区域联动维权机制，与湖北省律师协会沟通，请求湖北省律师协会对受侵害律师给予协助。同时，与两位律师取得联系，了解事情经过，并及时将有关情况上报中华全国律师协会律师维权中心。

12月8日　北京市律师协会副会长邱宝昌、区县联络委员会主任吴晓刚一行到东城区律师协会调研，就市区两级律师协会机制建设、会费科学管理和规范使用、律师权益保障以及会员文体活动、业务培训、行业宣传等进行了座谈。

12月8日　湖北省荆门市司法局、律师协会一行6人到北京市律师协会通报北京律师被围殴一事最新进展。

12月8日　北京市司法局、北京市律师协会举办"新时代　新征程中国梦　律师行——首都律师行业学习宣传贯彻党的十九大精神主题演讲大赛"。德恒律师事务所程晓璐律师获得此次演讲大赛活动金奖，2位选手获得银奖，3位选手获得铜奖，7位选手获得优胜奖，3位选手分别获得最佳风采奖、最佳创意奖、最具人气奖。东城区律师协会等11家区律师协会、区律师工作联席会获得突出贡献奖，通州区律师协会等3家区律师协会获得优秀组织奖。

12月8日　北京市律师协会参政议政促进工作委员会和法治北京促进研究会共同召开"征集2018年北京市两会建议案、提案"座谈会。

12月10～15日　由北京市律师协会副会长庞正忠带队的北京市律师协会一行12人赴湖北省律师协会、湖南省律师协会考察交流。考察团一行与湖北省律师协会、湖南省律师协会分别就律师行业战略发展的情况，会员权益保障机制的建立和个案维权的工作经验，女律师工作基本情况及工作特色等内容进行了深入交流。

12月12日　北京市律师协会会长高子程一行前往北京市华龙律师事务所慰问生病的刘连峻律师。

12月12日　北京市律师协会和法律出版社共同举办刑事、民事二审再审改判案例新书发布会暨改判案例研讨会。

12月14日　北京市律师协会和北京市工商局共同举办公司与公职律师业务培训，本次培训的主题为"法律解释方法在具体个案中的运用"。

12月15日　广东省律师协会监事长吴波一行14人到访北京市律师协会，就如何完善律师协会监督机制，进一步发挥监事会职能作用等议题进行了交流。

12月16日　由北京、天津、河北、山西、内蒙古、辽宁、吉林、黑龙江、山东等9省（自治区、直辖市）律师协会共同主办，北京市律师协会承办的北方九省（自治区、直辖市）律师学习贯彻十九大精神系列活动暨第二届北方律师发展论坛隆重召开。

12月17日　中华全国律师协会女律师协会会长李亚兰，副会长金莲淑、欧珠、郝惠珍、张巍及全国律师协会国际部副主任宋芮一行就学习贯彻十九大报告精神到北京市律师协会交流座谈。

12月18日　北京市律师协会党委举办"首都律师行业学习党的十九大精神专题辅导报告会"。

12月18日　北京市律师协会权益保障委员会召开市区两级律师协会权益保障工作总结会。

12月19日　北京市司法局副局级领导王群同志为分管部门的全体党员讲授了"学习党的十九大精神"主题党课。

12月20日　北京市律师协会公司与公职律师工作委员会举办公司与公职律师业务培训，本次培训的主题为"公职律师行政诉讼实务问题研究"。

12月22日　北京市律师协会监事长张卫华一行4人到天津市律师协会座谈交流，围绕监事会工作制度与流程，如何充分发挥监事会在重大事项上的监督、制约与制衡作用，如何不缺位、不越位地行使监督职责以及监事会工作的创新等议题进行了交流。

12月22日　北京市律师协会举办律师事务所主任、管理合伙人培训会。培训会上，北京律协惩戒委员会副秘书长鲁立律师详细介绍了北京律协新制定的《北京市律师协会会员纪律处分规则》和中华全国律师协会制定

的《律师协会会员违规行为处分规则（试行）》。市司法局律师业务指导和执业监管处干部张佳介绍了将于 2018 年 1 月 1 日开始实施的《北京市律师事务所管理办法实施细则》《北京市律师执业管理办法实施细则》。刘军副秘书长实施细则中协会相关配套工作的开展情况，并强调了律所管理的重要性和此次培训的意义。

12 月 27 日　第十届北京市律师协会理事会召开第十四次会议，审议通过了关于聘任第十届北京市律师协会秘书长的议案、关于北京市律师协会权益保障委员会副主任调整的议案、《北京市律师协会会费支出管理办法（草案）》、《北京市律师执业规范（修订草案）》、《北京市律师协会会费管理办法（修订草案）》、《北京市律师协会申请律师执业人员实习管理办法（修订草案）》、《北京市律师协会申请律师执业人员实习考核规程实施细则（修订草案）》、《北京市律师协会重新申请律师执业人员和异地变更执业机构人员审查考核办法（修订草案）》。

北京市律师协会2017年度处理的处分、投诉、宣传、公益、考核、培训等情况

2017 年，北京市律师协会共接到当事人投诉 559 件（次），接到各区律师协会报送的建议给予行业纪律处分案件 62 件，立案 78 件，审结 78 件，对 21 家律师事务所、33 名律师做出了纪律处分，为会员查询提示信息及出具执业表现证明 2600 余件。

2017 年，北京市律师协会共召开听证会 49 次。

2017 年，北京市律师协会共受理 13 件复查申请，结案 18 件（含上年度立案未审结案件）。

2017 年，北京市律师协会在报纸、杂志、电台、电视台刊发宣传稿件近 900 件。

2017 年，参与北京市律师协会公益法律服务中心咨询工作志愿律师近 800 余人次；累计值班 260 天，共接听市民咨询电话 2269 次、接待来访 1834 人次。

2017 年，北京市律师协会组织女律师参加全国妇联信访接待，共有 24 名女律师值班 24 天，接待信访 60 余人次；为女子监狱服刑人员做义务法律咨询，共有 9 人次律师参与，为 50 人次咨询解答案件 60 件。

2017 年，北京市律师协会共组织实习期满申请律师执业人员面试考核 57 期，共有 2280 名实习律师参加，考核合格人员 1938 名。

2017 年，北京市律师协会共组织 12 期重新申请律师执业人员和异地变更执业机构人员面试考核。共有 482 人参加，357 人考核合格。

2017 年，共有 2886 名实习律师向北京市律师协会递交《实习律师备案申请表》，北京市律师协会为符合申报条件的 2488 人发放了《实习律师证》。

2017 年，北京市律师协会共组织 8 期实习律师集中培训。共有 2608 人参加，2577 人考核合格。

2017 年，北京市律师协会专业委员会共举办律师业务大型培训 9 期，全市共 4100 余名律师参加了培训活动；共举办律师业务小型培训 60 期，全市共 8660 余名律师参加了培训活动；专业委员会共举办律师业务研讨会 69 期，专业委员会中共 4260 名委员参加了研讨活动。

2017 年，北京律师学院举办律师业务专题培训班共 39 期，共有 5770 名律师参加。

社会科学文献出版社

皮书系列

✤ 皮书起源 ✤

"皮书"起源于十七、十八世纪的英国，主要指官方或社会组织正式发表的重要文件或报告，多以"白皮书"命名。在中国，"皮书"这一概念被社会广泛接受，并被成功运作、发展成为一种全新的出版形态，则源于中国社会科学院社会科学文献出版社。

✤ 皮书定义 ✤

皮书是对中国与世界发展状况和热点问题进行年度监测，以专业的角度、专家的视野和实证研究方法，针对某一领域或区域现状与发展态势展开分析和预测，具备原创性、实证性、专业性、连续性、前沿性、时效性等特点的公开出版物，由一系列权威研究报告组成。

✤ 皮书作者 ✤

皮书系列的作者以中国社会科学院、著名高校、地方社会科学院的研究人员为主，多为国内一流研究机构的权威专家学者，他们的看法和观点代表了学界对中国与世界的现实和未来最高水平的解读与分析。

✤ 皮书荣誉 ✤

皮书系列已成为社会科学文献出版社的著名图书品牌和中国社会科学院的知名学术品牌。2016年，皮书系列正式列入"十三五"国家重点出版规划项目；2013~2018年，重点皮书列入中国社会科学院承担的国家哲学社会科学创新工程项目；2018年，59种院外皮书使用"中国社会科学院创新工程学术出版项目"标识。

中国皮书网

（网址：www.pishu.cn）

发布皮书研创资讯，传播皮书精彩内容
引领皮书出版潮流，打造皮书服务平台

栏目设置

关于皮书：何谓皮书、皮书分类、皮书大事记、皮书荣誉、
　　　　　皮书出版第一人、皮书编辑部

最新资讯：通知公告、新闻动态、媒体聚焦、网站专题、视频直播、下载专区

皮书研创：皮书规范、皮书选题、皮书出版、皮书研究、研创团队

皮书评奖评价：指标体系、皮书评价、皮书评奖

互动专区：皮书说、社科数托邦、皮书微博、留言板

所获荣誉

2008 年、2011 年，中国皮书网均在全国新闻出版业网站荣誉评选中获得"最具商业价值网站"称号；

2012 年,获得"出版业网站百强"称号。

网库合一

2014 年，中国皮书网与皮书数据库端口合一，实现资源共享。

权威报告·一手数据·特色资源

皮书数据库
ANNUAL REPORT(YEARBOOK)
DATABASE

当代中国经济与社会发展高端智库平台

所获荣誉

- 2016年，入选"'十三五'国家重点电子出版物出版规划骨干工程"
- 2015年，荣获"搜索中国正能量 点赞2015""创新中国科技创新奖"
- 2013年，荣获"中国出版政府奖·网络出版物奖"提名奖
- 连续多年荣获中国数字出版博览会"数字出版·优秀品牌"奖

成为会员

通过网址www.pishu.com.cn访问皮书数据库网站或下载皮书数据库APP，进行手机号码验证或邮箱验证即可成为皮书数据库会员。

会员福利

- 使用手机号码首次注册的会员，账号自动充值100元体验金，可直接购买和查看数据库内容（仅限PC端）。
- 已注册用户购书后可免费获赠100元皮书数据库充值卡。刮开充值卡涂层获取充值密码，登录并进入"会员中心"—"在线充值"—"充值卡充值"，充值成功后即可购买和查看数据库内容（仅限PC端）。
- 会员福利最终解释权归社会科学文献出版社所有。

社会科学文献出版社 皮书系列
SOCIAL SCIENCES ACADEMIC PRESS (CHINA)
卡号：915344619945
密码：

数据库服务热线：400-008-6695
数据库服务QQ：2475522410
数据库服务邮箱：database@ssap.cn
图书销售热线：010-59367070/7028
图书服务QQ：1265056568
图书服务邮箱：duzhe@ssap.cn

S 基本子库
SUB DATABASE

中国社会发展数据库（下设 12 个子库）

全面整合国内外中国社会发展研究成果，汇聚独家统计数据、深度分析报告，涉及社会、人口、政治、教育、法律等 12 个领域，为了解中国社会发展动态、跟踪社会核心热点、分析社会发展趋势提供一站式资源搜索和数据分析与挖掘服务。

中国经济发展数据库（下设 12 个子库）

基于"皮书系列"中涉及中国经济发展的研究资料构建，内容涵盖宏观经济、农业经济、工业经济、产业经济等 12 个重点经济领域，为实时掌控经济运行态势、把握经济发展规律、洞察经济形势、进行经济决策提供参考和依据。

中国行业发展数据库（下设 17 个子库）

以中国国民经济行业分类为依据，覆盖金融业、旅游、医疗卫生、交通运输、能源矿产等 100 多个行业，跟踪分析国民经济相关行业市场运行状况和政策导向，汇集行业发展前沿资讯，为投资、从业及各种经济决策提供理论基础和实践指导。

中国区域发展数据库（下设 6 个子库）

对中国特定区域内的经济、社会、文化等领域现状与发展情况进行深度分析和预测，研究层级至县及县以下行政区，涉及地区、区域经济体、城市、农村等不同维度。为地方经济社会宏观态势研究、发展经验研究、案例分析提供数据服务。

中国文化传媒数据库（下设 18 个子库）

汇聚文化传媒领域专家观点、热点资讯，梳理国内外中国文化发展相关学术研究成果、一手统计数据，涵盖文化产业、新闻传播、电影娱乐、文学艺术、群众文化等 18 个重点研究领域。为文化传媒研究提供相关数据、研究报告和综合分析服务。

世界经济与国际关系数据库（下设 6 个子库）

立足"皮书系列"世界经济、国际关系相关学术资源，整合世界经济、国际政治、世界文化与科技、全球性问题、国际组织与国际法、区域研究 6 大领域研究成果，为世界经济与国际关系研究提供全方位数据分析，为决策和形势研判提供参考。

法律声明

"皮书系列"（含蓝皮书、绿皮书、黄皮书）之品牌由社会科学文献出版社最早使用并持续至今，现已被中国图书市场所熟知。"皮书系列"的相关商标已在中华人民共和国国家工商行政管理总局商标局注册，如LOGO（▧）、皮书、Pishu、经济蓝皮书、社会蓝皮书等。"皮书系列"图书的注册商标专用权及封面设计、版式设计的著作权均为社会科学文献出版社所有。未经社会科学文献出版社书面授权许可，任何使用与"皮书系列"图书注册商标、封面设计、版式设计相同或者近似的文字、图形或其组合的行为均系侵权行为。

经作者授权，本书的专有出版权及信息网络传播权等为社会科学文献出版社享有。未经社会科学文献出版社书面授权许可，任何就本书内容的复制、发行或以数字形式进行网络传播的行为均系侵权行为。

社会科学文献出版社将通过法律途径追究上述侵权行为的法律责任，维护自身合法权益。

欢迎社会各界人士对侵犯社会科学文献出版社上述权利的侵权行为进行举报。电话：010-59367121，电子邮箱：fawubu@ssap.cn。

社会科学文献出版社